이 책을 후원해 주신 여러분께 감사드립니다.

KB210601

come24u Cynn hyejung indinari ini ini jeje kianumber1
OHTANI shine silvia11 yacur 강숙인 강경자 강경화 강교은 강나리
강도연 강동수 강동훈 강명주 강민수 강민영 강민철 강보람 강성
강성희 강소연 강소영 강소희 강수연 강수정 강신자 강연우 강영선 강예지 강우영 강윤정 강윤성
강은겸 강은에 강재구 강주영 강주영 강주영 강지숙 강지연 강진영 강창범 강청우 강태영 강태준
강태진 강현선 강혜원 강희정 개취 경민주 고경봉 고경석 고경진 고길동 고다솜 고동훈 고승현
고아라 고연주 고영우 고영한 고예선 고예지 고예지 고예지 고유미 고유진 고은중 고일규 고일규
고한나 고한나 고행문 고현정 고현진 고형란 고형원 고홍민 고희나 공서현 공유미 공윤옥 공은경
공직원 공효진 공희옥 곽내영 곽병주 곽선경 곽성욱 곽수정 곽은아 곽정민 곽혜정 구미정 구미정
구본신 구윤정 구자정 구재형 구주영 권경현 권근영 권나희 권다예 권도현 권동수 권두식 권미령
권미리 권미희 권민재 권병진 권보라 권선량 권순부 권순일 권영익 권우석 권유석 권윤희 권재희
권정혜 권정혜 권정화 권준엽 권준일 권지현 권택훈 권혁인 권현우 권현진 그럼에도 그린올리브
금지연 기남희 기봉준 길보경 길선호 김갑선 김강수 김건숙 김경남 김경덕 김경미 김경수
김경수 김경신 김경아 김경애 김경연 김경욱 김경준 김경준 김경진 김경진 김경훈 김고성 김고은
김고은 김광산 김광일 김귀하 김규희 김기령 김기오 김기웅 김기철 김나리 김나영 김나영 김나형
김남백 김남영 김다희 김대우 김대중 김대진 김대현 나혜윤 김도연 김도영 김도영 김도유 김도현
김도현 김동권 김동민 김동성 김동연 김동우 김동우 김동욱 김동준 김동혁 김동현 김동현 김동휘
김동희 김라희 김리라 김리라 김명선 김문경 김미경 김미경 김미경 김미경 김미경 김미광 김미나
김미란 김미련 김미리 김미영 김미영 김미영 김미인 김미정 김미주 김미진 김미홍 김민 김민
김민경 김민경 김민서 김민석 김민선 김민선 김민수 김민아 김민영 김민우 김민정 김민정 김민주
김민주 김민주 김민지 김민지 김민지 김민지 김민진 김민혁 김민희 김범조 김병건 김병수
김보경 김보경 김보라 김보미 김보미 김보민 김복란 김복순 김봄 김봉석 김봉회 김상범 김상범
김상우 김상우 김상준 김상현 김상희 김상희 김샛별 김서영 김선경 김선군 김선모 김선영 김선영
김선영 김선영 김선옥 김선옥 김선정 김선정 김선혜 김선혜 김성애 김성은 김성임 김성재
김성현 김성희 김세미 김세영 김세호 김소라 김소라 김소라 김소미 김소연 김소연 김소영
김소영 김소영 김소영 김소윤 김소정 김소정 김소정 김소현 김송 김송이 김수란 김수미 김수민
김수민 김수연 김수연 김수연 김수원 김수정 김수정 김수정 김수정 김수지 김수진 김수진 김수진
김수현 김수현 김수현 김수현 김수현 김수훈 김숙현 김순너 김슬아 김승지 김승희 김승희 김시연
김시연 김신애 김신희 김아름 김아름 김아미 김아정 김애린 김연수 김연실 김연욱 김연정 김연주
김연주 김연진 김연호 김영원 김영일 김영재 김영지 김영진 김영환 김오성 김옥성 김용재 김용현
김용환 김우제 김우형 김욱 김원철 김유경 김유라 김유미 김유선 김유진 김윤경 김윤신 김윤영
김윤월 김윤진 김윤주 김윤혁 김윤혜 김윤호 김윤희 김윤희 김은경 김은경 김은경 김은미 김은비
김은숙 김은숙 김은숙 김은아 김은애 김은영 김은영 김은영 김은영 김은정 김은정 김은주 김은하
김은혜 김은희 김이화 김이화 김인아 김인애 김인정 김자영 김재 김재관 김재영 김재용 김재운
김재원 김재윤 김재은 김재은 김재원 김정란 김정미 김정민 김정선 김정민 김정아 김정안 김정애
김정용 김정원 김정윤 김정은 김정태 김정헌 김정현 김정환 김정효 김정희 김정희 김종원 김종혁
김종현 김주경 김주경 김주미 김주영 김주예 김주헌 김주헌 김중규 김지미 김지민 김지선 김지수
김지수 김지수 김지연 김지영 김지영 김지원 김지은 김지은 김지은 김지은 김지현 김지현 김지현
김지현 김지현 김지현 김지형 김지혜 김진 김진권 김진숙 김진아 김진영 김진영 김진옥 김진용
김진용 김진우 김진우 김진주 김진호 김찬희 김창섭 김창숙 김채영 김철회 김청하 김초록 김초록
김초록 김초록 김태경 김태림 김태성 김태윤 김태은 김태진 김태훈 김태환 김태희 김태희 김태희

김하나 김하람 김하얀 김하영 김하택 김학광 김한나 김한나 김한나 김한별 김한조 김한희 김해란
김해인 김현경 김현구 김현민 김현설 김현수 김현숙 김현아 김현아 김현아 김현애 김현우 김현정
김현주 김현주 김현주 김현지 김현태 김현향 김현형 김현호 김현호 김현희 김현희 김형록 김형섭
김형원 김형준 김혜경 김혜경 김혜란 김혜리 김혜린 김혜림 김혜림 김혜민 김혜민 김혜빈 김혜선
김혜영 김혜원 김혜원 김혜원 김혜은 김혜인 김혜정 김혜정 김혜정 김혜정 김혜진 김혜진 김호종
김호종 김호종 김화영 김효빈 김효섭 김효영 김효정 김효정 김효주 김효준 김효진 김효진 김효철
김희경 김희경 김희성 김희연 김희정 김희정 김희정 김희진 꽁이 꾸슬 꿈꾸는아기곰j 나라라
나무야 나무천 나부석 나영선 나영아 나윤주 나정혜 나정혜 나현우 나현철 나효숙 나희선 남궁혜리
남미경 남미영 남민희 남상희 남아름 남아영 남앤정 남연지 남예성 남유선 남윤주 남재남 남지은
남향민 남현준 남형근 남형근 남희숙 노경화 노경화 노경희 노란잠수함 노명호 노명호 노미경
노성규 노수진 노승미 노시아 노신영 노예솔 노유란 노일주 노주영 노주희 노지현 노천우 노태웅
노혜지 노혜진 늘하늘동생 딜라이트 또봄 라라조이 라인 랑하나 러키럭키 레이엘인터내셔널 로사
류경아 류경희 류미선 류은비 류재희 류정이 류진 류현주 류혜원 류혜인 류혜인 류효진 마영주
마지나타 마테호른 맹주용 메이비 명제은 모성진 모재은 목지원 무소뿔 문다예 문대환 문대훈 문버리
문보경 문서영 문선 문선정 문성배 문성원 문소영 문수현 문수현 문연준 문영난 문영미 문윤정
문윤환 문정보 문현정 문혜정 민경찬 민경화 민경희 민경희 민세원 민재원 민휘민 바나나호빵
바밤 박건향 박경규 박경숙 박경애 박경희 박근태 박기정 박남수 박대이 박동균 박맑음 박미실
박미아 박민경 박민경 박민서 박민선 박민솔 박민아 박민영 박민우 박민자 박민자 박민정
박민정 박민철 박민희 박병준 박보영 박상미 박상운 박상원 박새롬 박서경 박선미 박선영 박선옥
박선화 박성문 박성언 박성임 박성준 박성진 박성희 박세미 박세윤 박세준 박소연 박소연 박소영
박소영 박소정 박소현 박소현 박소현 박수연 박수진 박순필 박승경 박승연 박시연 박시영 박시현
박애희 박연신 박연종 박영란 박영미 박영민 박영지 박영채 박예린 박예은 박예진 박완호 박유경
박유나 박유진 박윤 박윤선 박윤수 박윤정 박윤하 박은경 박은솔 박은영 박은정 박은진 박자양
박재민 박재석 박재윤 박재현 박정민 박정숙 박정연 박정연 박정우 박정원 박종언 박종윤 박종혁
박주란 박주미 박주선 박주연 박주영 박주현 박주현 박준모 박준숙 박준아 박지란 박지연 박지영
박지영 박지영 박지오 박지원 박지원 박지원 박지윤 박지윤 박지은 박지은 박지향
박지혜 박지혜 박지훈 박지희 박진영 박진주 박찬규 박찬기 박찬홍 박초롱 박춘회 박치선 박하진
박한솔 박해미 박현경 박현경 박현빈 박현아 박현주 박형준 박혜선 박혜인 박혜정 박혜진 박홍주
박효정 박후진 박휘진 박희걸 박희경 반디 반은실 반포콕 방실 방주희 배겸제 배민아 배민정
배민정 배석준 배성수 배성희 배수민 배수현 배애진 배유미 배윤미 배윤빈 배자현 배정선 배정윤
배주희 배지은 배지은 배지은 배혜경 백성애 백송하 백영민 백은희 백일희 백정은 백주경 백지원
백혜은 밸런스라이프 범하나 변관순 변대석 변석미 변수영 변수진 변승 별꿈청년 블루보틀NY
비마이데이 비비드 빈정희 사랑가게 새로이날 샤이니 럭키 스타 서가원 서경선 서덕호 서덕호 서동원
서민정 서민정 서성철 서승희 서영석 서영옥 서유림 서정림 서정현 서현진 서형경 서희원 석혜영
선윤서 설경희 설명숙 성덕 성만제 성민주 성민희 성보경 성보람 성소현 성수윤 성윤창 성지민
성지현 성지현 성혜숙 성혜임 성혜임 성혜일 세레니떼 세모별 소경섭 소현수 손고운 손규현 손동환
손선정 손성민 손수진 손승연 손영목 손영숙 손은영 손정숙 손준영 손지나 손지연 손프로 손혜미
손혜진 송경석 송경순 송병혁 송수연 송수인 송수정 송승연 송아름 송용태 송윤희 송은영 송은주
송은진 송의영 송이수 송인석 송일봉 송재경 송정인 송준석 송지영 송진영 송춘하 송하늘 송한나
송해주 송현도 송화준 수독 숲향기 스네룽 스윗올레 슬로포레 신나리 신나은 신다혜 신동민 신동익
신명철 신민승 신민철 신비로운 신상명 신소영 신소영 신순옥 신승업 신승희 신연주 신연정 신영이
신영준 신예호 신용원 신원준 신유선 신윤정 신윤정 신은경 신은영 신재은 신정애 신정현 신주호
신지수 신지은 신지혜 신지호 신진우 신진현 신창현 신통이 신한승 신한승 신헌규 신현경 신현영
신형진 신혜영 신혜원 신혜진 신희진 심경환 심다슬 심명보 심상옥 심원철 심은숙 심은실 심재경
심정화 심혜연 심효진 아캔두 안강호 안광준 안나연 안다은 안민석 안선화 안세하 안소연 안소연

안소영 안수민 안영언 안옥희 안웅현 안은경 안은성 안정현 안준영 안지은 안지은 안지현 안태진
안현우 애옹 양건호 양덕희 양동욱 양미남 양미연 양선미 양세희 양소현 양수현 양연화 양은영
양은진 양재혁 양정모 양지웅 양하늬 양한결 양해열 양현주 엄영주 엄유정 엄자혜 엄재억 엄지혜
엄태원 엄현선 여소아 여수미 여수진 여윤진 연정은 예선영 오경애 오경희 오고은 오도현 오렌지
드레스 오민재 오병혁 오석민 오선경 오선혜 오성숙 오세정 오세중 오세진 오세진 오수정 오수진
오승룡 오승재 오승택 오승현 오승현 오영란 오예성 오원석 오은미 오은화 오인숙 오정민 오정민
오정민 오준영 오지민 오지은 오지은 오지혜 오창훈 오현지 오혜정 오혜진 오호성 옥수미 왕인영
우건주 우다우주 우승지 우연 우영옥 우재경 우창미 우창수 우현서 우혜진 원민경 원유리 원은주
원은지 원지영 원태진 웡카언니 위명성 위보영 위지영 유경아 유경자 유경화 유광선 유덕임 유동영
유미라 유미례 유미례 유상현 유샘결 유선 유선화 유성희 유소현 유수경 유승우 유승환 유시현
유안나 유영재 유영재 유영주 유영화 유영훈 유용민 유운선 유은경 유은경 유은진 유인호 유재
유재경 유재식 유정현 유정희 유종선 유지인 유지혜 유찬우 유창선 유창완 유한나 유현숙 유혜인
유혜진 유화정 육창현 윤경호 윤미경 윤민정 윤상준 윤선영 윤선영 윤성아 윤성은 윤성희 윤세준
윤수경 윤수경 윤수현 윤여정 윤영 윤영지 윤윤 윤정아 윤정호 윤주현 윤지욱 윤지은 윤지은
윤지혜 윤창근 윤태일 윤한진 윤현선 윤호연 윤호진 윤희경 은송이 이가영 이가희 이강미 이강훈
이경미 이경민 이경선 이경아 이경아 이경은 이경희 이고은 이광락 이광훈 이규석 이규진 이금현
이금희 이기남 이기성 이기성 이기연 이기원 이기현 이나리 이나영 이나윤 이남경 이남수 이누리
이다원 이다혜 이다희 이담 이대성 이도영 이동관 이동규 이동규 이동근 이동호 이두행 이득만
이명은 이문희 이미경 이미연 이미정 이미현 이미현 이미혜 이민경 이민경 이민성 이민애 이민영
이민우 이민지 이민호 이범재 이범희 이병권 이보미 이보배 이부쁘띠 김용순 이상건 이상구 이상기
이상남 이상은 이상은 이상재 이상지 이상호 이상훈 이서연 이서희 이석호 이선경 이선규 이선미
이선아 이선아 이선연 이선영 이선영 이선영 이선호 이선화 이선화 이성림 이성민 이성배 이성진
이성현 이성희 이세연 이세윤 이세인 이세희 이소연 이소연 이소연 이소연 이소영 이소진 이소진
이소형 이소화 이송희 이송희 이수경 이수민 이수민 이수성 이수연 이수영 이수영 이수영 이수진
이수진 이수천 이수현 이수현 이수현 이수현 이수형 이숙현 이순영 이순영 이순옥 이순옥 이순재
이순제 이슬기 이승민 이승민 이승은 이승주 이승필 이승한 이승현 이승호 이승호 이시내 이시영
이시윤 이신정 이아람 이아름 이아름 이언경 이연우 이연준 이연희 이연희 이영란 이영문 이영수
이영숙 이영주 이영주 이영준 이영희 이예나 이예리 이예린 이왕석 이용경 이용규 이용선 이용준
이용창 이우림 이우진 이운주 이원경 이원선 이원준 이원호 이원희 이유경 이유라 이유리 이유리
이유림 이유미 이유미 이유정 이유진 이유진 이윤미 이윤아 이윤아 이윤영 이윤정 이윤정 이윤주
이윤주 이윤지 이윤혜 이윤혜 이윤희 이윤희 이은경 이은경 이은미 이은아 이은아 이은아 이은영
이은정 이은주 이은주 이은지 이은지 이은혜 이은혜 이은혜 이은화 이은화 이은희 이은희 이인영
이인정 이자영 이자영 이자영 이자영 이자현 이재덕 이재덕 이재리 이재복 이재용 이재은 이재익
이재혁 이재현 이재형 이재희 이정건 이정미 이정미 이정미 이정선 이정숙 이정아 이정애 이정원
이정은 이정임 이정주 이정하 이제상 이제포미 이종경 이종근 이종명 이종현 이종호 이주영 이주은
이주현 이주형 이주희 이준혁 이지수 이지수 이지연 이지연 이지영 이지영 이지원 이지원 이지은
이지은 이지은 이지향 이지현 이지현 이지현 이지현 이지현 이지현 이지현 이지현 이지혜 이지혜
이지혜 이진경 이진명 이진석 이진성 이진영 이진영 이진옥 이진우 이찬 이창섭 이창용 이창훈
이철규 이태연 이태진 이하나 이하영 이한솔 이한종 이한진 이해림 이해심 이향신 이향신 이현
이현경 이현경 이현미 이현서 이현숙 이현숙 이현실 이현아 이현정 이현정 이현정 이현정 이현진
이형래 이혜나 이혜란 이혜리 이혜림 이혜림 이혜림 이혜빈 이혜연 이혜연 이혜영 이혜영 이혜영
이혜원 이혜정 이혜정 이혜진 이혜진 이호돌 이호진 이화 이화 이화진 이화진 이효선 이효진
이훈 이희경 이희승 일바로 임경숙 임다은 임다혜 임명선 임명주 임미영 임서하 임세라 임소정
임소희 임소희 임송이 임송희 임수민 임수빈 임수연 임수용 임수진 임수진 임수진 임승택 임어진
임연화 임영실 임영주 임영주 임유현 임은미 임은영 임은영 임은지 임장대장 임장혁 임재연 임재치

임재환 임정섭 임종섭 임주리 임주진 임준용 임지선 임지섭 임지현 임창용 임태용 임현 임현주
임형빈 임형선 임형자 임호형 임희수 임희주 장경애 장경희 장경희 장규호 장근호 장근애 장다솔
장동원 장명훈 장문숙 장미 장미경 장미소 장미영 장미영 장미진 장민정 장세미 장석경 장수지
장순현 장시현 장영란 장영윤 장영주 장영진 장원주 장윤정 장윤희 장은정 장은정 장재훈 장정은
장주연 장지연 장지연 장진희 장춘영 장한솔 장혁진 장현우 장혜영 장혜원 장혜원 장혜주 장홍석
장효진 전경배 전미경 전미나 전민경 전민영 전민진 전보경 전보람 전상미 전선영 전선욱 전성미
전소윤 전소현 전영글 전영재 전영현 전예진 전예진 전용태 전우리 전유경 전유미 전윤영 전은영
전은혜 전재현 전정섭 전지현 전지형 진진주 전진해 전통철 전혜정 전호태 전화실 전효덕 전효정
정경훈 정규민 정규빈 정근호 정금례 정기용 정기주 정다운 정동일 정명호 정미경 정미나 정미선
정미현 정병국 정보명 정봉섭 정상규 정선경 정선아 정선아 정선영 정선용 정선희 정성근 정성아
정성진 정성찬 정세연 정소라 정소이 정수가 정수양 정수이 정수현 정수현 정숙경 정승환 정여진
정여진 정연아 정영규 정영숙 정영헌 정영현 정완식 정우성 정우주 정우철 정원경 정원조 정유리
정유선 정유영 정유지 정유진 정윤식 정윤희 정율리 정은경 정은경 정은숙 정은숙 정은아 정은이
정은주 정의락 정의선 정의한 정의현 정재원 정재훈 정주혁 정준영 정준호 정지연 정지영 정지영
정지완 정지윤 정지윤 정지은 정지은 정지현 정지현 정지혜 정지혜 정진아 정진영 정진화 정진희
정찬옥 정창우 정충부 정푸른나래 정해린 정해영 정향숙 정현미 정현주 정현진 정형묵 정혜경
정혜선 정혜선 정혜연 정혜영 정혜원 정혜원 정호일 정효영 정효정 정희정 정희정 정희정 정희정
제갈효정 제인 조가영 조경록 조경주 조경화 조구현 조규상 조근일 조명자 조미수 조민숙 조민재
조새롬 조서영 조서영 조세은 조세진 조수빈 조수정 조승인 조아라 조아영 조연수 조연경 조연정
조연호 조영서 조예리 조예진 조유진 조윤경 조윤정 조윤지 조은옥 조은채 조은하 조은혜 조은혜
조은희 조재구 조재향 조정은 조정익 조조 조주영 조준상 조준호 조지연 조진광 조진석 조진희
조하진 조한나 조한희 조항기 조해리 조해리 조해리 조현령 조현수 조현정 조현정 조현정 조현주
조현주 조현주 조혜진 조홍재 조희정 주미정 주민철 주선 주선 주소희 주수현 주윤영 주윤정
주은숙 주혜경 주혜인 지민아 지우맘 지은정 지형우 진기훈 진성미 진수정 진은숙 진정현 진주
진현주 짜유 차요성 차윤미 차은우 차은정 차정도 차지혜 차현지 차화륜 찬스타 재난희 채연희
채윤순 채종균 채희영 천민지 천성길 천용희 천진우 천희성 최경민 최경화 최금랑 최나정 최대회
최문경 최문숙 최문영 최미라 최미선 최미애 최미영 최미정 최미화 최민정 최민정 최민재 최민형
최보라 최새롬 최석진 최선희 최성택 최성환 최성희 최소영 최수경 최수산 최수영 최수용 최수정
최수지 최수하 최수혁 최슬기 최슬기 최승원 최승이 최승희 최신준 최아영 최양우 최여원 최여희
최영교 최영근 최영미 최영아 최영재 최영재 최영주 최용선 최용완 최우식 최욱진 최운철 최원란
최원종 최원찬 최유정 최유실 최윤정 최율리 최은숙 최은영 최은정 최은희 최임정 최재운 최재현
최재호 최재호 최정민 최정아 최종우 최지선 최지선 최지선 최지선 최지연 최지우 최지은 최지은
최지은 최지혜 최진실 최진호 최창호 최태근 최현성 최혜경 최혜경 최혜경 최호선 최홍규 최효정
최희숙 최희정 추성민 추정인 추지원 추현아 캘리조하 켈리 코발트블루 크럼블 태극아이 투현맘
편가은 푸른빛스타일 푸른은하 풍뎅이 피지혜 하늘바람 하루 하병택 하상민 하인수 하재원 하제욱
하지원 하초롱 하태웅 하태흥 하현빈 하현수 하화진 한경애 한경희 한누리 한별 한붕기 한상석
한상연 한상훈 한상희 한서영 한성훈 한수형 한슬기 한승희 한아름 한영란 한우석 한은지 한정림
한정섭 한정숙 한정엽 한주형 한지아 한지연 한지현 한천구 한초희 한태일 한혜미 한혜정 한혜준
함안준 함주현 해님 허경미 허새눌 허성지 허성희 허성희 허승권 허윤정 허은숙 허이슬 허정민
허태오 허희경 헤헷랄라 현둘 현상원 현정은 현주은 형도원 홍광락 홍대성 홍미희 홍민희 홍선웅
홍소연 홍수진 홍순원 홍순재 홍승희 홍영욱 홍영진 홍용기 홍원기 홍원태 홍윤경 홍은선 홍은영
홍준석 홍지연 홍지오 홍지윤 홍지호 홍진숙 홍효정 황경엽 황도영 황도영 황문우 황민재 황보아
황상우 황선영 황성욱 황성욱 황성준 황수연 황수영 황수진 황원영 황윤숙 황은미 황은빈 황의숙
황인경 황인경 황인혜 황인혜 황재란 황정은 황정현 황정화 황종환 황종현 황지선 황지영 황차연
황찬기 황춘희 황한솔 황현석 황혜경 황혜란 황호경 황호선 히든송

강남 아파트
인사이트

강남 아파트 인사이트

초판 1쇄 인쇄 2025년 4월 24일
초판 1쇄 발행 2025년 5월 1일

지은이 • 오스틀로이드
발행인 • 강혜진
발행처 • 진서원
등록 • 제 2012-000384호 2012년 12월 4일
주소 • (03938) 서울시 마포구 동교로 44-3 진서원빌딩 3층
대표전화 • (02) 3143-6353 | **팩스** • (02) 3143-6354
홈페이지 • www.jinswon.co.kr | **이메일** • service@jinswon.co.kr

편집진행 • 안혜희 | **마케팅** • 강성우, 문수연 | **경영지원** • 지경진
표지 및 내지 디자인 • 디박스 | **일러스트** • 케이모스 | **인쇄** • 보광문화사

◆ 잘못된 책은 구입한 서점에서 바꿔 드립니다.
◆ 이 책에 실린 모든 내용, 디자인, 이미지, 편집 구성의 저작권은 진서원과 지은이에게 있습니다. 허락 없이 복제할 수 없습니다.
◆ 저작권자를 찾지 못한 내용과 사진은 저작권자가 확인되는 대로 저작권법에 해당하는 사항을 준수하고자 합니다. 양해를 구합니다.

ISBN 979-11-93732-20-5 13320
진서원 도서번호 25001
값 28,000원

강남 아파트
인사이트

오스틀로이드 지음

강남을 처음 공부하는 당신에게,

3060 생애주기별 인생투자 가이드

진원

강남을 처음 공부하는 분들에게

단 한 걸음

어느 날 아침, 출근하려고 1층 주차장으로 가던 중에 남편이 뒤를 돌아보면서 저에게 턱을 조심하라고 했습니다.

주로 지하 주차장을 이용하느라 1층으로 잘 가지 않는데, 남편 말을 듣고 내려다보니까 잘못하면 걸려서 넘어질 수 있는 턱이 있었습니다. 물론 별일 없었겠지만, 혹여 딴 데 정신 팔거나 높은 힐을 신은 경우에는 넘어질 수도 있는 곳이었습니다. 그걸 보고 문득 이런 생각이 들었습니다.

'살아가면서 위험한 요소들은 항상 우리 곁에 놓여 있고 아무리 조심한다고 해도 매번 피해 갈 수만은 없겠구나!'

매 순간 조심하는 데는 한계가 있기 때문입니다. 특별한 일을 앞두고는 실수할까 봐 긴장해서 신경 쓰기 때문에 오히려 별일 없이 지나가는 경우가 많습니다. 그러나 '별일'은 영화의 한 장면처럼, 어느 화창한 날 음악을 들으며 차를 타고 가다가 무심히 다가오는 어이없는 재해로 생기는 경우가 많습니다.

몇 년 전, 지하철 계단에서 내려오다가 무심히 잘못 내디딘 '단한 걸음' 때문에 발을 접질리면서 인대가 끊어져 병원에 입원해서 수술을 받고 3개월 이상 목발을 짚고 다녔던 적이 있습니다.

정말 짧은 순간에 일어난 일이었습니다. 누군가 다가와서 나를 넘어뜨리거나 위해가 느껴지는 그런 상황이 아니었습니다. 여느 날과 같은 평범한 퇴근길이었고 그냥 아무 생각 없이 내디딘 '단 한 걸음' 때문에 일어난 일이었습니다.

이런 생각을 할 때면 순간순간 내가 무사히 보낼 수 있었던 것은 스스로 인지하지 못하는 동안에도 나와 함께 한 '행운' 때문이었음을 깨닫습니다.

투자도 마찬가지입니다. 투자하면 할수록 '행운'이 중요하다는 생각이 듭니다.

물론 실력도 중요하고 최선을 다하는 것도 중요합니다. 그러나 그렇게 하는 건 단지 성공 확률을 높이는 것일 뿐, 투자에 작용하는 모든 변수를 예측하고 미리 방어하는 것은 사람의 능력으로는 힘듭니다. 그저 우리가 할 수 있는 것은 공부하고 최선을 다해서 실행하는 것일 뿐, 그다음에는 '행운'이 따르길 바라는 일밖에 없다는 생각이 듭니다.

한때는 내가 남들보다 실력이 뛰어나서 부동산 투자를 잘했고 빨리 자산을 불렸다고 생각했던 적이 있었습니다. 그러나 '자부심 가득했던 투자'가 금융 위기 이후 초라한 순자산으로 바뀌는 경험을 하면서 투자는 노력과 실력뿐만이 아니라 '행운'도 함께 해야 한다는 것을 깨닫게 되었습니다.

이것을 좀 더 빨리 깨닫고 좀 더 '겸손한 시각'으로 세상을 바라보았다면 '한 단계 더 업그레이드된 투자의 세계로 나아갈 수 있지 않았을까?' 하는 아쉬움도 들었습니다.

그래서 지난 상승장(**문재인 정권 때**) 초입에 투자를 다시 시작하면서 가장 먼저 했던 것은 나의 지난 투자 행위에 대한 '복기(復棋)'였습니다. 나 자신을 돌아보는 것이 스스로를 괴롭히는 과정이라 쉽지는 않았지만, 반성의 필터를 거치니까 그동안 우습게 여기면서 지나쳤던 새로운 투자처들이 보이기 시작했습니다.

살아오면서 스스로를 낮아지게 만든 것은 부동산 투자에서뿐만이 아니라 자식을 낳아 키우는 과정에서도 마찬가지였습니다.

자녀 양육에 관한 무수한 책들이 있었지만, 내 아이에게 꼭 맞는 지침서는 그 어디에도 없었고 부모로서 아이에게 어떤 방향을 제시하는 것이 맞는지 고민하느라 밤잠을 설치는 일이 많았습니다.

그러나 시간이 지나서 보니 그런 나의 고민과 노력조차 교만이었음을 깨달았습니다. 아이가 커가는 과정도 역시 매일 아침 출근하기 위해 한 발짝 내딛는 것과 마찬가지로 내 노력으로 미칠 수 없는 더 큰 세계가 있다는 것을 뒤늦게 깨달았습니다.

완벽한 답을 찾기 위해 고민하는 데 모든 시간을 채우기보다는 부모로서 최선을 다한 후, 아이에게 행운이 함께 하기를 바라는 마음으로 나머지 시간을 채워 넣는 게 더 맞다는 생각이 들었습니다.

∽

이런 생각에 이르자 친정어머니 생각이 났습니다. 특별히 '교육'이라는 명목으로 자식들을 키울 만큼 많이 배우지는 못하셨지만, 눈이 오나 비가 오나 멈추지 않았던 엄마의 무모한 기도 덕분에 어쩌면 오늘날 내가 이렇게 무사히 잘 살아갈 수 있는지도 모른다는 생각이 들었습니다.

목표를 세우면 지나치게 완벽하게 하려고 올인하는 사람들이 있습니다. 부동산 투자를 잘해 보겠다는 목표로 강의를 듣고, 모임에 참여하고, 책을 읽고, 온라인 활동을 하고, 임장을 다니고……

그러나 재테크뿐만 아니라 세상 살아가는 모든 일이 반드시 노력한 만큼 좋은 결과로 돌아오는 것은 아닙니다. 집을 잘 꾸미려고 예쁜 것을 모두 가져와서 장식해 놓으면 오히려 조잡한 인테리어가 되어 버리듯이, 여백 없는 빽빽한 노력이 오히려 독이 될 수도 있다는 것이 바로 인생의 아이러니입니다.

산을 좋아해서 열심히 등산 다니던 사람 중에 나이 들어서는 등산을 하지 못하는 사람들이 많습니다. 등산이 싫어져서가 아니라 다리를 너무 혹사해서 관절이 나빠져 등산할 수 없기 때문입니다.

부동산 투자도 마찬가지입니다. 쉬지 않고 투자해야 한다는 강박감이 방만한 투자로 이어져서 급락기에 어려움을 겪으며 이전의 상승분을 반납해야 하는 경우가 많습니다.

남들보다 더 빨리 달려가려고 하기보다는 '한 걸음' 내딛기 전에 혹시 걸려 넘어질 만한 턱이 있는지 잘 살펴보는 것이 필요합니다.

《강남에 집 사고 싶어요》 출간 후 5년, '즐거운 생활투자' 네이버 카페에서 나눈 이야기를 정리한 책

첫 책을 출간하고 만 5년이 지났는데, 몇 번 새 책을 출간할 기회가 있었지만 바쁘기도 했고 한편으로는 새로 책을 출간하는 것에 대해 의미를 찾지 못해서 계속 미루었습니다.

부동산 정책이 변하면 잘못된 가이드로 변해버릴 수도 있는 부동산 책의 한계를 인식하며 책을 쓰는 것에 대해 회의감이 들었기 때문입니다.

그러나 2022년 1월에 오픈한 '즐거운 생활투자' 네이버 카페에서 회원님들과 주고받았던 부동산 관련 이야기들이 많이 쌓이다 보니 정리할 필요가 있다는 생각에서 집필을 결심했습니다.

지난 3년간 매일 카페와 톡방에서 쏟아냈던 무수한 말들을 정리해 보니 크게 3가지 영역인 '생애주기별 투자', '강남 입지 분석', '생애주기별 상담 사례'라는 주제로 엮어졌습니다.

이번 책은 부동산 공부를 하면서 '강남'이라는 지역을 알고 싶어 하는 분들에게 도움이 되는 책이길 바라며 썼습니다.

'강남 부동산 투자'라는 '한 걸음'을 내딛기 전에 "이 정도는 알고 가면 좋지 않을까?" 미리 말해주는 선배의 조언 정도로 생각하면서 이 책을 읽어주셨으면 좋겠습니다.

《강남에 집 사고 싶어요》에 이어서 이번 책도 진서원 출판사와 함께 하게 되어 감사드립니다.

오스틀로이드

목차

첫째
마당

부동산 공부는 인생 공부!

이 나이에 이 돈으로 어떤 집을 살까요?
(ft. 생애주기 투자)

강남 아파트 입지 분석
(ft. 압구정, 반포, 대치, 개포, 역삼, 도곡, 서초, 방배, 삼성, 청담, 수서, 잠실)

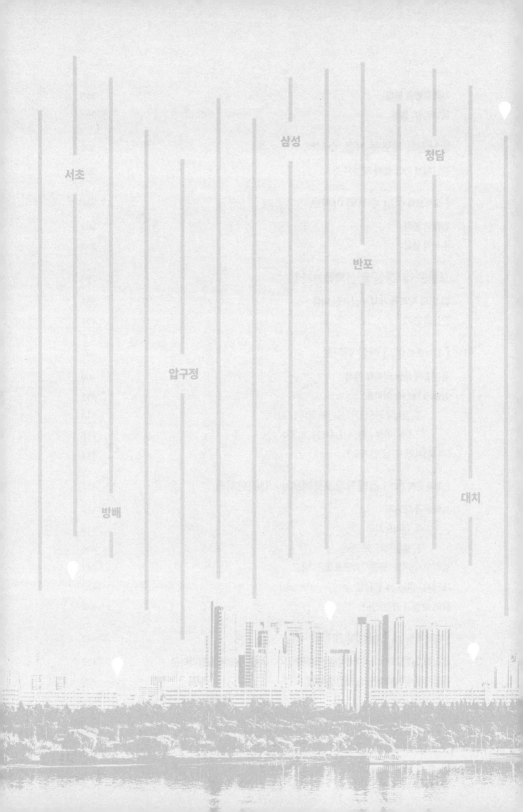

첫째
마당

부동산 공부는
인생 공부!

개포

도곡

잠실

역삼

수서

내 인생에 공짜는 없다!

투자 복기 – 나에게는 이게 최선이었다

저는 몇 번 역학을 본 적이 있는데, 한결 같이 들었던 소리는 '내 인생에 공짜는 없다.'라는 말이었습니다. 물론 역학을 100% 믿지는 않지만, 믿지 않을 수도 없었던 것이 정말 제 인생에 공짜가 없었기 때문입니다.

결혼 전에는 친정 부모님의 생활비를 보조하느라 돈 모을 틈이 없었습니다. 결혼 후에도 친정과 크게 다를 바 없는 시댁 형편 때문에 양가 생활비를 보조하면서 결혼 생활을 시작했습니다. 게다가 결혼 후에는 임신도 남들처럼 쉽게 되지 않아서 산부인과 문턱이

닳도록 드나들면서 두 아이를 출산해야만 했습니다. 그러면서 생각했습니다.

'정말 내 인생에 공짜는 없구나!'

그래서 제1기 신도시에 청약할 때도 남들이 많이 원하는 분당을 포기하고 '횡재'에서 살짝 벗어난 '산본'을 선택했습니다. 왠지 저에게 할당된 횡재는 준비되지 않았을 것 같아서였습니다.

부동산 투자를 할 때도 남들이 '핫하다'고 달려가는 곳은 슬그머니 피하는 경향이 있었는데, 그 바닥에는 이런 심리가 깔려 있습니다.

'쉽게 버는 돈이 나에게 가능할까?'

저에게 부동산 투자란, 달콤한 과실을 얻기 위한 '지난(至難)한 탐색과 갈등이 함께 하는 힘겨운 과정'이라고 생각합니다. 그래서 누가 던져주는 먹잇감을 쉽게 물지 못하는 습관이 있습니다. 그러면서 제 자신의 방식에 대해 가끔 회의가 들기도 합니다.

'쉬운 길을 너무 어렵게 돌아가는 건 아닐까?'

그러나 좀 길게 부동산 시장을 경험하면서 부동산 투자에서 저의 방식이 꼭 나쁜 것만은 아니었음을 깨달았습니다. 쉬운 투자일수록 깊은 함정이 도사리고 있고, 그리하여 대박을 꿈꾸는 순간 쪽박이 될 수도 있음을 다양한 사례를 통해 절감합니다.

'나에게 횡재는 없다!'라는 생각으로 투자에 임하는 것은 결코 나쁘지 않다고 생각합니다. '대박'을 꿈꾸기보다는 '실패'하지 말아야 한다는 생각으로 신중하게 투자에 임하는 자세는 실패에 대한 '제어장치' 역할을 하기 때문입니다. 또한 '뻔하고 쉬운 투자'는 경쟁자가 많지만, '확신과 기다림'이 필요한 '어려운 투자의 길'에는 사람이 적은 만큼 내 몫이 많이 기다리고 있기 때문입니다.

그런 점에서 저는 '부동산 투자'가 참 감사하고 '부동산 공부'가 재미있습니다. 공짜가 없는 인생에서 뻔한 횡재를 피해 조금 한적한 길로 슬쩍 돌아갔다는 이유만으로도 기대 이상의 과분한 '횡재(보상)'가 기다리고 있으니까요.

간이역

힘든 여행은 이제 그만!

남인도 여행을 갔을 때, 이미 북인도를 다녀왔기 때문에 어느 정도 힘들 거라고 각오는 하고 있었지만, 예상보다 더 열악한 환경에 감기까지 걸려서 정신적, 육체적으로 무척 힘든 상태로 여행을 시작했습니다.

게다가 저의 여행 파트너였던 친한 친구 외에 또 다른 한 명이 처음 합류한 여행이었는데, 그 친구가 우리 둘의 여행 스타일과 많이 달라서 어려움이 있었습니다.

몸 컨디션이 나쁘니까 음식도 입에 맞지 않았고, 환경에 대한 적응도 힘들었으며, 사람에 대한 적응은 더더욱 힘들어서 시작부터 끝까지 정말 괴로웠던 여행이었습니다.

여행을 끝내고 돌아올 때면 친구와 늘 아쉬움으로 마무리하곤 했는데, 남인도 여행은 그렇지 않았습니다. 이제 힘든 여행은 더 이상 하지 말자고 친구와 다짐하며 남인도 여행을 마쳤습니다.

그리고 시간이 많이 흘렀습니다. 그런데 이상하게도 다녀왔던 수많은 여행지 중 그때의 남인도 여행이 시간이 흐를수록 또렷이 기억나면서 기회가 되면 다시 한번 더 가봤으면 좋겠다는 생각이 듭니다.

"인생은 가까이서 보면 비극, 멀리서 보면 희극"

여행지를 추억할 때면 찰리 채플린의 말에 공감하게 됩니다.

장염에 걸려서 고생했던 라오스 배낭여행, 코로나에 걸려서 비몽사몽 헤맸던 뉴욕 맨해튼, 센트럴파크를 걷던 중 폭포처럼 쏟아지던 소나기를 맞으며 나무 밑에 서 있었던 기억, 잠자던 중 호텔에 불이 나서 애들 데리고 정신없이 대피했던 샌프란시스코 여행, 비 내리는 늦은 밤 볼로냐에서 로마로 가는 기차에서 한 정거장 먼저 내려 무거운 트렁크를 끌고 동분서주했던 기억, 순식간에 사라진 핸드폰 때문에 영혼을 강탈당했던 바르셀로나 여행 등등.

수많은 여행지 중에서 유독 힘들었던 순간들이 특별한 기억으로 자리 잡아 아름답게 기억되는 매직을 경험하면서 우리 인생도 그러한 것 같다는 생각이 듭니다.

못난이 집, '간이역'에서의 희망

문득 가던 길을 멈춰 서서 뒤돌아보면 지나온 무수한 날 중에서 편안했던 수많은 날은 '안온함'이라는 한 단어 속에 묻히고, 치열했던 고통의 순간들이 내 삶을 알록달록 아름답게 수놓고 있음을 깨닫습니다. 하루하루 무난하고 편안하기만 했더라면 얻을 수 없었던 기억들입니다.

이런 경험을 통해 느끼는 것은, 그냥 지나쳤으면 좋을 법한 힘든 순간들도 모두 우리 삶의 소중한 한 부분이고, 어쩌면 가장 아름다운 시간일지도 모른다는 생각이 든다는 겁니다.

특히 우리가 두려워하고 피하고 싶어 하는 '불확실성의 시간'은 불안과 공포를 내포하고 있기에 가장 겸손해지는 시간이기도 하고, 때로는 '희망'과 드라마틱한 '반전'이 기다릴 수도 있기에 가장 '기대감'이 넘치는 시간일 수도 있습니다.

예전에 저는 좀 불편하고 오래 걸려도 일부러 경유하는 비행기를 타곤 했습니다. 낯선 나라의 공항에서 차 한 잔을 마시며 다음 비행기를 기다리는 그 순간을 즐기고 싶어서입니다. 어쩌면 여행지 자체보다도 새로운 곳으로 향하는 '간이역'에서의 '설렘' 때문에 여행을 좋아하는지도 모릅니다.

막상 도착해 보면 기대 이하의 여행지여서 실망할 때도 있지만, 새로운 곳으로 향하는 간이역에서의 기다림은 늘 기대감과 희망이 함께 하기에 설렙니다.

영끌 대출로 집을 갈아타고 나서 원리금 상환하느라 힘든 분들, 갈아타야 하는데 집이 팔리지 않아서 고민인 분들, 갈아탄 후 혹시 꼭지 잡지 않았을까 불안해하는 분들……. 수많은 불안과 걱정과 불확실성 속에서 우리는 뒤척이며 잠 못 이루고 있습니다. 그러나 빨리 지나치고 싶었던 불안과 고통의 순간도 지나고 나서 돌아보면 간이역에서의 기다림처럼 '희망'의 순간이었음을 깨닫습니다.

단맛도 짠맛과 함께 해야 깊은 맛이 느껴지듯이 우리의 삶도 온통 편안하기만 하다면 무료할 수도 있습니다.

부동산 시장의 초양극화 현상 속에서 상실감과 허탈감을 느끼는 사람들이 많은 요즘입니다. 그러나 이게 끝이 아니고 우리 앞에는 또 다른 '기회'가 기다리고 있기 때문에 이 '집'도 역시 새로운 희망으로 향하는 간이역일 수 있습니다.

상급지 아파트로 갈아탄 남들의 이야기를 들으며 내 집이 초라해 보일 때일수록 더 열심히 쓸고 닦으며, 맛있는 요리로 영혼을 달래고, 간이역에서 차 한 잔 마시며 새로운 여행지를 꿈꾸듯 이 순간과 나의 공간을 잔잔하게 사랑해 보는 건 어떨까요?

뒤처짐

무한 게임 vs 유한 게임

미국 주식을 하는 분들이라면 잘 알고 계시는 유튜버 '뉴욕주민' 님이 올린 영상 중 좋은 내용이 있어서 카페 회원님들과 공유한 적이 있습니다.

유튜브 내용은 《유한 게임과 무한 게임》(제임스 P. 카스)이라는 책을 인용해서 현대인들이 느끼는 '뒤처짐'에 관한 두려움을 이야기하고 있었습니다.

인생에는 '유한 게임'과 '무한 게임'이라는 2가지 게임이 있습니다. '유한 게임'은 체스, 포커, 야구, 축구처럼 상대방이 누군지 알고 룰이 정해져 있는 게임입니다. 이 게임은 상대방의 움직임에 따라 반응하고, 언젠가는 끝이 나며, 그 끝에는 반드시 승자와 패자가 존재합니다.

반면 '무한 게임'은 주식이나 부동산 투자처럼 영원히 끝나지 않고 승자와 패자가 있는 게 아니라 '참여하는 자'와 '빠지는 자(도태되는 자)'로만 나뉘는 게임입니다. 그리고 이 무한 게임에서 승자는 '끝까지 살아남는 사람들'이라고 합니다.

우리의 삶은 무한 게임에 가깝습니다. 그런데 눈앞에 보이는 경쟁이나 단기적인 승률에 집착하며 유한 게임처럼 투자하는 사람들이 많고, 자꾸 남과 비교하면서 뒤처지지 않고 앞서려고 하면서 스트레스를 받는 사람들이 많다는 겁니다.

때로는 이길 수도 있고 질 수도 있다는 여유 있는 생각으로 게임에 임함으로써 오래 게임판 안에서 도태되지 않고 존재하는 것이 중요합니다. 그리고 이렇게 하려면 경쟁보다는 스스로 얼마나 더 '성장해야 하는가'에 관심을 두는 발전적인 마인드가 필요합니다. 즉, 자기 방식대로 살아남는 법을 터득하는 것이 중요하다는 이야기입니다.

한때 세계적인 장난감 판매 회사였으나 경쟁에 밀려 결국 파산 신청을 한 미국의 '토이저러스(Toysrus)'를 예로 들어보겠습니다. 이 회사가 파산하게 된 것은 경쟁 회사인 '시어스'나 '케이마트' 때문이 아니라 '아마존' 때문이었다고 합니다. 아마존은 온라인으로 책을 팔던 시절부터 자신의 경쟁 상대를 온라인 책 판매 회사로 두지 않았습니다. 같은 업종의 회사들을 이기려고 경쟁하기보다는 더 멀리 내다보고 오래전부터 고객 우선(customer first)과 고객 집착(customer obsession)에 대해 고민했다고 합니다.

이 영상을 보고 나서 저 스스로에게 반문해 보았습니다. 과연 나는 게임판 안에서 오래 살아남기 위해, 스스로를 발전시키기 위해 얼마나 노력하고 있는가? 혹시 상대적 '박탈감'과 '뒤처짐'에 대한 '두려움'에 더 많은 에너지를 소진하고 있는 건 아닌지?

'행운'은 복사해서 붙여넣기가 안 된다

지난 부동산 상승장에서 투자로 얼마를 벌었다고 인터넷에서 공개적으로 자랑하는 사람들이 있었습니다. 또한 이런 사람들을 견제하면서 공격하고 비난하는 또 다른 사람들도 있었습니다.

그러나 '금리'의 역습을 받자 자랑하던 사람이나 공격하던 사람이나 모두 어려움에 빠졌습니다. 반면 오히려 보이지 않는 곳에서 위기 상황에 대비하며 자기 페이스를 잃지 않고 신중하게 투자하던 사람들은 고금리 상황에서도 별 타격을 받지 않고 건재했습니다.

좀 더 빨리 많이 버는 것이 이기는 투자라고 생각하고 경쟁적으로 무리하게 투자한 사람일수록 위기 상황에서 버티지 못하고 시장에서 먼저 도태되는 경우가 많습니다.

오히려 좀 느리게 가는 것 같이 보이더라도 꾸준히 투자하며 큰 실수만 하지 않아도 투자 시장에서 오래 살아남기만 하면 시간의 흐름에 따라 어느 정도 부자는 될 수 있습니다. 그러나 한방에 큰 부자가 되려고 무리하게 베팅하는 사람들은 시장에서 사라지는 경우가 많습니다.

하이 리스크 투자가 성공하려면 여러 가지 요소가 맞물려야만 가능한데, 가장 중요한 건 '행운'이 따라주어야 한다는 것입니다. 그런데 '행운'은 복사해서 붙여넣기가 안 된다는 특징이 있습니다. 그래서 특히 투자를 할 때는 철저하게 '행운'을 배제해야 합니다. 빨리 가고 싶은 마음에 '행운'이 함께 한 '남의 하이 리스크 투자'를 흉내 내서는 안 됩니다.

이것은 단지 투자의 세계에서만이 아닙니다. 우리는 살아가는 일 자체가 무한 경쟁의 세계여서 눈앞의 경쟁자에게 연연하느라 옆으로 공격해 오는 적을 놓치는 경우가 많습니다. 에너지가 한곳으로 쏠릴수록 균형을 잃기가 쉽고 세상을 객관적으로 살피기가 힘들어지기 때문입니다.

'부동산 투자'와 '교육'도 무한 경쟁의 세계

아이를 키울 때 눈앞의 모든 또래 아이들이 자기 아이의 경쟁 상대라고 생각해서 교육 정보를 공유하지 않고 남의 정보만 캐려는 엄마들이 있습니다. 그런데 이런 사람일수록 정보의 사각지대에 놓이기 쉽고 자기만의 세계에 갇혀서 더 넓은 세상을 보지 못하는 경우가 많습니다.

아이 키우는 일도 어떻게 보면 무한 게임입니다. 현재의 성공에 지나치게 들뜨거나 침체에 깊게 좌절하다 보면 엄마와 아이 둘 다 지쳐서 오래 버티지 못합니다.

사람의 병 중에는 자신도 모르는 사이에 걸렸다가 저절로 사라지는, 자연 치유되는 병들이 많다고 합니다. 아이들 성장 과정에서도 잠시 출연했다가 사라지는 수많은 증상들이 있습니다. 그런데도 일시적인 특정 증상에 너무 예민하게 반응해서 치유하려 하다가 오히려 더 나빠지는 경우도 있습니다.

큰애가 초3 때였던 어느 날, 갑자기 눈을 꿈뻑거리기 시작했습니다. 남편도 긴장하면 이런 현상이 보이곤 했는데, 바로 '틱' 현상이었습니다.

정보를 검색해 보니 '틱'으로 인해 집중력이 저하되어 공부에 방해가 된다고 해서 병원을 찾을까 고민하다가, 아이 스스로 '틱'을 인지하지 못하게 지켜보기로 했습니다. 병원에 다니다 보면 비정상적인 상태임을 스스로 인지하는 상황이 되어 안 그래도 예민한 아이가 오히려 더 스트레스를 받을 수도 있을 것 같아서였습니다.

그래서 병원에 다니는 대신, 아이가 스트레스를 받지 않고 다른 곳에 신경을 쏟게 하려고 친구들과 많이 놀게 하고 운동을 많이 시켰습니다. 그러다 보니 약 1년 반 정도 '틱' 현상이 유지되다가 저절로 사라졌습니다. 물론 그 후로는 한 번도 같은 증상이 나타나지 않았구요.

물론 잠재의식 속에는 '틱'이 존재한다고 생각합니다. 제 아이가 남들보다 더 예민하게 세상을 받아들이는 것을 엄마인 저는 알고 있습니다. 이제 제가 바라는 건, 자기 스스로도 그걸 알아서 그에 맞게 세상에 대응하는 법을 터득하는 겁니다.

세상 살아가는 일은 남들과의 싸움이 아니라 자신과의 싸움인 경우가 많습니다. 자신의 역량과 능력과 한계를 스스로 인지하고 그것에 맞게 실행하면서 쌓아가는 것이 중요하다고 생각합니다.

능력이 조금 부족해도 자기 능력에 맞게 오래 살아남는 방법을 터득하는 사람은 게임판에서 오래 살아남을 수 있습니다. 그러나 능력이 뛰어나다는 자부심으로 항상 남들보다 앞서야 한다는 강박감이나 뒤처짐에 대한 두려움을 가지고 있는 사람들은 경쟁에 눈이 멀어 자기 페이스를 잃고 혼돈에 빠져 게임판에서 빨리 사라지는 경우가 많습니다.

인터넷과 SNS의 발달로 인해 시선이 외부로 향하면서 뒤처짐에 대한 두려움에 시달리는 사람들이 많습니다. 이런 '두려움'을 부추기는 것이 마케팅 전략이 되기도 합니다. 그러나 무한 게임에서 진짜 경쟁자는 눈앞에 보이는 사람들이 아니라, 보이지 않는 곳에서 꾸준히 자신을 발전시키기 위해 노력하고 있는 사람들입니다.

네이버 유료 카페를 오픈하고 나서 처음에는 정보 제공을 하고 글을 써서 돈을 번다는 부담감에 스트레스를 받았습니다. 그러다 보니 글 쓰는 것이 재미없고 자신감도 사라지면서 지친다는 느낌이 들었습니다. 그러나 2022년 여름, 뉴욕 여행 중에 코로나에 걸려 잠깐의 공백기를 거치면서 이런 생각이 들었습니다.

'그냥 내 색깔과 내 페이스에 맞게 내가 잘할 수 있는 것만 하자!'

'남에게 신경 쓸 시간에 좀 더 많이 보고, 듣고, 공부하고, 생각하면서 나만이 할 수 있는 영역을 만들어 보자.'

무한 게임의 판에서는 '나이'가 존재하지 않습니다. 20대여도 도태되는 사람이 있고 나이가 많아도 건재하는 사람이 있습니다. 우리가 살아가는 일은 고정된 방법이나 룰이 지배하는 게임이 아니어서 나이로만 이길 수 없기 때문입니다.

마찬가지로 무한 게임의 판에서는 학벌, 백그라운드, 인맥 등이 살아남는 데 절대적인 요소가 아닙니다. 할머니 손에서 큰 전문대 출신의 모텔 알바생이 앱 개발을 통해 조(兆)대의 부자가 될 수도 있는 것이 무한 게임의 세상이거든요.

자신이 지닌 악조건 때문에 지레 위축되거나 눈앞의 경쟁자에게 뒤처질까봐 두려워하지 말고 자기만의 페이스로 당당하게 살아남아야 할 것입니다.

로고 따위는 없어도

'가성비'가 정말 이익일까?

언젠가 퇴근하고 집에 갔는데 문 앞에 택배가 와 있었습니다. 부피가 커서 무언가 하고 봤더니 남편이 주문한 의자였습니다.

남편은 쓰고 있던 의자가 불편해서 바꿔보려고 인터넷에서 검색했는데, 가격이 적당하고 후기도 좋아서 선택했다고 합니다. 그래서 제가 뭐라고 했습니다. 아무리 평이 좋아도 자기 몸에 맞지 않을 수도 있는데, 직접 매장에 가서 앉아보고 사야지, 어떻게 남의 평만 보고 사냐구요.

물건을 선택하는 방식에서 남편과 의견 차이를 보이는 경우가 종종 있습니다. 남편이 물건을 고를 때 가장 중요하게 생각하는 기준은 '가성비'입니다. 그러다 보니 항상 2% 부족한 물건을 사는 경우가 많습니다.

의자는 하루 중에 많은 시간을 몸과 밀착해서 사용하는 물건이라 가성비로 사면 안 될 것 같았습니다. 조금 싸다는 이유로 선택했는데, 사용하는 내내 아쉬움이 남는다면 어떨까요? 차라리 돈을 좀 더 주더라도 완전히 만족할 만한 물건을 선택해서 애착하며 사용하는 게 더 이익이라는 생각이 들었습니다.

부동산도 '디테일'을 따지는 시대

세상의 모든 명품은 '디테일'에서 차이가 납니다. 얼핏 봐서는 알 수 없는 작은 차이 때문에 돈을 더 많이 지불해야 하는 것이 명품입니다. 여기서 더 지불하는 돈은 '기능적 차이'도 있지만 '심리적 만족감에 대한 값'이 더 크다고 생각합니다.

이제는 '집'도 '디테일'에 따라 가격차가 커지는 시대가 되었습니다. 그래서 부동산 투자를 하려면 디테일을 파악하고 디테일의 가치를 인식하는 능력이 필요합니다.

같은 지역에 있는 비슷하게 보이는 아파트라도 디테일의 차이에 따라 가격차가 있고 그 차이가 큰 경우도 많습니다. 그런데 그 차이를 파악하지 못하고 비슷해 보인다는 이유로 '저평가'라고 생각하며 투자하는 사람들이 있습니다. 그러나 시간이 지날수록 그 간격이 줄어들기보다 오히려 점점 더 벌어지는 경우가 많습니다.

부동산에서의 디테일은 상급지로 갈수록 더욱 세분화됩니다. 동네의 분위기와 이미지처럼 눈에 보이지 않는 것들 때문입니다. 이런 것들은 쉽게 드러나지 않는 만큼 원하는 대로 만들기도 어려운 영역입니다.

비싼 돈을 내고 호캉스를 하거나, 고급스런 카페에서 비싼 커피를 마시는 것은 '분위기'를 즐기기 위해서입니다. '분위기'는 실용성으로는 설명할 수 없는 디테일의 영역으로, 이제는 '분위기'도 돈을 주고 사는 시대입니다. 이런 디테일을 추구하는 것은 플러스 알파를 원하는 '차별성'과 '여유'에서 비롯되므로 소득이 높아질수록 심리적 플렉스까지 값을 치르면서 즐기려고 하는 겁니다.

'갓 출시된 신상 가전 모델을 비싼 값에 살 것인가?'
'얼마 전까지 신상으로 불렸던 구모델을 싼값에 살 것인가?'

'가볍고, 따뜻하고, 세련된 몇백만 원짜리 이태리 패딩을 살 것인가?'

'비슷한 모양과 품질의 실용적인 패딩을 살 것인가?'

이 둘을 놓고 비교할 때 비싼 게 더 좋은 것은 알겠지만, '그 정도 돈을 더 주고 살 만한 가치가 있을까?' 하는 갈등이 생길 수밖에 없습니다. 그리고 이런 갈등에서 '가성비'의 벽을 뛰어넘기가 힘듭니다. 왜냐하면 다음 2가지 이유 때문입니다.

가성비의 벽을 뛰어넘기 힘든 이유
1. 경제적 능력
2. 가치관

우선 '경제력'이 되지 않으면 아무리 원한다고 해도 그 벽을 뛰어넘을 수 없습니다. 이럴 때는 제한된 범위 안에서 '선택한다'는 말이 맞겠지요.

그리고 경제력이 되는데도 가격 대비 가치와 효율성을 중시하는 사람들은 '가성비'의 벽을 쉽게 뛰어넘지 못합니다. '가치관'이 선택의 기준이 되기 때문입니다.

그러나 가성비로 선택하는 경우도 갈등을 일으키는 경우가 많습니다. '가치'와 '효율성'을 따질 수 있는 '정확한 기준'이 없기 때문입니다. 그래서 확고부동한 가치관으로 무언가를 선택하는 것이 생각만큼 쉽지가 않습니다.

예를 들어, 자녀 교육에서는, 가치와 효율성을 중시하는 사람들일지라도 가성비로 접근하기가 쉽지 않습니다. 가성비 교육을 선택하여 돈을 조금 아끼려다 돌이킬 수 없는 중요한 시기나 기회를 놓쳐서 나중에 후회하는 상황이 발생할 수도 있기 때문입니다. 그래서 다른 건 다 아껴도 자녀 교육만큼은 가성비로 선택하지 않는 분들이 많습니다.

집을 선택할 때도 마찬가지입니다. 대중교통으로 1시간 거리에 있는 수도권 지역의 아파트와 강남 핵심지 신축의 가격 차가 10배 이상 나는 경우도 많습니다. 하루에 2시간 정도의 출퇴근 시간을 더 할애하면 10배의 주거비를 줄일 수 있는데도 사람들은 꾸역꾸역 핵심지로 향하고 있습니다.

이렇게 하는 이유는 '집값 10배의 차이'가 단순히 '하루 2시간 출퇴근 시간의 차이'라는 '거리의 개념'만이 아니며, '집'이라는 단어 속에 포함된 의미가 예전보다 훨씬 더 복잡하고 디테일해졌기 때문입니다.

집은 '욕망', 또 하나의 '계급'

최근에 '하차감'이라는 단어가 기사화되어 이슈화된 적이 있습니다. 서초와 강남 등 부촌의 상징인 동네 지하철역에 내리면 부러운 시선을 느낀다는 내용이었습니다.

'집'이 '거주'라는 본연의 '가치' 외에 '사는 곳'을 통해 '경제력'을 상징하는 의미로도 여겨지기 때문입니다. 자본주의 사회에서 '경제력'은 보이지 않는 또 다른 '계급'이기에 심리적인 부분에 영향을 미칩니다.

〈헝거〉라는 태국 영화가 있습니다. 스승과 제자 간의 '요리 대결'과 '요리에 대한 시선의 차이'가 영화의 주요 스토리입니다. 이 영화에서 제자는 '사랑이 담긴 요리'를 추구하고 스승은 '사랑이 담긴 요리 따위는 존재하지 않는다'고 생각합니다.

어느 날 제자는 스승에게 유명 셰프가 되어야겠다고 마음먹게 된 동인이 무엇이냐고 묻습니다. 그러자 스승은 대답합니다.

어린 시절 가정부였던 어머니와 함께 부잣집에 살았는데, 부자들이 먹는 음식 맛이 궁금해서 어느 날 몰래 주인집 냉장고에 있는 캐비어를 맛보려고 했다는 겁니다. 그런데 잘못해서 캐비어 병을 떨어뜨려 깨뜨렸다고 합니다. 그래서 주인한테 야단맞고 그걸 배상하기 위해 어머니는 몇 달을 무상으로 일해야만 했다고 합니다.

'대체 캐비어가 어떤 맛이길래?'

깨진 병 사이로 삐져나온 캐비어를 맛본 어린 소년은 놀랐다고 합니다. 생각보다 맛이 없었기 때문입니다.

스승을 유명한 셰프로 만든 동인은 바로 '분노'였던 겁니다. 부자들이 자신이 만든 음식을 먹기 위해 줄 서게 만들고 비싼 값을 치르게 만드는 것이 유명한 셰프가 되고 싶은 이유였습니다.

이 영화의 클라이맥스는 스승과 제자의 요리 진검승부 장면입니다. 둘이 팽팽한 대결을 하던 중 스승이 몰래 수돗물에 라면수프를 타서 내놓는 장면이 나옵니다. 모두 그 수프를 맛보면서 감동의 탄성을 지를 때 스승은 제자 옆으로 다가가서 속삭입니다.

"네가 나를 이길 수 없는 이유가 바로 이거다."

수돗물에 라면수프를 타서 내놔도 자신이 내놓으면 특별한 요리라고 생각하는 '믿음', 즉 사람들은 '음식'을 먹는 게 아니라 자신의 '명성'을 먹는 것이라고.

'욕망'을 인정한다는 것

매일 명품을 입던 사람은 쿠팡에서 구입한 저렴한 옷을 입어도 명품을 입은 것처럼 보이는 것과 같습니다. 우리가 살면서 지불하는 비싼 값은 '명성값'인 경우가 많습니다. 이제는 단지 먹고 입는 것만이 아니라 '집'에도 이런 개념을 적용하기 시작했습니다.

캐비어가 그 정도로 비싼 돈을 주고 사 먹어야 할 만큼 더 특별한 맛이 아니듯이 강남 아파트도 10배 더 값을 치르고 매수해야 할 만큼 10배 더 좋은 주거지는 아닙니다. 그럼에도 불구하고 10배의 값을 더 치르면서 강남 핵심지로 진입하려는 이유는 '효용성'과 '가치'만으로는 설명할 수 없는, 인간의 욕망과 관련된 복잡하고 미묘한 심리적인 부분이 포함되었기 때문입니다.

인간의 욕망을 정량화하고 수치화하여 심리를 자극함으로써 이것을 상업적으로 이용하는 것이 현재 자본주의 사회의 속성입니다. 인간의 욕망과 심리는 쉽게 거스를 수 없는 '트렌드'를 만들어내기 때문에 무시할 수 없는 부분입니다. 그리고 우리가 세상을 잘 살아가기 위해서는 그 흐름을 빨리 파악하고 수용하면서 적응하는 태도가 필요합니다.

만약 명품 패딩에 로고가 없다면 몇백만 원이나 주고 살까요? 요즘은 로고가 드러나지 않는 명품이 유행입니다. 그런데 이건 단지 로고만 드러나지 않았을 뿐 그게 비싼 명품인지 아는 사람이 많습니다. 그까짓 로고 따위는 없어도 알 만한 사람은 다 아는 명품처럼, 지하철에서 내리는 역 이름만 보고도 아파트값을 상상하는 그런 시대가 되었습니다.

그 어떤 욕망에도 휘둘리지 않는 낙락장송이 될 자신이 없다면 욕망의 얕은 바닥에 대한 시시비비를 가를 시간에 로고 하나 때문에 몇 배의 돈을 지불할 준비가 되어 있는 사람들의 심리를 파악하고 분석하는 것이 필요합니다.

그리고 그다음에 사람들이 줄 설 곳을 미리 예상해서 그것에 맞게 대응하는 것이 현대 자본주의 사회를 살아가는 사람으로서 좀 더 경쟁력 있는 태도가 아닐까 생각합니다.

도도새

날지 못해서 쉽게 잡아먹히는 새

언젠가 친구를 만났는데, 무거운 쇼핑백 속에서 캔맥주 두 꾸러미를 꺼내며 선물이라고 주었습니다.

'웬 맥주?'

맥주 선물은 처음 받아봐서 웃으며 열어봤더니 새 그림이 있는 박스 속에 든 맥주였습니다. 그 그림은 '김선우' 화가가 그린 '도도새'였는데, 맥주 회사에서 마케팅 전략의 하나로 스페셜 맥아로 만든 맥주를 '김선우 에디션'이라는 이름으로 판매하는 거라고 했습니다.

'도도새'는《난쟁이가 쏘아올린 작은 공》(조세희) 속에도 나오기 때문에 국어 수업 중에 아이들에게 얘기해 준 적이 있는 새였습니다.

'도도(Dodo)'라는 단어는 '바보'를 뜻하는 포르투갈어로, '도도새(Dodo bird)'는 날지 못하면서도 사람을 무서워하지 않아서 쉽게 잡아먹히는 새이기 때문에 붙여진 이름이라고 합니다.

도도새는 인도양의 모리셔스 섬에 서식했던 새인데, 이 섬은 조류들만 살아서 천적이 없는 새들의 천국이었습니다. 그리고 이 섬에는 먹잇감이 많아서 굳이 힘들게 먹잇감을 찾기 위해 날아다닐 필요가 없었습니다.

또한 이 섬에는 새를 잡아먹는 포식자도 없어서 천적으로부터 도망가기 위해 날아다닐 필요도 없었다고 합니다. 그러다 보니 도도새는 점점 날개가 퇴화했고 날개 부근의 근육이 줄어들어 날지 못하게 되어버렸습니다.

날아다니는 행위는 공기의 저항을 이기며 앞으로 나가야 해서 힘이 많이 듭니다. 그래서 굳이 날아야 할 이유가 없다면 힘들게 비행할 필요가 없기 때문에 도도새는 점점 날지 못하는 새로 진화했습니다. 그러다가 유럽의 선원들이 모리셔스 섬에 도착했을 때 도도새는 사람에 대한 경계심 없이 선원들을 따라다니다가 잡아먹히면서 멸종되었다고 합니다.

나를 키운 건 '팔 할'이 '부자 친구들'

며칠 전 늦은 밤에 한동안 연락이 끊겼던 대학 친구의 전화를 받았습니다. 용건이 있어서 전화했는데, 이런저런 이야기를 하다 보니 통화가 길어져서 대학시절 이야기까지 하게 되었습니다.

그 친구는 저와 대학 4년 내내 거의 붙어 다녔기 때문에 제 대학시절의 일기장 같은 존재였습니다. 그래서 그 친구와 대화를 나누다 보면 종종 잊고 있었던 저의 옛이야기를 듣게 됩니다.

'아…… 그때는 내가 그랬었구나!'

좀 잊었으면 좋을 법한 저의 치기 어린 기억조차 그녀의 머릿속에는 고스란히 저장되어 있었습니다. 그 친구는 결혼하지 않았기에 애를 키우면서 사느라 정신없었던 저보다 비교적 온전하게 과거를 기억하고 있기 때문입니다.

이렇게 친구와 전화로 이런저런 이야기를 하다가 문득 친구가 예전에 저에 대해서 이해할 수 없는 부분이 있었다고 이야기했습니다. 그 이야기를 듣고 나서 그럴 수밖에 없었던 이유를 설명하느라 그동안 한 번도 말하지 않았던 저의 이야기를 하게 되었습니다. 바로 '가난'에 대한 이야기였습니다.

20대 때는 '가난'이 부끄러워서 그 누구에게도 들키고 싶지 않았고, 자존심 때문에 친한 친구와도 '가난'에 대해 이야기를 해 본 적이 없었습니다. 그러나 시간이 흘러서 이제는 그 어떤 얘기를 하거나 들어도 별거 아닌 그런 나이가 돼서야 비로소 별거 아닌 지난 저의 '가난'에 대한 이야기를 했습니다.

그러나 20대 초반의 저에게 '가난'은 그렇게 별거 아닌 게 아니었습니다.

대학교에 진학해서 처음 올라온 '서울'이라는 도시는 사고 싶은 것도 많고 하고 싶은 것도 많은 욕망의 도시였습니다. 고등학교 때까지는 주변이 다 가난했기 때문에 가난해도 갈등이 없었으나, '서울'이라는 도시는 상대적 빈곤감으로 나를 위축시켰고 나의 초라함을 끊임없이 일깨우는 곳이었습니다.

순수한 감정으로 지속돼야 할 20대의 풋사랑도 '가난'이라는 자격지심 때문에 오래 지속되기가 어려웠습니다. 특히 주변에 가까이 있는 부유한 친구들은 부러움의 대상이었고 저에게 상대적 빈곤감을 느끼게 하는 존재들이었습니다. 전화했던 친구도 그들 중 하나였구요.

그러나 지나고 나서 생각하니 저의 가장 큰 장점 중의 하나는, 그런 친구들을 시기하고 질투해서 멀리하지 않고 늘 가까이 두었다는 겁니다.

당시에 제가 지닌 '가난'은 제 능력으로는 넘을 수 없는 산이라고 느껴서 아예 포기해서 그랬던 건지, 아니면 위화감과 열등감에도 불구하고 '부유함'에 대한 갈망이 강해서 해바라기하듯 그들로 향했는지는 알 수 없지만, 저의 곁에는 늘 부자 친구들이 있었습니다.

스물세 해 동안 나를 키운 건 팔 할이 바람이다.

– 자화상(서정주)

고등학교 때 무심히 지나쳤던 이 시의 구절처럼 성인이 된 20대 초반의 저를 키운 것은 팔 할이 친구였습니다. 나를 위축시키고, 나를 열등감에 빠지게 하며, 나에게 위화감이 들게 했던 부자 친구들을 보면서 부자가 되고 싶다는 생각을 했습니다. 그리고 부자로 사는 법을 어깨너머로 배우며 성인으로서의 첫걸음을 시작했습니다.

제가 운영하는 '즐거운 생활투자' 네이버 카페 초창기에 2030 회원들만 참여하는 톡방을 오픈한 적이 있습니다. 재테크의 첫걸음을 뗄 때는 친구들에게 도움을 주고 싶다는 생각에서 톡방을 시작했는데, 어느 날 이런 톡이 올라왔습니다.

'부동산 공부를 하면서 앞서가는 또래들을 보면 자극이 되다가도 위축감이 느껴지기도 합니다. 운동광 친구와 러닝을 했는데, 엄청 빠른 속도로 달리는 친구를 뒤따라가며 부동산 투자에서의 나와 같다는 생각이 들었어요. 어차피 뒤처진 건데, 따라간들 무슨 소용인가? 앞서가는 친구들을 바라보는 게 나 자신을 더 힘들게 하는 건 아닌가? 이런 생각이 들어요.'

그러나 더 나은 삶을 위해서는 자신에게 자극을 줄 수 있는 상황을 피하지 말고 다소 아프더라도 맞부딪혀 나가야 한다고, 부자가 되고 싶으면 부자 곁에서 그들의 움직임을 살펴보면서 그들의 사고방식뿐만 아니라 행동 양식과 재테크 방식을 배워야 한다고 조언했습니다.

굳어진 삶의 각질을 벗겨내는 시간

꽤 똑똑한데도 자존심 때문에 자신보다 더 잘나가는 친구들을 사귀지 못하고 멀리하며 재테크 면에서 뒤처진 친구가 있습니다.

이 친구는 제1기 신도시를 저와 같은 시기에 분양받아서 입주했는데, 아직도 그 집에 살고 있습니다. 남편이 고소득자였고, 알뜰한 친구라 저축한 돈도 꽤 있었으며, 몇 년간 해외 지사 근무도 했기에 재테크할 기회가 많은 친구였습니다.

그러나 친구는 본인이 앞서가지 못하는 상황이라면 외부 자극을 기피하고 비난하면서 자신의 상황을 합리화하는 것이 문제였습니다. 한 타임 놓친 재테크 기회를 속상해 하면서도 점점 더 재테크와 반대되는 방향으로 논리의 벽을 쌓아갔습니다.

2000년 초반, 대치동 우리 집에 그 친구를 초대한 적이 있는데, 이야기하다 보니 들고 있는 돈이 꽤 되길래 강남 아파트 한 채를 갭으로 사두라고 권했습니다. 하지만 친구는 고개를 가로저으며 '인구 감소론' 이야기를 시작했습니다. 그 이후로 그 친구를 만나면 자극할 만한 '부동산' 관련 이야기는 일부러 피했습니다.

한번은 카페 오프라인 모임에서 만난 고소득자 한 분이 이런 말씀을 하셨습니다.

일하느라 바빠서 정신없이 살다가 오랜만에 친구들을 만나서 얘기를 나누다 보니, 상급지로 갈아탄 친구들이 많았다고 합니다. 그래서 왜 자기한테는 갈아타기를 알려주지 않았냐는 애먼 소리를 하고 집으로 돌아오는 길에 '그동안 난 뭘 했지?' 후회하기 시작했다고 합니다.

이런 경우가 많습니다.

교육 정보, 재테크 노하우, 건강 관리법, 생활 정보, 하다못해 맛집 정보까지 알 만한 사람들은 다 아는데 나만 몰라서 하지 못한 일들이 많습니다. 현대 사회는 얼마나 유용한 정보를 많이 얻느냐에 따라 자산이 달라지기도 하고, 건강 상태가 달라지기도 하며, 삶의 질이 달라지기도 합니다.

"왜 나한테는 알려주지 않았어?"

그러나 돌아오는 답은 뻔합니다.

"네가 묻지 않았잖아?"

묻지 않는데 굳이 알려주는 사람은 많지 않습니다. 특히 자신도 힘들게 준비하고 있거나 결정해야 할 일은 남들에게 이야기하지 않습니다. 그리고 관심 없는 사람은 이야기해 줘도 귀담아 듣지 않습니다.

그러나 자신과 비슷한 삶의 이력으로 살아온 친구들이 한 단계 업그레이드하는 삶의 행보를 보일 때 문득 충격을 받고 그때부터 조바심이 나서 급하게 자신의 삶을 체크해 보기 시작합니다. 누군가를 만나고 돌아오며 자신의 삶을 돌아보는 시간은 굳어진 삶의 각질을 벗겨내는 시간입니다.

그래서 우리는 주위에 어떤 사람들과 소통하며 살아가느냐가 매우 중요합니다. 자신의 삶에 자극을 주고 자신의 삶을 체크해 보게 하는 사람들이 곁에 있고 없고에 따라 삶의 질과 방향이 달라지기 때문입니다.

오늘도 바람과 맞서서 비행하는 이유

자신의 세계를 뛰어넘어 다른 세계로 가려면 이미 그 세계에 가 있는 사람들을 만나서 그들의 세계를 간접 경험하고 그 세계와 친숙해지는 것이 가장 좋은 방법입니다.

물론 이 과정에서 위축감이나 위화감이라는 부정적인 감정은 감내해야 합니다.

하지만 그것은 넘어야 할 산이고 그 산을 넘어야만 원하는 세계로 갈 수 있습니다. 자극받고 상처받을까 두려워서 미리 방어벽을 쌓게 되면 점점 더 자신의 틀 속에 갇혀서 상황을 합리화하며 안주의 늪에 빠져들게 됩니다.

신혼 때 서울 월셋집을 등지고 안양 인덕원 24평 빌라를 50% 대출 받아서 샀는데, 이것은 결코 우연한 선택이 아닙니다. '서울 수도권 지도책'을 사서 살펴보니까 인덕원이 제 눈에 들어왔기 때문입니다. 인덕원이 사통팔달인 지역이어서 발전 가능성이 있다고 생각했던 겁니다.

그리고 당시 창간된 부동산 잡지를 정기구독하면서 매달 책이 배달오면 제일 먼저 확인한 것은 맨 앞장에 있는 강남 아파트 가격이었습니다. 그때 강남 아파트를 살 만한 돈이나 특별한 방법이 있었던 것은 아닙니다. 대학교 때 곁에 있었던 부자 친구들을 바라보며 부자의 삶을 선망하듯이, 그냥 제가 사고 싶고 살고 싶었던 강남 아파트 가격을 가까이 두고 보면서 꿈꾸는 시간이 좋았기 때문입니다.

그리고 인덕원에 살았기 때문에 바로 앞에 있는 평촌 신도시 분양에 관심을 갖게 되었고, 직감적으로 제1기 신도시 청약이 저에게 중요한 기회라는 것을 알 수 있었습니다. 그래서 그 기회를 반드시 잡기 위해서 차선으로 인기 없는 산본을 청약한 겁니다.

만약 그때 지도책을 보며 공부하지 않았더라면, 인덕원으로 가지 않고 계속 서울에서 월세로 거주했더라면, 부동산 잡지를 사보며 꾸준히 강남 아파트 시세를 체크하지 않았다면, 제 앞에 다가온 기회를 모르고 지나쳤을 수도 있습니다.

지금도 마찬가지입니다. 인터넷으로 부동산 관련 글을 쓰고 톡방에서 회원님들과 함께 소통하는 사람으로서 매 순간 도전감을 느낍니다. 그러나 이런 자극이 두려워서 멀리하는 순간 뒤처진다는 걸 알기 때문에 어제도, 오늘도, 그리고 내일도 계속 세상 속에서 부딪히며 공부하고, 배우고, 대화하며 글을 씁니다.

날지 못하는 도도새가 되지 않기 위해 오늘도 바람과 맞서며 비행합니다.

하락기는 리트머스 시험지다

부동산 고수가 알려준 투자 원칙

제가 처음 부동산에 관심을 두기 시작했던 20대 중반 무렵, 직장에 부동산 고수 한 분이 계셨습니다. 그분은 틈틈이 부동산 투자에 대한 이야기를 하곤 했는데, 그중에 아직까지도 저의 뇌리에 박힌 말들이 있습니다.

"안 팔리는 집은 없다."
"강남 아파트는 함부로 팔면 안 된다."
"강남 핵심지 30평대 아파트는 현금이다."
"너희 세대가 자신이 돈 벌어서 집 살 수 있는 마지막 세대다."

"일본 도쿄 대기업에서 매일 아침 인사받는 무주택 중역보다 인사하는 유주택 수위가 더 부자다."

돈도 없고 집도 없었지만 집장만이 간절했던 시기라, 그때 들었던 말들은 바이블처럼 제 머릿속에 각인되어 부동산 투자의 지침이 되었습니다.

제1기 신도시 산본 청약 당첨으로 차익을 맛보자, 아파트 분양권에 눈이 뜨여서 분양권 3개를 동시다발로 샀는데, 곧바로 IMF 외환위기가 터져서 마피 나락으로 떨어질 때도

'그래, 안 팔리는 게 어딨어?'
'가격만 낮추면 팔릴 거야.'
'싸게 팔고 싸게 사면 되지 뭐.'

그때 듣고 기억하는 바이블의 매뉴얼대로 매도했습니다. 그래서 IMF 와중에도 수원 영통 주공아파트 분양권은 500만 원 프리미엄을 챙겼고, 서울 개봉동 한진아파트 분양권은 본전치기, 수원 정자지구 코오롱아파트 분양권은 마피 -10%로 후다닥 매도하고 강남으로 턴한 겁니다.

그때는 요즘처럼 부동산 투자 방법을 어디서 배울 데도 없었고

함께 이야기를 나눌 친구도 없었습니다. 고수들한테 들은 간단한 문장 몇 줄을 머릿속에 장착한 채 실행하고 부딪치면서 터득하는 방식이었습니다.

그런데 그들에게서 제시받은 '방향성'이 투자하는 데 정말 중요한 역할을 했다는 것을 시간이 지나면서 깨닫게 되었습니다. 그리고 카페 상담●을 진행하면서 제가 그때 부동산 투자의 방향성을 제시받은 게 얼마나 큰 행운이었는지 다시금 느끼곤 합니다.

분주하지만 '방향성이 없는' 투자

요즘에는 부동산 투자 공부를 정말 열심히 하고 임장도 많이 다니지만, 다중방송을 취하다 보니 중심을 잡지 못하고 오히려 방향성을 잃는 사람들이 많습니다. 그들의 포트폴리오를 보면 분주한 행보가 느껴지지만, 방향성이 보이지 않는 경우가 많습니다.

'여러 군데 투자하다가 나중에 뭉쳐서 상급지로 갈아탄다.'는 막연한 생각으로 투자를 하는 경우가 많은데, 뭉치는 게 얼마나 힘들고 시간이 많이 소요되는지를 모르는 분들이 많습니다.

●　　저자가 운영하는 '즐거운 생활투자' 네이버 카페(cafe.naver.com/happyhouse3333)에서 진행하는 부동산 상담

아이를 낳고, 아이가 학교에 가기 시작하면 이동의 자유가 제한되기 때문에 가능하면 아이 학령기 전에 오래 거주할 곳에 빨리 자리 잡는 게 중요합니다. 그러나 분산된 투자를 하게 되면 뭉치는 과정에서 변수가 많고, 시간도 많이 소요되며, '기회비용'을 놓치면서 계획대로 되기가 힘듭니다.

그러나 저도 그걸 몰라서 힘들게 돌아와야 했습니다. 산본 아파트는 전세 주고 분양권 3개에 투자해 놓은 후 나중에 뭉쳐서 강남 아파트로 갈아타려는 계획을 세우고 일단 강남에 전세로 이동했던 겁니다.

그러나 강남으로 이사 오자마자 IMF 외환위기로 부동산 급락기를 맞이하고, 이미 집을 소유한 아이 친구 엄마들을 사귀면서 저의 투자의 방향성이 틀렸음을 깨달았습니다. 그들은 저처럼 분주하게 투자하지 않는데도 자신이 가야 할 방향을 정확하게 알고 있었고, 오히려 저는 부동산 투자를 한답시고 여기저기 기웃거리며 시간과 에너지를 소모하고 있었다는 것을 알게 되었습니다.

그리고 그렇게 빙빙 돌아오기에는 아이들 학령기까지의 시간이 그리 길지 않다는 것을 깨달았습니다. 그래서 나중에 다시 올 걸 알면서도 분양권 3개를 모두 팔고 산본 집도 팔아서 가능한 평수라도 강남에 빨리 깃발을 꽂기로 결심했습니다.

개나리아파트에 전세 살 때 같은 라인에 제 또래 엄마가 있어서 친하게 지냈는데, 우리 둘은 나이가 비슷하고 같은 아파트에 살지만 살아온 과정은 전혀 달랐습니다.

저는 맨땅에서 헤딩하며 기를 쓰고 강남에 입성했는데, 그 친구는 시부모님이 올수리해서 증여한 아파트에 살고 있었습니다. 그리고 친정 부모님이 증여해 준 건물에서 월세를 받고 있었습니다.

같은 나이, 같은 아파트, 같은 평수에 살고 있어도 우리 둘 사이에는 뛰어넘을 수 없는 간극이 있다는 것을 느끼지 않을 수 없었습니다.

매순간 저의 행보는 철저하게 재테크와 연결되어 있는데 반해 그 친구는 거주지를 즐기며 누린다는 점에서도 차이가 있었습니다. 제가 지니지 못한 '여유'를 장착한 그 친구와 저 사이에는, '부모'라는 한 세대가 존재함을 깨달았습니다.

그래서 결심했습니다. 나는 즐기지 못해도 내가 땀 흘린 공간에서 내 자식들은 여유를 갖고 즐기게 해 주고 싶다고.

몇 년 전 간만에 그 친구를 만났는데, 친정아버지가 돌아가신 후 부모님이 사시던 역삼동 집을 상속받아서 수익형 다가구 건물을 지었다는 겁니다. 살고 있는 아파트에서 대출받아 상속세를 내고 다가구 건물을 새로 지었는데, 약 5년 정도면 대출을 다 갚을 정도의 월세가 나온다고 하더라구요. 월세뿐만 아니라 땅값 자체가 올라서 건물값도 많이 올랐다는 겁니다.

이 친구는 누구에게 배우지 않아도 늘 저보다 한발 앞서가고 있었습니다. 지난 책에서는 이것을 '투자 DNA'라는 단어로 썼지만, 지금 생각해 보면 바람직한 '방향성'으로 에너지가 집중되어 있다는 표현이 더 맞는 것 같습니다.

하락장에서 드러나는 투자 결과

지난 상승장에 소액 투자로 시작했던 분 중에는 차익이 꽤 생겨서 상급지 투자로 뭉칠 수 있는데도 계속 투자물 개수를 늘리는 소액 투자를 지속하는 사람들이 많았습니다. 투자에도 관성이 존재해서 계속 비슷한 스타일의 투자를 고집하고 추구하기 때문입니다. 그런데 이런 투자 관성에서 벗어나기 힘든 이유는 이미 하나의 방향성으로 자리 잡혔기 때문입니다.

부동산 상승기에는 어떤 것이 맞는 투자 방향인지 알 수 없습니다. 그러나 하락기가 오면 확실하게 그 결과를 확인할 수 있습니다.

투자에서 하락기는 '리트머스 시험지' 같은 겁니다. 그러므로 상승기에도 투자하면서 늘 생각해야 합니다.

'지금 내가 가고 있는 방향성이 맞는 것인가?'
'내 사이버 자산은 하락기라는 리트머스 시험지를 통과하면서 어떤 형태로 변할 것인가?'

사막에서 길 찾는 방법

나는 지금 제대로 가고 있는가?

독일 막스플랑크연구소의 잔 소우만(Jon Souman) 박사팀은 사람들을 숲이나 사막에 떨어뜨려 놓고 똑바로 앞으로 걸어가게 하는 실험을 했습니다.

사람들은 해가 떴을 때는 똑바로 앞을 향해 걸어갔지만, 해가 사라진 다음에는 방향을 잃고 헤매면서 원을 그리며 걷기 시작했습니다. 사막이나 숲에서 길을 잃고 헤맬 때 결국은 제자리로 돌아온다는 이야기가 바로 이 때문입니다. 그러나 방향을 잃고 헤매는 동안에도 실험 참가자들은 똑바로 걷고 있다고 착각하고 있었습니다.

소우만 박사는 이 실험을 통해 사람들은 해나 달처럼 방향을 알려주는 방향점이 없으면 똑바로 앞으로 나가지 못하고 원을 그리며 걷는다고 말했습니다. 그 이유는 사람은 양쪽 다리 중에서 한쪽이 더 길거나 힘이 세서 방향을 잡는 기준이 없이 걸으면 한쪽으로 치우칠 수밖에 없어서 그렇다고 합니다. 그러나 사실은 그 때문이 아니라 걷는 과정에서 작은 실수로 인해 조금씩 방향이 틀어지면서 이것이 누적되어 일어나는 현상이라고 합니다.

부동산 투자를 할 때도 마찬가지인 것 같습니다. 특별한 투자 방향성 없이 단지 빨리 부자가 되고 싶다는 조급한 마음으로 투자하다 보면 정확한 판단을 하지 못한 채 휩쓸리면서 잘못된 방향으로 계속 가게 될 확률이 높습니다.

뉴욕에 갔을 때의 일입니다. 지도를 좋아하는 남편은 열심히 구글 지도를 보며 방향을 잡느라 바빴습니다. 그런데 이상하게도 뉴욕은 다른 도시들과는 달리 건물이 높아서 건물 전체의 모양이 한눈에 들어오지 않아 구글 지도를 열심히 보면 볼수록 방향 잡기가 더 어려웠습니다.

외국 여행을 가면 길을 찾는 것은 남편이 담당인지라 그냥 믿고 맡겼습니다. 하지만 더운 여름날 땀을 뻘뻘 흘리면서 코로나 후유증까지 겹친 상태라 이렇게 지친 상태가 지속되면 안 되겠다 싶어서 저도 정신을 똑바로 차리고 함께 길 찾기에 나섰습니다.

저는 남편과 다른 방식으로 지도에 나온 건물 이름보다는 스트리트(street)와 애비뉴(avenue) 사이의 코너에 있는 상가 이름 위주로 메모하며 길을 익혔습니다. 그러자 길 찾기가 훨씬 쉬워져서 그 이후로는 헤매지 않고 잘 다닐 수 있었습니다.

내비게이션, GPS를 이용하면 길 찾는 데 도움이 되지만, 지나치게 의존하다 보면 사람이 가지고 있는 본능적인 방향 감각을 잃게 되는 단점이 있습니다. 그래서 내비게이션을 보는 동안은 길을 찾을 수 있지만, 내비게이션이 없는 상태로는 길을 찾을 수가 없습니다.

무엇인가를 맹신하고 지나치게 의존하는 경우 성공과 실패의 확률은 반반이라고 생각합니다. 믿고 따르는 대상이 제대로 된 방향을 제시하는 경우에는 성공하겠지만, 그렇지 않은 경우는 실패할 수밖에 없습니다. 또한 바르게 가르쳐 주었어도 자기만의 방향성이 정립되지 않았다면 왜곡되게 받아들일 수도 있습니다.

자신만의 해와 달을 가지려면

2020년에 투자처를 지인에게 알려주면서 매도 타임까지 알려준 적이 있습니다. 그러나 계속 상승 추세이자, 매도하지 않고 그곳에 두 채를 더 사서 홀딩하다가 급락장을 맞이했습니다.

시시각각 변하는 부동산 투자 환경 속에서 정확하게 방향을 잡는 것은 말처럼 쉽지 않습니다. 그렇다면 사막과 같은 부동산 투자의 길에서 길을 잃지 않는 방법은 무엇일까요?

제가 생각할 때 가장 좋은 방법은 먼저 편견과 아집에서 벗어나서 객관적인 시선을 유지하는 것이 가장 중요한 것 같습니다. 그리고 또 하나 중요한 건, 자기 자신뿐만 아니라 그 누구도 맹신하거나 따르지 않고 계속 회의하는 일입니다. 그리하여 매일매일 자신의 사고를 수정해 나가면서 자기만의 해와 달을 가지는 게 필요합니다.

물론 쉽지는 않습니다.

수시로 바뀌는 정책과 부동산 흐름을 놓치지 않고 꾸준히 살펴본다는 것은 어려운 일입니다. 그래서 아무나 부자가 될 수 없는 겁니다. 물론 운이 좋아서 부자가 되는 사람도 있지만, 대부분의 부자들은 많은 시행착오를 거치면서 자기만의 길을 찾기 위해 부단히 계속 노력해 온 사람들입니다.

혹시 지금 자신이 사막에서 길을 잃고 뱅뱅 돌고 있는 것처럼 느껴지는 분이 계신가요?

그렇다면 잠깐 분주한 발길을 멈추고 먼저 자기 자신과 자기가 믿고 따르던 것에서 벗어나서 새로운 눈과 귀로 세상을 바라보는 것부터 다시 시작해 보면 어떨까요?

뭘 먹고 컸는지 알 수 없다

요즘에는 부동산 공부를 어떻게 해?

얼마 전에 우리 집 큰애를 만났는데, 저에게 부동산에 관련해서 이것저것 질문을 했습니다.

부동산에 대해 별 관심이 없는 줄 알았는데, 질문 내용을 들어보니 요즘 공부를 좀 하는 것 같았습니다. 그래서 어떤 방식으로 공부하느냐고 물어보았더니, 시중에 잘 알려진 카페나 유튜브, 블로그 등 다양하게 보고 있다고 말했습니다. 물론 제가 운영하는 네이버 카페도 참여하고 있구요.

그래서 묻는 질문에만 간단하게 답해 주곤 더 이상 아무런 멘트도 달지 않았습니다. 어떤 식으로든 관심을 두고 공부하는 것이 중요하기 때문입니다.

"뭘 먹고 컸는지 알 수 없다."

옛 어른들이 많이 하시던 말씀입니다. 이 말의 속뜻은, 아이들이 자라는 데 반드시 좋은 것만 먹고 자랄 수는 없다는 말입니다.

건강식으로 열심히 챙겨 먹이고 깨끗하게 씻긴 후에 로션을 발라주어도 아토피로 고생하는 아이가 있고, 반조리 식품이나 냉동식품을 많이 먹여도 건강한 아이가 있습니다.

어릴 때 애완동물을 키운 집 아이들이 건강하다는 이야기가 있는데, 동물의 세균에 적당히 노출되어 면역이 생겼기 때문이라고 합니다. 물론 이런 의학적 견해가 맞는지는 잘 모르겠지만, 중요한 것은 완벽하게 좋은 상황에서만 성장하는 것은 아니라는 겁니다.

"뭘 먹고 컸는지 알 수 없다."

이 말은 단지 먹는 것만이 아니라 우리가 살아가면서 경험하는 세상살이의 모든 부분에 적용된다는 것을 느낍니다. 철저하게 준비하고 공부해서 성공하는 것만이 우리를 성장하게 하는 게 아니라 실패나 실수를 통해서도 성장하기 때문입니다.

오프라인 모임에서 지난 이야기를 하다 보면 그동안 잘못된 방식으로 부동산 공부를 했다고 말씀하시는 분들이 계십니다. 그래서 투자에 실패했고, 지금 힘든 상황이 되었으며, 기회비용을 놓쳤다고 말씀하시곤 합니다. 그러나 한 끗 차이로 운이 좋아서 실패하지 않았다면 지난 공부가 잘못되었다고 말하지는 않겠지요.

물론 실패한 투자 때문에 기회비용을 놓쳐서 속상하겠지만, 그 상처를 극복만 한다면 더 크게 점프할 수 있는 인사이트로 빛날 수도 있습니다. 그래서 결과가 좋지 못하다고 해서 지난 공부가 모두 헛되고 잘못된 것은 아닙니다. 설사 잘못되었다고 하더라도 길게 보면 그 자체가 자신을 성숙하게 만드는 자양분이 되는 경험들입니다.

나이가 들수록 현명해지는 사람도 있고 편협해지는 사람도 있는데, 한 끗 차이의 마음가짐으로 이렇게 나뉘는 것 같습니다. 어떤 일에 성공하거나 실패한 경우 지난 일을 복기하며 성공과 실패의 원인을 분석하면서 경험치를 쌓아가는 사람은 시간이 흐를수록 더욱 현명해집니다.

그러나 성공한 경우에는 자신의 능력과 행운에 자만하고, 실패했을 때는 패인을 외부에서 찾으며 원망하는 사람은 나이가 들수록 편협해질 수밖에 없습니다.

투자도 '구강기'를 거쳐야 성장한다

지난 모든 경험들이 나를 키워주는 자양분이었다는 생각으로 앞을 향해 나아가는 자세가 필요합니다.

'주워 듣는다'

이 말은 여기저기 굴러다니는 정보나 지식을 주워서 머릿속에 담는다는 말입니다.

아동의 발달 단계 중 '구강기'가 있습니다. 이 시기는 뇌가 발달해 팔을 움직이기 시작하면서 손에 잡히는 모든 사물을 입으로 확인하는 단계입니다. 이처럼 부동산 공부도 무엇이든지 주워 담아서 주입하는 구강기 단계를 거쳐야만 합니다.

물론 이 시기는 아기들 구강기처럼 어떤 게 맞는 방식인지 구분할 수 있는 능력이 없어서 무조건 습득하고 실행하려는 시기입니다. 그러나 이 단계를 거쳐야만 제대로 된 인지 능력과 판단 능력을 얻게 되는 겁니다.

뭘 먹고 컸는지 알 수 없기 때문에 다소 후회되는 지난 이력일지라도 무조건 부정하고 비판하기보다는 자신이 커가는 한 과정이었다고 정리하는 자세가 필요합니다.

부동산 공부를 처음 시작하는 우리 아이에게도 지금은 뭐든 많이 먹고 쑥쑥 자라길 바라며 속으로 응원만 해 주려고 합니다.

순자산이 얼마나 되나요?

경제 성적표＝자산

출판사와 출간과 관련해서 미팅할 때 자산이 얼마라고 쓰면 어떻겠냐고 하길래 난색을 표하며 거절했습니다.

거절한 이유는?

몇 년 만에 투자로 얼마를 벌었다는 이야기를 쓰는 것이 홍보 전략으로는 좋지만, 남들을 놀라게 할 만한 자산을 소유하지도 못했을 뿐더러 자산을 말한다는 자체가 부끄러웠기 때문입니다.

우리 생활인들에게 '자산'은 학교 다닐 때의 '성적표'와 비슷한 의미입니다. 기대치에 못 미치는 성적표는 스스로에게도 부끄러워서 남에게 보여줄 수가 없듯이 자신의 자산을 까놓고 공개한다는 것은 쉬운 일이 아닙니다.

그리고 '부동산 자산'이란, 현금화된 형태가 아니면 수시로 바뀌는 수치라서 섣불리 얼마라고 말할 수가 없습니다. 왜냐하면 급락기를 한번 거치면 자산이 쪼그라드는 경우가 많기 때문입니다.

큰애가 지방 신도시에서 군 복무할 때 전셋집을 얻는 과정에서 있었던 일입니다. 마음에 드는 집을 계약하려고 등기부등본을 보내 달라고 했더니 부동산에서는 일단 가계약금부터 보내라는 겁니다.

그건 순서가 맞지 않으니 등기부등본부터 보내라고 했습니다. 확인해 보고 이상 없으면 가계약금을 보내겠다고 했더니 부동산 사장님께서 "대출이 좀 많은데……."라고 하시는 겁니다. 그리고 집주인이 같은 지역에 비슷한 아파트만 10채를 소유한 부자니까 별문제가 없다고 말씀하시고 나서 등기부등본 사본을 보내주셨습니다.

등기부를 살펴보니까 대출이 너무 많아서 대출과 전세금을 더하면 집값을 오버하는 상황이었습니다. 그 집주인은 이렇게 무자본 투자로 지방 신도시 아파트 10채를 소유하고 있는 것 같았습니다.

그러나 겉으로 보기에는 한 채당 2억 원씩 총 10채, 자산이 20억 원인 부자였던 겁니다.

순자산을 파악해야 투자의 방향성이 결정된다

회계에서 말하는 자산이란 '부채+자본'이지만, 보통 우리가 흔히 말하는 '자산'이라는 단어 속에는 다음 3가지 의미가 혼재되어 있습니다.

'자산'의 3가지 의미

1. 자신이 가지고 있는 부동산을 모두 현금화했을 때 '전세금', '대출', '세금'을 모두 제하고 남은 '순자산'을 의미하는 경우
2. 전세금과 대출만 제하고 세금은 제하지 않은 상태의 '자산'을 의미하는 경우
3. 전세금, 세금, 대출을 모두 제하지 않은 채 집값의 총액을 의미하는 경우

그런데 부동산 투자를 할 때는 '전세금', '대출', '세금'을 모두 제하고 남은 '순자산'을 계산하는 것이 생활화, 습관화되어 있어야 합니다. 그래야만 절세까지 고려한 제대로 된 투자인지 진단할 수 있고, 새로운 투자 방향을 잡을 수 있기 때문입니다.

소유하고 있는 투자물은 많지만, 막상 정리해서 순자산을 계산

해 보면 의외로 초라한 경우가 많습니다. 본인도 대충은 알고 있지만, 현실을 직시하고 싶지 않고 피하는 분들이 많습니다.

그러나 병을 정확히 알아야 제대로 치료할 수 있듯이, 자신의 순자산을 알아야만 그것을 바탕으로 새로운 투자 방향을 세울 수 있습니다. '순자산'이란, 현재 자신이 서 있는 투자의 '좌표'이고 이것을 알아야만 동서남북 어느 방향으로 가야 하는지 가늠할 수 있습니다.

그리고 순자산 계산을 습관화해야 하는 또 하나의 이유는 실속 있는 투자가 무엇인지 파악할 수 있기 때문입니다.

예를 들어, 투자금 5억 원으로 실거주 한 채를 매수해서 10억 원으로 올랐을 때 1주택 비과세로 매도할 경우 12억 원 이하 주택이라 양도세를 하나도 내지 않기 때문에 10억 원을 손에 쥐게 됩니다.

그러나 5억 원으로 다섯 채의 아파트를 갭으로 각각 1억 원씩 투자해서 매수한 경우 한 채당 1억 원씩 올랐다면 총 상승한 금액은 5억 원으로 위의 경우와 똑같습니다. 그러나 한 채만 비과세이고 나머지 네 채는 일반과세를 적용하기 때문에 손에 쥐는 돈은 위의 경우보다 적습니다.

이렇게 세금을 뺀 순자산을 계산하는 것이 습관화되면 어떤 방식이 더 실속 있는 투자인지 인식하는 능력이 생기게 됩니다. 그리고 차익을 실현하는 데 소요되는 '시간'이 곧 '기회비용'이라는 것도 알게 됩니다.

예를 들어, 규제지역 안에서 실거주하지 않고 갭투만 해 놓은 상태에서 20억 원 상승한 경우 양도세를 줄이려면 실거주해야 하는데, 앞으로 해야 할 '실거주 기간'은 '기회비용'에 해당됩니다.

압구정, 반포 한강변 재건축 35평 아파트는 2024년 단 1년 동안 15억 원 이상 상승했습니다. 1년이라는 시간은 '15억 원'이라는 '기회비용'을 포함하고 있는 겁니다.

지금 당장 20억 원의 차익을 취할 수 있다면 그 돈으로 더 오를 만한 상급지로 바로 갈아탈 수 있지만, 양도세를 줄이기 위해 실거주하는 동안 갈아탈 상급지가 더 빨리 많이 올라버리면 기회비용을 놓치게 되는 겁니다.

지금 당장 손에 쥐는 돈이 얼마인가?

그래서 지금 당장 부동산을 매도했을 때 세금을 제하고 당장 손에 쥘 수 있는 '순자산'이 얼마인지 계산하다 보면 '기회비용'까지 고려해서 한 단계 업그레이드된 투자를 할 수 있게 됩니다.

부동산 투자는 어떻게 보면 '세금과의 전쟁'이라고도 할 수 있는데, 이렇게 순자산 계산이 습관화되다 보면 좀 더 알찬 투자를 계획하고 실행할 수 있습니다.

그리고 부동산 투자 과정에서 자신의 자산을 내세우며 어필해오는 사람을 검증할 수 있는 능력도 생기게 됩니다. 상대의 투자 이력이나 투자물을 알면 상대의 순자산을 대충 계산할 수 있기 때문입니다.

부동산 투자로 만난 사람들과는 공감대가 빨리 형성되어 금방 친해지는 경향이 있습니다. 그러나 투자 과정에서 영향을 미치는 관계로 발전할 가능성이 높기 때문에 어떤 투자 포지션을 지닌 사람들과 교류하느냐가 부동산 투자에서는 중요합니다.

그리고 간혹 치명적인 뒤통수를 맞는 경우도 있기 때문에 누군가 자신의 '자산'을 자랑하며 신뢰를 형성하고자 할 때는 감탄사를 내뱉기 전에 '정말 사실일까?' 상대의 순자산을 검증해 보면서 필터링해 볼 필요가 있습니다.

물론 남의 자산이 얼마인지 검증하고 계산하기에 앞서 거품이 쫙 빠진 자신의 '순자산'과 마주하는 작업이 더 우선이겠지만요.

선택, 그 이후

선택은 늘 힘들다

우리는 살아가면서 수많은 선택의 과정에서 고민하고 갈등합니다.

결혼, 진학, 부동산 매매 등 인생의 향방이 걸린 큰 선택들뿐만 아니라 외출할 때 입어야 할 옷, 배달시켜 먹을 음식 등 사소한 것들을 선택할 때도 고민합니다. 그리고 결정하기 힘들 때는 침을 튀겨 방향을 정하듯 슬그머니 마지막 결정권을 타인에게 넘기기도 합니다.

"어떤 옷이 더 예뻐?"
"어떤 음식이 맛있을까?"

"어디로 갈아타는 게 더 좋을까?"

선택이 힘든 건 선택할 게 없어서일 때도 있지만, 선택하고 싶은 것들이 너무 많은데 그중 하나를 골라야 하기 때문에 힘든 경우도 있습니다.

특히 살고 있는 집을 갈아타기 할 때 어떤 집을 선택할 것인지 고민을 많이 하게 됩니다.

실거주 여건이 좋은 신축을 선택할 것인지, 아니면 입지 좋은 재건축을 선택할 것인지, 자녀 교육에 초점을 맞추어서 학군지를 선택할 것인지, 아니면 요즘 대세인 한강벨트 쪽을 선택할 것인지, 친자연적인 주거지를 선택할 것인지, 아니면 교통 편하고 생활 편의 시설이 좋은 곳을 선택할 것인지……

가격이 만만한 옷이라면 고민하기 싫어서 깔별로 살 수도 있겠지만, 집은 그럴 수도 없고 한번 도장 찍고 나면 쉽게 다시 갈아탈 수도 없기 때문에 결정 장애를 일으키게 됩니다.

완벽한 선택은 없다

갈등을 일으키는 가장 큰 이유는 '돈' 때문입니다. 돈이 충분하면

'물 좋고 정자 좋은 곳'을 선택하면 되지만, '돈'이 부족하여 '물'과 '정자' 중 어느 하나는 포기해야 하기 때문에 고민을 하는 겁니다.

그리고 집도 사람과 마찬가지로 완벽한 곳이 없기 때문에 무엇에 포인트를 두어야 할 것인지를 선택하는 것도 어렵고, 포인트를 두는 부분이 투자적으로 경쟁력이 있는지를 검증하는 것도 쉽지 않습니다.

그리고 '무엇을 선택하느냐'도 중요하지만 '언제 선택하느냐'도 중요합니다.

갈아탈 아파트를 이미 선택해 놓고도 내 집값을 좀 더 올려받고 매도해서 갈아타려거나, 아니면 거주 기간을 좀 더 채워서 절세 후 갈아타려고 대기하다가, 갈아타려는 상급지 아파트가 먼저 껑충 뛰어버려 황망한 경우도 있습니다. 결국 어떤 선택지를 얼마나 적절한 시간 안에 갈아타느냐가 중요합니다.

그런데 자신의 인사이트에 대해 확신이 없는 사람들은 타인의 조언을 받아서 선택하고 결정하는 경우가 많습니다. 그러나 이런 경우, 어떤 조언자를 선택하느냐가 중요한데, 이것도 어려운 문제입니다. 왜냐하면 조언을 해 주는 전문가도 자신의 경험치 안에서 조언하는 것이라 완벽하지 않고, 경험치의 범위가 어느 정도인지

겉으로 드러나 있지 않아 검증하기가 어렵기 때문입니다.

결국 선택을 위해 여러 가지 객관적인 정보를 취하고 남에게 조언을 구할 수는 있지만, 마지막에는 자신이 최종 판단해서 선택할 수밖에 없습니다.

지금이 끝이 아니다

이렇게 힘든 과정을 거쳐 선택했어도 아쉬움과 후회는 여전히 남습니다. 그래서 매일 실거래가를 확인하며 더 나은 선택지를 놓친 것을 반추하며 이불킥하는 경우가 많습니다.

그러나 '선택' 이후에 우리가 해야 할 일은, 자신의 '선택'을 겸허하게 수용하고 즐겨야 한다는 겁니다. 그리고 미련과 아쉬움은 인사이트의 저장고에 넣어두었다가 내일의 선택에 사용할 수 있도록 숙성시켜야 합니다.

지금이 마지막 선택인 것처럼 생각하지만, 세상의 변화 속도는 우리가 생각하는 이상으로 빨라졌고 그만큼 새로운 기회가 다가오는 속도도 빨라졌기 때문에 더 나은 내일의 선택을 위해 늘 준비 자세를 취하고 있어야 합니다.

한 치 앞을 예측하기 힘든 부동산 흐름 속에서 잘못된 선택으로, 혹은 선택의 시기를 놓쳐서 힘들어하는 분들께 이런 말씀을 드리고 싶습니다.

"지금이 끝이 아니라고,

지금은 큰 흐름 속에 단지 어떤 한 과정을 끝냈을 뿐이라고,

지금은 새로운 시작을 위해 뒤가 아닌 앞을 바라보며 걸어가야 할 시간이라고."

이 나이에 이 돈으로
어떤 집을 살까요?

ft. 생애주기 투자

왜 '똘똘한 한 채'를 원하는가?

사람마다 다른 '똘똘한 한 채'의 기준

2023년부터 시작된 부동산 반등장의 가장 큰 특징은 '똘똘한 한 채' 현상과 그로 인한 지역별, 단지별 '양극화 현상'인데, 이는 '부동산 정책'과 '라이프 스타일의 변화'에 따라 생겨난 현상이라고 할 수 있습니다.

그렇다면 '똘똘한 한 채'란 무엇일까요?

보통 '똘똘한 한 채'(이하 '똘1')라고 하면 강남 신축 아파트만 생각하는 사람들이 많은데, 꼭 그렇지는 않습니다. '똘1'은 사람마다 각자

기준이 달라서 상급지 주택만으로 한정 지을 수는 없습니다.

예를 들어, 수도권 신축에 거주하던 사람이 영끌 대출을 받아서 갈아탄 '고덕 신축 20평대'나, '고덕 신축 20평대'에서 대출을 받아 갈아탄 '잠실 20평대'도 각각 '똘1'에 해당합니다.

결국 '똘1'이란, 각자의 기준에서 자신이 소유하고 있는 주택에 비해 '좀 더 상급지', '좀 더 신축', '좀 더 대단지', '좀 더 아파트가 밀집된 지역의 아파트', '좀 더 큰 평수'를 의미합니다. 물론 이 모든 조건의 교집합은 아니고 어디에 포인트를 두느냐에 따라 '똘1'의 의미는 달라집니다.

2급지 신축 20평대에서 갈아탈 때 어떤 사람은 같은 지역 34평을 '똘1'이라고 생각할 수도 있고, 또 어떤 사람은 1급지 25평을 '똘1'이라고 생각할 수도 있습니다. 그리고 낡았지만 강남 상급지 재건축 아파트는 누구나 '똘1'이라고 인정합니다.

이처럼 집을 매수하는 사람들의 '상황'과 '취향'과 '주관'에 따라 '똘1'의 기준이 달라집니다. 물론 수요가 얼마나 많으냐에 따라 '똘1'의 레벨이 나뉘게 되겠지요.

결국 '똘1'이란, 주택의 2가지 개념인 '거주'와 '투자' 면에서 '좀 더 경쟁력 있는 주택'이라고 할 수 있습니다.

'똑똑한 한 채'는 투자적인 면에서 어떤 이익이 있을까?

'똑1'은 '거주'나 '투자' 면에서 선호하는 사람들이 많으므로 상승기에는 더 빨리 오르고 상승폭도 큽니다. 반면 하락기에는 덜 내리고 빨리 반등하는 특징을 가지고 있습니다.

집값은 보통 상급지가 시세를 리딩하면 다른 지역으로 온기가 퍼져나가는데, 핵심지에서 가까울수록 더 빨리 온기를 전해 받으며 연동되는 특징이 있습니다.

그런데 매일 상급지 신고가 거래가 올라오면서 시장이 과열됐다 싶으면 정부가 부동산 시장을 가라앉히기 위해 규제를 내리는 경우가 많습니다. 이럴 때 하급지 경우는 미처 온기를 받기도 전에 규제의 영향으로 상승세가 멈추게 됩니다.

그래서 중간에 온기가 사라지는 지역보다는 상급지의 온기를 한 단계라도 더 빨리 받을 수 있는 곳이 좋습니다.

예를 들어, 수도권에서는 분당이 먼저 오른 후에 용인 수지가 따라 오르고, 평촌이 오른 후에 산본이 따라 오르게 됩니다. GTX 개통 같은 특정 지역만의 특별한 호재가 있는 경우를 제외하고는 이러한 상승 단계가 바뀌는 경우는 거의 없습니다.

그러나 지난 문재인 정권 때처럼 특정 지역(서울 수도권 핵심지) 위주로 핀셋 규제를 하는 경우는 규제에서 자유로운 지역 위주로 틈새투자의 혜택을 누리기도 합니다. 그러나 규제가 풀리는 순간, 틈새 혜택의 거품이 빠지면서 급락하는 리스크가 있습니다.

최근에는 온기 확산의 특징에 변화가 있다

그런데 최근에는 지역적으로 가깝다고 무조건 빨리 상승 온기를 전해 받는 게 아니라 아파트 단지의 컨디션에 따라 연동되는 속도가 달라지는 경향이 있습니다.

즉, 핵심지 구축까지 구석구석 상승한 후 2급지로 온기가 확산되는 것이 아니라, 2급지 신축 대장 단지들이 핵심지 구축 소단지보다 상승 모드를 더 빨리 타곤 합니다. 또한 지역 직장인 수요가 많은 수도권의 역세권, 몰세권 신축 같은 경우는 서울 핵심지와 동떨어져 있어도 자체 수요에 의해서 상승하는 경우도 있습니다.

그래서 요즘은 같은 지역 안에서도 아파트 단지별로 온도 차가 크고, 핵심지 아파트라도 상승 온기에서 소외되는 단지들이 있습니다.

그리고 최근 정부는 '금융 규제' 위주로 부동산 규제의 형태를 바꿈으로써 시장이 달아오르면 연말쯤 대출 규제를 통해 거래를 정체시키는 형태를 되풀이하고 있습니다.

그래서 연말연초 대출 규제 기간 동안 급지가 낮은 곳일수록 급매들이 많아져서 하락폭이 커지는 특징을 보이고 있습니다. 그리고 연초에 다시 대출이 개시되었을 때 상급지는 바로 반등하는 데 비해 급지가 낮을수록 워밍업하는 데 시간이 오래 걸립니다.

'똑똑한 한 채'는 절세 면에서 유리하다

같은 투자금으로 다주택 형태로 소유하는 것보다 똑똑한 한 채로 소유하는 것이 '세제' 면에서 유리합니다.

1세대 1주택의 경우 매도할 때 거주 요건을 채우면 12억 원까지 비과세입니다. 그리고 집을 오래 소유하고 거주한 만큼 양도차익을

● **장기보유특별공제**: 3년 이상 자산을 보유한 사람들에게 오래 보유하고 거주할수록 양도세를 줄여주는 감세 혜택으로, 차익의 최대 80%까지 공제받을 수 있습니다.

	보유	거주	합
1년(마다)	4%	4%	
10년(최대)	40%	40%	80%

공제해 주는 '장기보유특별공제(장특)'●가 최대 80%(1년당 거주 4%, 보유 4%)여서 아무리 차익이 커도 10년 이상 1주택으로 보유하고 거주하면 양도세가 많지 않습니다.

반포주공1단지 1·2·4주구 42평 입주권이 2025년 초에 100억 원 가까이 되는데, 20년 전인 2005년경에는 아파트값이 15억 원 정도였습니다. 이 아파트를 20년 정도 소유한 경우 차익이 85억 원 정도이지만, 10년 이상 거주하고 1주택(부부 공동명의)으로 매도한다면 양도세가 5억 원 정도밖에 안 됩니다.

그런데 2005년에 15억 원으로 두 채 투자해서 20년 정도 보유한 경우는 어떨까요? 두 채의 상승 차익이 반포주공1단지 1·2·4주구와 비슷하다고 해도 '비과세'와 '장기보유특별공제'는 한 채에만 적용되므로 나머지 한 채는 일반과세(기본 세율 최대 45%)를 적용해서 세금을 많이 더 내야 합니다.

집을 여러 채 소유한 경우에는 얼핏 보면 화려한 투자 같지만, 에너지 소모가 많고, 리스크도 크며, 절세 면에서도 불리해서 실속 없는 투자가 될 수도 있습니다.

그렇다고 더 나은 '똘1' 투자를 위해 계속 갈아탈 수는 없습니다. '장기보유특별공제'를 적용하려면 고가 주택은 10년 정도 보유할 계획으로 매수해야 합니다. 하지만 핵심지 고가 주택은 보통 40대 전후에 처음 매수하기 때문에 생애주기로 볼 때 '핵심지 똘1'로 갈아탈 수 있는 기회는 그리 많지는 않습니다. 50대 초반만 되면 근로소득의 끝이 보이면서 노후 대책과 자식들을 분가(결혼)시킬 준비를 하며 머지않아 자산을 쪼개야 할 시점이 오기 때문입니다.

그래서 똘똘한 한 채는 쉽게 갈아타기 어렵기 때문에 한 번 갈아탈 때 장기 보유 개념으로 지금 당장보다는 매도 시점의 상황까지 고려하면서 신중하게 접근해야 합니다.

어느 정도가 영끌 투자인가?

대출이 필요한 이유

2017년 초, 영등포에 살던 친구가 강남으로 갈아탈 때 도와준 적이 있습니다. 그런데 이 친구가 원하는 아파트를 계약하기까지는 꽤 시간이 걸렸습니다. 원하는 아파트는 돈이 부족하고, 돈에 맞는 아파트는 마음에 들지 않았기 때문입니다. 그래서 가용 범위 안에서 마음에 드는 아파트를 고르려고 계속 집을 보러 다니는 사이에 강남 아파트값이 1억 원 정도 올라버렸습니다.

대출받아서 마음에 드는 아파트를 사라고 권했는데도 한 번도 대출을 받아본 적이 없는 친구라 두려워하면서 망설였습니다. 대출에 대한 거부감이 있는 경우는 부부간에도 설득이 힘들다는 걸 그때 친구를 통해 경험했습니다. 그러다가 어쩔 수 없이 친구는 태어나서 처음으로 2억 원 정도 대출을 받아서 14억 원 정도의 역삼동 30평대 아파트를 매수했습니다.

그런데 친구는 집을 갈아타고 몇 달이 지나자 후회하기 시작했습니다. 막상 대출받아 생활해 보니 생각보다 부담스럽지 않고, 대출 조금 더 받는 게 부담스러워서 포기했던 반포 쪽 아파트가 더 많이 오르는 걸 보면서 아쉬워하는 겁니다.

당시 친구가 선택했던 역삼동 30평대 아파트는 14억 원 정도였는데 현재 30억 정도에 거래되고 있습니다. 그러나 대출 1.5억 원만 더 받았다면 매수할 수 있었던 반포 아파트는 45억 원까지 실거래되었습니다.

1.5억 원에 대한 8년간의 이자 비용은 금리 4%로 계산해도 4,800만 원밖에 안 됩니다. 그런데 1.5억 원 대출을 더 받고 안 받고의 차이가 8년 정도 지난 지금에는 15억 원 정도의 자산 차이를 벌이고 있습니다.

이런 분들이 의외로 많습니다. 처음 대출받을 때는 두려워서 최소한의 대출로 조금 미진한 투자를 합니다. 하지만 시간이 좀 흐른 뒤에는 대출 환경에 익숙해지고 투자비가 커지면 수익률도 커지는 부동산 투자의 메커니즘을 파악하면서 아쉬움을 느끼는 경우가 많습니다. 그래서 집을 살 때는 현재의 경제적인 여력보다 조금 더 무리해서 매수하는 것이 좋습니다.

집은 한번 사면 갈아타기가 생각보다 어렵습니다. 특히 강남 아파트는 복비, 취득세, 양도세 등 거래 비용으로 사라지는 돈이 많기 때문에 10년 정도 내다보면서(장특 10년 거주 시 양도세 최대 80% 감면) 그동안 늘어날 소득과 매수한 집의 상승 가능성을 꼼꼼하게 따져본 후 최대한 가용자금 범위를 넓혀서 매수하는 게 좋습니다.

'영끌'의 적정 기준 –
10년 동안 대출 원금의 30~50% 상환 가능하면 OK!

그렇다면 어느 정도가 '영끌 투자'인지 질문하는 분들이 많습니다.

제가 생각할 때는 현재 소득과 미래에 늘어날 소득을 감안해서 약 10년 정도의 기간 안에 대출 원금의 30~50% 정도 원리금을 상환할 수 있다면 적절한 '영끌' 갈아타기가 아닐까 생각합니다.

이 정도 기간을 잡은 이유는 10년 정도면 장특 80% 되는 시점이라 갈아탈 준비를 하면 좋을 시점이어서 그렇습니다. 그동안 집값이 오르고 대출을 30~50% 정도 상환했다면 순자산이 늘어났기 때문에 LTV(주택 담보 인정 비율) 범위가 커져서 좀 더 투자 경쟁력이 있는 상급지 고가 주택으로 갈아탈 수 있습니다. 물론 단기 차익이 크고 소득이 높아서 원금 상환이 빠른 경우에는 양도세를 좀 내더라도 더 빨리 갈아타는 게 좋습니다.

대출 이자는 '집의 가치 상승을 위한 투자비'라고 생각하거나 '돈의 가치 하락에 대한 헷지'라고 생각하면 됩니다. 아니면 원하는 환경에서 거주하면서 지불하는 '월세'라고 생각해도 좋습니다.

원하는 거주 환경이란, 반드시 깨끗하고 편안한 신축을 의미하는 것만은 아닙니다. 자녀 교육 환경이나, 직주근접이나, 생활 편의 시설과 같이 각자 중요하게 생각하는 부분을 만족시키는 환경이라고 할 수 있습니다. 그리고 미래 가치 상승이 예상되는 재테크적인 면도 이에 해당한다고 할 수 있습니다.

그래서 상급지 고가 주택은 '산에 묘목을 심는다'는 마음으로 가능한 범위 안에서 최대한 영끌 대출로 갈아타시는 게 좋습니다. 지금 당장은 내핍하는 생활이 힘들어도 하루하루의 이자 비용이 어린 나무에 물을 주는 것처럼 10년 후에는 자산을 늘려주는 과정이라고 생각하면서 말이지요.

고소득자의 함정

1. 소득이 높다 보니 대출보다 돈을 모아서 집 사려는 계획을 세우다가 부동산 급등이란 공격을 받는 경우가 많다.

2. 의사나 약사처럼 독립적으로 일하는 직종은 혼자 일하다 보니 재테크적인 면에서 자극이 없는 무풍지대에 장기간 방치되어 '근로소득'이라는 돛단배를 타고 인플레이션의 거센 바다 위에 놓이게 되는 경우가 많다.

3. 전문직일수록 재테크에 관한 관심을 꾸준히 가질 수 있는 공간에 스스로를 놓이게 하는 것이 필요하다.

– @ostloid8o7

갈아타야 할 시점은 언제일까?

갈아타는 문제로 부부간 갈등이 많은 이유

살던 집을 팔고 새집으로 갈아타고 나면 마냥 좋을 것 같지만, 꼭 그렇지만은 않습니다. 드디어 안착했다는 안도감과 함께 대출 원리금 상환에 대한 부담감, 자신이 정말 잘 갈아탄 건지, 선택하려다 말았던 집이 갈아탄 집보다 더 많이 오르는 건 아닌지, 최고가를 찍으며 갈아탔는데 호구가 된 건 아닌지 등등 복잡 미묘한 느낌과 생각 속에서 매일 실거래가를 확인하며 지내게 됩니다.

그러다가 시간이 좀 지나서 새집에 적응하게 되면 어느 순간 슬슬 더 좋은 지역이나 집이 보이기 시작합니다. 그러면서 좀 더 무리해서 바로 그리로 갈아탈 걸 그랬나 후회하면서 다시 갈아타고 싶은 생각이 들기 시작합니다. 그래서 배우자에게 이런 고민을 이야기하면 돌아오는 대답은 곱지 않습니다.

"이사한 지 얼마나 됐다고 벌써 갈아타는 이야기를 하느냐?"
"아직 대출도 다 갚지 않았는데 무슨 소리냐?"

이때부터 집 갈아타는 문제로 부부간 갈등이 시작됩니다.
이처럼 같은 집에 사는 부부끼리도 집 갈아타는 부분에 대해 의견 차이가 벌어지는 경우가 많은데, 그 이유는 무엇일까요?

그건 같은 집에 사는 부부라고 해도 부동산을 바라보는 시각, 경험, 자극, 지식과 정보가 다르기 때문입니다. 그리고 외벌이 가정인 경우에는 대출 상환 부담에 대한 체감의 차이 때문에 그럴 수도 있습니다. 게다가 집을 갈아타는 시점에 대한 객관적 기준이 없어서 각자의 입장과 주관을 조율하는 게 쉽지 않습니다.

그래서 '갈아타는 시점'에 대한 대략적인 기준을 한번 잡아보려고 합니다.
물론 '똘1'에 대한 개념이 사람마다 다르듯이 갈아타는 시점도 각자의 상황이나, 집의 가격이나, 갈아탈 지역에 따라 달라집니다. 그리고 '생애주기'에 따라서도 갈아타는 시기와 방법이 달라집니다.

이처럼 갈아타는 시점은 사람과 상황에 따라 다른데, 대충 '집값'과 '생애주기별'로 갈아타는 시점을 나눠보면 다음과 같습니다. 물론 절대적인 것은 아니지만, 이걸 기준으로 각자 상황에 따라 융통성 있게 적용해 보면 좋을 것 같습니다.

갈아타기 기준 1 12억 원 이하 주택(비과세 구간)

12억 원 이하 주택은 많이 올랐어도 1주택자인 경우 양도세를 안 내는 '비과세 구간'입니다. 그래서 갈아타는 시점은 '차익', '여유자금', '새로운 투자처'의 유무 등에 따라 달라집니다.

1. 차익이 생긴 경우

거주 또는 보유하고 있는 집에 차익이 생긴 경우에는 2년 실거주 기간(비규제지역은 2년 보유만 해도 됨)을 채운 후 비과세로 매도하고 대출받아서 좀 더 상급지로 빨리 갈아타는 게 좋습니다.

왜냐하면 LTV 대출 한도가 규제지역은 집값의 50%, 비규제 지역은 70%여서 대출 상환 능력 범위 안에서는 대출을 더 받아서 갈아탈 수 있기 때문입니다. 상급지로 빨리 갈아타는 게 좋은 이유는 상급지 주택일수록 좀 더 '투자 경쟁력'이 있기 때문입니다.

2. 여유자금이 생긴 경우

만약 집값이 오르고 중간에 여유자금도 생긴 경우에는 2년 비과세 기간을 채우지 않고 일반과세로 매도하고 갈아타도 됩니다. '절세 비용'과 갈아탈 곳의 '상승 속도'를 비교해 보고 '기회 비용' 면에서 어떤 포지션이 더 유리한지 고민해 봐야 합니다.

2023년 초에 2억 원(소득에 비해 너무 적게 받음)을 대출받아서 반포 준신축 20평대로 갈아탄 분이 계셨는데, 2024년 초 상담할 당시 매수가 대비 3억 원 정도 상승한 상태였습니다. 그래서 비과세 받기 위해 2025년 초까지 기다리지 말고 양도세를 좀 내고 가능한 대출을 좀 많이 받아서 잠원동 34평 재건축 아파트로 갈아타라고 조언했습니다. 그분은 상담받자마자 바로 갈아탔는데 1년이 채 안 지난 지금, 기존에 거주하던 20평대는 5억 원 정도 상승했는데 비해 재건축은 12억 원 정도 상승했습니다.

상급지로 갈아탈 수 있는데도 비과세 기간을 채우기 위해 기다리다가 갈아탈 상급지가 더 올라버리는 경우가 있습니다. 작은 세금 때문에 소탐대실하지 말고 필요에 따라서는 과감하게 움직이는 것도 필요합니다.

3. 대출을 다 갚지 않은 경우
집값이 많이 올랐고 대출이 아직 남아 있는 경우 2년 비과세 기간 요건을 채웠으면 갈아타는 게 좋습니다.

예를 들어, 3억 원에 분양받은 아파트가 6억 원으로 오른 경우 대출이 1억 원 정도 남았어도 2년 실거주 기간을 채우고 비과세로 매도하면 순자산 5억 원이 됩니다. 순자산 5억 원인 경우 비규제지역은 LTV 70%까지 대출을 받을 수 있으므로 이자가 커버되는 범위 안에서 최대한 상급지 주택으로 갈아타는 게 좋습니다.

대출을 다 갚기 전에 갈아타라고 하는 이유는 대출 1억 원을 다 갚을 때까지 기다리는 동안 상급지 주택이 더 많이 올라서 기회비용을 놓칠 수도 있기 때문입니다. 비과세 범위 안에서는 더 오래 거주한다고 해도 세금이 줄어들지 않으니까 껑충껑충 상급지 주택으로 뛰어올라가야 합니다.

4. 차익과 여유자금이 없는 경우

소유하고 있는 집의 차익이 없거나 미미하고 따로 여유자금이 없는 경우에는 돈이 좀 더 모일 때까지 좀 더 기다리거나(**갈아타봤자 비슷한 급지로 옮겨야 하니까**), 아니면 좀 더 상승 가능성이 보이는 곳을 찾아서 갈아타는 것이 좋습니다.

5. 12억 원 이하 주택 매수 시 주의 사항
① 인테리어비를 아껴야 한다.

12억 원 이하의 주택은 짧은 텀으로 이동하는 구간이라 인테리어비를 너무 많이 들이지 말고 최대한 깔끔한 정도로 마무리하는 게 좋습니다. 대신 이사 갈 때 가져갈 수 있는 가구나 스탠드 같은 거 좋은 거 사서 집 분위기를 마무리하면 됩니다.

욕심내기 시작하면 끝도 없이 들어가는 게 인테리어 비용입니다. 평생 살 것처럼 디테일에 신경 쓰며 돈을 쏟아 부어 인테리어하지만 막상 집을 매도할 땐 좀 더 빨리 팔리긴 하지만 인테리어 비용을 집값에 포함해서 매도하기는 힘듭니다.

②'환금성'에 포인트를 두어야 한다.
중간에 갈아탈 것을 염두에 둔다면 원할 때 잘 팔리는 집을 매수해야 합니다. 이렇게 하려면 실수요자들이 많이 찾고 거래량이 많은 집을 매수해야 하고 이왕이면 돈을 조금 더 보태서라도 로얄동, 로얄층을 매수하는 게 좋습니다.

집을 매수하는 것은 나의 의지이지만, 매도할 때는 매수자의 의지로 결정되기 때문에 '상품성'이 좋은 집을 소유하는 것이 부동산 투자에서 매우 중요합니다.

③ 중단기 계획으로 접근해야 한다.
소득이 낮은 분들은 저축한 돈을 보태서 갈아타기 힘드니까 저렴할 때 매수해서 장기 투자로 차익을 취하는 '재건축', '재개발' 같은 투자가 괜찮습니다. 그러나 소득이 높은 분들은 환금성이 좋고

그때그때 시세 반영이 잘 되는 '신축'이나 '준신축' 투자가 좋습니다. 짧은 텀으로 사다리를 타야 하기 때문입니다.

갈아타기 기준 2 12억 원 이상 주택

1. 양도세와 장기보유특별공제를 염두에 둘 것

12억 원 이상의 주택인 경우 양도세를 계산할 때 오래 소유하고 거주하는 만큼 '장기보유특별공제'(이하 '장특')로 양도세를 감면해 주므로 이 점을 염두에 두고 갈아타는 게 좋습니다.

집값이 얼마 안 올랐다면 '장특'에 신경 쓰지 않고 갈아타도 괜찮습니다. 하지만 집을 매수한 후 상승기를 한 번 거쳤다면 10억~20억 원 이상 상승한 경우도 있으므로 양도세 절세가 매우 중요합니다.

그리고 12억 원 이상의 주택은 집값이 비싸서 거래 비용(취득세, 복비, 양도세)이 많이 듭니다. 또한 이사할 때마다 인테리어 비용과 이사 비용도 드니까 가용 범위 안에서 최대한 대출을 받아 최대한 상급지로 갈아타는 게 좋습니다.

2. 재건축 아파트의 매수 시점에 따른 '장기보유특별공제' 적용 차이

재건축 아파트는 '멸실'을 기준으로 '장특' 적용 여부가 갈리는 것을 염두에 두고 갈아타야 합니다.

▌재건축 매수 시점에 따른 장기보유특별공제 적용 차이

멸실 '이전' 매수 (거주 안 함)	입주까지 (공사 기간 동안) '보유 기간' 인정됨 (1년에 4%씩 공제)
멸실 '이후' 매수	입주까지 (공사 기간 동안) '보유 기간' 인정 안 됨

① 재건축으로 이주하기 전에 10년 동안 거주한 경우

이런 경우는 이미 장특 최대 80%를 모두 채웠기 때문에 신축에 입주하는 시점에 양도세 장특 80% 혜택을 받고 곧바로 매도해서 다음 투자처로 갈아탈 수 있습니다. 재건축 '몸테크' 과정은 '덜 올랐을 때 매수'하는 장점 외에 '절세' 및 '기회비용'을 버는 과정이라고 할 수 있습니다.

② 이주 시점에 매수했는데 아직 '멸실이 안 된 경우'

신축 입주까지 6년 정도 걸렸다면 6년이란 기간이 보유 기간으로 인정되어 입주 시점에는 장특 24%**(6년×4%)**가 적용됩니다. 그런데 규제지역인 경우, 비과세를 받으려면 2년 실거주를 해야 합니다. 그리고 차익이 큰 경우는, 장특 24%만 받으면 양도세가 크기 때문에 절세를 위해 어느 정도 거주 기간을 채워야 합니다.

③ 멸실된 이후 '입주권' 상태로 매수한 경우

멸실 이후 입주권을 매수하면 아파트를 짓는 기간이 보유 기간으로 인정되지 않기 때문에 신축 입주 시점부터 '장특'이 적용됩니다. 투자로 재건축을 매수할 경우에는 이왕이면 멸실 전에 매수하는 게 기회비용 면에서는 유리합니다.

곧 입주 예정인 '메이플자이'(2025년 6월 입주 예정, 서초구 잠원동)를 예로 들자면, 이주 전에 이미 10년 이상 거주한 사람들은 장특 최대 80%를 받을 수 있으므로 입주 시점에 매도해서 압구정이나 한강변 재건축으로 갈아탈 수 있습니다(실거주가 아닌 투자적인 측면으로만 살펴봄).

그러나 관리처분 이후에 매수했다면, '멸실' 전이라 6년이라는 '공사 기간'이 '보유 기간'으로 인정되어 장특 24%가 적용됩니다. 그러나 차익이 거의 30억 원 가까이 되므로 '장특'을 더 받으려면 입주해서 거주 기간을 채울 수밖에 없습니다.

'입주권' 상태로 매수한 경우에는 그동안 '보유 기간'이 인정되지 않기 때문에 입주 시점부터 '장특'이 적용됩니다.

재건축 끝나고 함께 신축에 입주한 조합원이라도 이미 '거주 요건 10년을 다 채운 사람'과 '멸실 직전에 매수한 사람'과 '멸실 이후 입주권을 매수한 사람'은 각각 '장기보유특별공제' 차이로 인해 양도세 차이가 큽니다. 재건축 아파트에서 '몸테크' 10년이라는 시간은 '세테크' 기간이고 결국 '기회비용'을 버는 기간이라고 할 수 있습니다.

생애주기에 따른
다양한 투자 방식

일단 갭으로 먼저 사두기

요즘은 거래 비용이 많이 들어서 현재 거주하는 집을 매도해서 같은 집을 사려고 해도 돈을 보태야 합니다. 그래서 최대한 갈아타는 횟수를 줄이는 것도 부동산 투자 전략 중 하나입니다.

원하는 아파트가 있는데 돈이 부족한 경우 돈이 되는 대로 차선을 선택해서 살다가 다시 갈아타는 방식도 있습니다. 하지만 일단 원하는 집에 갭투해 놓고 잠시 월세 살다가 돈을 모아서 실입주하는 방법도 있습니다.

예를 들어, 30평대를 원하는데 돈이 부족한 경우 일단 30평대를 갭으로 사놓고 잠시 월세 살면서 돈을 모아 전세금을 반환하고 대출받아서 시차를 두고 입주하는 방법입니다. 이 방법은 20평대를 매수한 후 실거주하다가 매도하고 30평대로 갈아타는 경우(갈아타기 비용 발생)보다 갈아타기 과정을 한 번 줄일 수 있어서 좀 더 경제적입니다.

이런 방법은 소득이 높아서 짧은 시간 안에 돈을 모아 전세금 일부를 반환할 수 있는 정도의 능력이 되는 분들에게 좋은 투자법입니다. 학령기 자녀가 있다면 전학 가지 않아도 되게 매수해 놓은 집 부근에서 월세로 거주하는 것이 좋겠지요.

절세냐, 기회비용이냐?

12억 원 이상의 주택이라도 장특 80%를 채울 때까지 꼭 10년을 거주해야 하는 것은 아닙니다. 절세를 위해 거주 기간을 10년 꽉 채우는 것보다 갈아탈 곳의 상승 흐름이 빠르다고 느껴진다면 양도세를 좀 내더라도 빨리 갈아타는 게 좋습니다.

지나치게 절세에 포인트를 맞추어서 기회비용을 놓치는 사람들이 의외로 많습니다. 투자는 '비교'를 통해 이루어지는 행위입니다. 따라서 내 것을 다 챙겨 먹고 가려다 보면 더 좋을 걸 놓칠 수도 있습니다. 그래서 가끔은 내 것을 버리고 더 큰 것을 취하는 포지션이 필요합니다.

생애주기별로 다른 투자 포지션이 필요하다

50대 분들 중에 강남 상급지의 초기 재건축에 투자해도 괜찮을지 묻는 분들이 계십니다. 상급지로 갈아타기에는 근로소득 기간이 많이 남지 않아서 대출 원리금 상환 능력이 문제이긴 하지만, 그렇다고 그냥 있기에는 아쉬운 나이라서 신축에 비해 아직 저렴한 재건축에 투자하고 싶은 케이스입니다.

그러나 50대 초중반부터는 이후 시간이 오래 걸리는 초기 재건축이나 재개발 투자는 권하고 싶지 않습니다. 재건축, 재개발은 신축이 될 때까지 기다려야만 제대로 된 차익을 취할 수 있는 구조인데, 잘못하면 인생의 변수가 생겨서 과실도 못 따먹고 중간에 아웃하면서 괜히 몸테크로 고생만 할 수도 있기 때문입니다.

하지만 강남 최상급지 재건축은 미래 가치가 많이 반영되기 때문에 중간에 아웃해도 충분히 차익을 취할 수 있어서 마지막 갈아타기로 나쁘지 않습니다.

일시적 2주택 투자의 장단점

실거주 중심의 일시적 2주택 비과세 투자는 주거 안정과 절세 면에서 유리합니다. 특히 일시적 2주택 투자 방식은, 2주택이 겹치는 구간이 부동산 상승기일 때는 2배의 차익을 취할 수 있다는 것이 가장 큰 장점입니다. 특히 지난 문재인 정권 때처럼 급상승기이면서도 양도세 중과가 심했던 시기에는 일시적 2주택 비과세 투자 전략이 가장 빛나던 시기였습니다.

그러나 일시적 2주택 비과세 투자 방식의 단점도 있습니다. 규제지역인 경우는 비과세 혜택을 받으려면 2년 동안 실거주해야 해서 자주 이사해야 한다는 문제가 있습니다. 그리고 일시적 2주택이 겹치는 기간이 하락기이면 2배로 손해이고 매도가 힘들다는 점입니다. 그리고 또 하나, 투자금이 항상 둘로 분산되어 가용자금 안에서 최대한 상급지 투자로 할 수 없다는 것이 단점이라고 할 수 있습니다.

일시적 2주택 투자의 장점

1. 주거 안정
2. 절세
3. 2주택 겹치는 구간이 상승기일 때는 2배 이익

일시적 2주택 투자의 단점

1. (규제지역인 경우) 비과세 매도 위해 2년 실거주 채워야 함
2. 2주택 겹치는 기간이 하락기이면 2배 하락
3. 하락기에는 비과세 기간 안에 매도가 힘들 수 있음
4. 투자금이 둘로 분산되어 뭉쳐서 '똘1' 투자가 힘듦

양극화 시대, '똑똑한 한 채' 투자가 이익

일시적 2주택 비과세 형태의 투자는 자녀들 학령기 전, 12억 원 내외인 비과세 범위 안에서는 괜찮지만, 자녀들이 학령기에 접어들면 전학 문제 때문에 쉽지 않은 투자 방식입니다.

그리고 한 채로 몰아서 투자하는 것에 대한 불안과 두 채가 주는 포만감 때문에 일시적 2주택 투자를 원하는 분들이 많은데, 투자 수익률 면에서는 뭉쳐서 최대한 상급지 한 채로 투자한 것이 더 이익인 경우가 많습니다. 특히 지금과 같은 양극화 상황에서는 더욱 그렇습니다.

요즘 신혼부부들은 자녀 낳기 전까지 혼인신고를 하지 않는 경우가 많습니다. 다른 여러 가지 이유가 있겠지만, 지난 정권 때 다주택 양도세 중과를 피하기 위함도 그 이유 중 하나입니다. 각자의 명의로 따로 투자해서 비과세 매도 후 뭉쳐서 짧은 시간에 차익을 극대화하겠다는 의도로 독립 세대를 유지한 경우가 많은데, 똑똑한 한 채 현상이 생기면서 그런 전략의 의미가 희석되었습니다.

또한 각자 따로 투자하다 보니 한 채로 뭉쳐서 투자하는 것보다 상대적으로 입지가 떨어지는 곳에 투자해서 오히려 손해를 본 경우가 많습니다. 차라리 혼인신고하고 둘의 자산과 소득을 모두 합쳐서 DSR 범위를 늘려 최대한 대출을 받아 상급지 한 채에 투자하는 것이 더 나은 투자 방식이라고 할 수 있습니다.

오늘에 만족하고 내일을 꿈꾸는 생애주기별 투자

대학교 때 한창 유행했던 디스코바지를 입고, 서툰 화장을 하고 찍은 옛날 사진을 보면 저절로 웃음이 터져 나오면서 원본을 삭제하고 싶은 마음이 듭니다. 그러나 오히려 화장기 없이 평범한 티셔츠와 청바지를 입고 찍은 사진은 풋풋함에 젊음의 추억을 되새기게 합니다.

투자도 비슷합니다.

지나치게 빨리 가려고 묘기를 부리다 보면 상황이 꼬이고 후회하는 상황이 생기는 경우가 많습니다. 그러나 기본 원칙에 충실하며 꾸준히 가는 경우는 큰 부자는 못되더라도 시간이 지나면 어느 정도 자산을 쌓게 됩니다.

투자 환경이 많이 바뀌고 노하우 전수 방법이 요란해도 투자의 원칙은 예나 지금이나 크게 변하지 않았습니다. 상급지에 포커스를 맞추고 방향성을 잃지 않은 채 한 발짝씩 걸어가다 보면 어느 순간 '기회'가 눈앞에 펼쳐지곤 합니다.

최근 몇 년 사이에 물가가 많이 오르면서 돈 가치의 하락을 깊이 체감하는 상황입니다. '갈아타기' 과정에서 이루어지는 '레버리지'는 돈 가치 하락에 투자하는 지렛대이므로 적절하게 이용해야 합니다.

대출받는 것이 부담스럽고 원리금 상환 때문에 내핍하는 게 쉽지 않지만, 오늘보다 더 나은 내일의 부유함을 위해 '투스텝(영끌 같아타기) 화이팅'은 필요합니다. 물론 사람마다 각자 처한 상황에 따라 각양각색의 투자 방식이 존재하겠지만, 디테일한 부분까지는 모두 다룰 수 없어서 큰 흐름으로 생애주기별 투자를 짚어봤습니다.

생애주기에 맞게 움직이면 조금 부족한 듯해도 나이가 들수록 자산도 함께 쌓여간다는 것을 주변의 여러 사례를 통해서 확인할 수 있었습니다.

그리고 부동산 투자 공부를 꾸준히 오래 하는 것도 생애주기별 투자의 한 부분입니다. 알고 있는 부동산 투자 상식들과 정보들을 당장 자신의 투자에 적용시키지는 못하더라도 다음 세대를 위한 현명한 조언자 역할을 할 수 있기 때문입니다. 단지 '재산'만이 아닌 부모의 '인사이트 있는 조언'도 자식에게는 중요한 자산이라고 할 수 있습니다.

주어진 범위 안에서 현실을 수용하고 만족하면서 좀 더 나은 미래를 꿈꾸고 실행하는 것, 그게 바로 '생애주기별 투자'라고 생각합니다.

나의 생애주기별 투자

시장의 흐름에 따라 대응한 결과

첫 번째 책 《강남에 집 사고 싶어요》를 쓰고 5년 만에 다시 책을 쓰면서 지난 부동산 시장을 돌아보니 많은 변화가 있었습니다. 정권 교체에 따른 부동산 정책의 변화로 인해 부동산 시장의 흐름이 바뀌었고 그에 따라 투자 결과도 뒤바뀌는 경우가 많이 생겼습니다.

저의 개인적인 투자 상황에서도 지난 상승장이었던 2017년 이후부터 큰 변화가 있었습니다. 우선 가장 큰 변화는 지난 상승장 초반에 자산 쪼개기를 통한 '증여'가 이루어진 것입니다. 그리고 재건축, 재개발, 리모델링, 소규모 가로정비사업과 주택정비사업 세트를 동시다발로 경험하게 되었습니다. 또한 소액 투자 및 법인투자까지 다양한 투자 방식으로 눈을 넓히게 되었습니다.

이런 투자 경험들은 미리 계획해서 이루어진 것들이 아니라 그때그때 상황에 맞게 능동적으로 대응하다 보니 자연스럽게 이루어진 결과라고 할 수 있습니다.

가장 잘한 투자는 '증여'

지난 상승장 초반, 우연한 기회에 자녀들에게 이미 증여를 끝낸 강남 고가 아파트 다주택자를 만나면서 증여에 대해 관심을 갖게 되었고 심사숙고 끝에 증여를 실행하게 되었습니다.

저 역시 강남 다주택자로 절세 방법을 찾고 있었고 마침 자녀들이 성인이 된 시점이라 절세 차원에서 증여를 실행하게 된 겁니다. 그런데 본격적인 상승장이 시작되기 전에 이루어진 증여라 절세 효과가 컸고, 이후 자녀들 명의로 자산이 상승했기 때문에 지난 상승장에서 했던 그 어떤 투자보다도 가장 잘한 투자가 '증여'가 아니었나 생각합니다.

만약 그때 증여하지 않고 우리 부부 명의로 투자를 확장해서 더 큰 투자 수익을 챙긴 후 지금 쪼개려 한다면 어땠을까 시뮬레이션을 해봤습니다. 그랬다면 차익 실현 과정에서 양도세를 내야 하고, 금액이 커진 만큼 증여세도 커지고, 우리 부부 명의로 집을 다시 매수하는 과정에서 취득세를 또 내야 해서 손해였습니다.

'쪼개기' 과정은 겉으로 보기에는 얼핏 쪼그라드는 투자로 보일 수도 있지만, 남에게 보여주기식 투자보다는 실속이 중요합니다. 그리고 '쪼개기' 한다고 해서 투자를 끝내는 것은 아닙니다. 자산을 쪼개서 부모와 자식의 명의로 각각 다시 새로운 투자를 시작하는 겁니다.

저의 경우를 예로 들자면, 증여 이후 저희 부부와 자식들 명의로 쪼갠 아파트들이 각각 많이 상승했습니다.

이렇게 우연한 기회에 증여를 끝내고 '생애주기별 투자'에 대해서 관심을 갖게 되었는데, 많은 자산가가 자산을 분배하는 시기를 놓쳐서 노후에 쪼개는 걸 놓고 고민하는 경우가 많다는 걸 알게 되었습니다.

우리나라는 다른 나라보다 상속세율이 매우 높습니다(최고 상속세율 50%). 그래서 적절한 시기에 증여가 이루어지지 않으면 평생 아껴서 모은 자산을 제대로 쓰지도 못하고 자식들에게도 자산 형성의 기회를 놓치게 할 수 있습니다.

제대로 된 집 한 채를 마련하려고 전전긍긍했지만, 돈이 부족해서 기회를 놓친 자식이 부모가 돌아가신 후에 꽤 많은 현금을 보유하고 있었다는 사실을 알고 아쉬워하는 경우를 본 적이 있습니다. 물론 부모와 자식 간의 독립적인 경제체제가 중요하고 부모의 노후도 중요합니다. 하지만 예전에 비해 부동산 진입 장벽이 많이 높아졌기 때문에 부모가 능력이 된다면 자식에게 비빌 언덕을 빨리 만들어주는 것도 좋을 것 같습니다.

결혼과 출산 시기가 늦어져서 갈수록 증여 시점이 늦어지겠지만, 자녀가 성인이 된 후에는 증여를 심각하게 고려해 봐야 할 문제라고 생각합니다.

한강변 재건축으로 갈아탄 이유

대치동 대형(대치선경 55평) 아파트를 매도해서 잠원동 한강변 재건축(신반포2차)과 대치동 아파트(자녀 증여)로 쪼개기한 것은 2017년 초였습니다.

사이드 주택으로 소유하고 있던 '은마 34평'은 금융 위기 때 매도할 수밖에 없는 상황이 생겨서 떠나보내야 했습니다. 아깝긴 했지만 후회는 없습니다. 사이드 투자는 위기 상황에 대처하는 것이 목적이어서 그 집 한 채를 매도함으로써 중요한 시기에 아이들 공부도 편안하게 마칠 수 있었고, 큰 경제적 어려움 없이 인생의 난코스를 지나칠 수 있었기 때문입니다.

제가 '신반포2차'로 갈아탄 이유는 지난 책《강남에 집 사고 싶어요》에도 썼지만, 2017년 1월에 아크로리버파크 친구 집을 방문하고는 한강 조망 아파트의 가치를 깨달았기 때문입니다. 말로만 듣던 한강 조망 아파트의 실체를 보고는 어설픈 선입견을 지니고 있었던 저 스스로를 자책하면서 나도 한강 조망 아파트를 갖고 싶다는 생각에 곧바로 갈아탔습니다.

제가 신반포2차로 갈아타면서 고려한 체크 리스트는 다음과 같습니다.

갈아타기 체크 리스트

1. 전 조합원 한강 조망 가능한가? (추첨 리스크 없는 아파트)
2. 2,000세대 이상 대단지
3. 주변에 리딩 단지가 있는가?
4. 초품아
5. 학군
6. 역세권(더블역세권 이상이나 환승역이면 더 좋음)
7. 아파트 밀집 지역
8. 균질지역(빌라가 혼재되지 않은 지역)

9. 생활 편의시설(백화점, 대형 병원, 관공서, 마켓, 도서관 등)

10. 평지(동네 전체의 지형이 중요함)

11. 구심점 있는 곳(백화점, 대형 몰 등 동네 사람들뿐만 아니라 외부 지역에서도 오는 곳이면 좋음)

12. 도로 교통망(한강다리, 올림픽대로 인접 등 대로를 끼고 있는 곳)

13. 지리적 위치(서울 전체로 볼 때의 입지)

14. 눈에 잘 띄는 아파트

15. 당장보다는 10년 이후에 가치가 더 상승할 아파트

14번 조건을 부연 설명하자면 아파트도 물건과 마찬가지로 눈에 잘 띄는 아파트가 상품성이 있기 때문입니다.

집을 처음 매수하거나 갈아타는 분들이 체크 리스크로 이용하면 좋을 것 같아서 자세히 올려보았습니다. 모두 만족할 수 없다면 무엇을 우선순위로 할 것인지를 선택해야 합니다. 물론 사람마다 기준이 다르겠지만, 가능하면 많은 사람이 더 중요하게 생각하는 부분에 포커스를 맞추는 게 좋을 것 같습니다.

∽

제가 신반포2차로 갈아탈 당시, 경남아파트(원베일리)가 관리처분 직전이라 마지막까지 고민하다가 신반포2차를 선택했는데, 그 과

정을 복기하면 다음과 같습니다.

2017년 말까지 관리처분인가가 나면 재건축초과이익환수를 피할 수 있어서 그즈음 재건축 속도에 박차를 가한 아파트가 많았는데, 원베일리도 그중 하나였습니다.

제가 고민한 포인트는, 재건축 '속도'와 '한강 조망' 중 무엇을 선택하느냐였습니다. '원베일리'는 세로로 긴 직사각형 모양의 단지라 한강 조망 세대가 많지 않았습니다. 그래서 추첨을 잘못하면 '한강 조망'이 불가능해서 고민하다가 재건축 속도가 느린 '신반포2차'를 선택한 겁니다. 당시만 해도 반포와 대치동 아파트 가격이 비슷하던 시기라 한강 조망이 아니라면 굳이 대치동 대형을 팔아서 반포 쪽으로 갈아탈 이유가 없었기 때문입니다.

원베일리는 2017년 말 관리처분인가가 났고 2023년 8월에 신축 입주까지 마쳤지만, 지금 시점에서 돌아볼 때 원베일리를 매수하지 않은 건 별로 후회되지 않습니다. 다만 그때 아크로리버파크 한강 조망 아파트로 바로 갈아타지 않은 건 아쉽습니다. 만약 그때 아크로리버파크를 매수했더라면 그동안 충분히 반포 한강 조망 신축 라이프를 누리고 지금쯤 차익을 실현해서 신반포2차로 갈아타도 늦지 않았기 때문입니다.

원베일리를 매수했더라면 어차피 공사 기간 6년 동안 기다리는 건 마찬가지였고, 한강 조망 세대를 배정받지 못했다면 아쉬움이 남았을 것 같습니다. 그렇다고 다시 갈아타려면 장기보유특별공제 때문에 거주 요건을 채우는 동안 갈아탈 곳도 상승할 테니까 큰 의미가 없다는 생각이 듭니다.

재건축 투자, '속도'냐, '입지'냐?

재건축 아파트에 투자할 때 '입지'보다는 '속도'를 선택하라는 사람들이 많은데, 항상 맞는 말은 아닙니다.

신축 실거주가 목적이라면 빠른 재건축보다는 신축을 매수하는 게 더 낫습니다. 이주가 임박한 속도 빠른 재건축을 매수해도 실거주 분리 상태로 적어도 6년은 기다려야 해서 실거주를 위한 투자로는 적당하지 않기 때문입니다.

투자 목적으로 재건축 '속도'를 선택한다면 '기회비용'에 대한 계산이 필요합니다. 이주 무렵 매수해도 최소 10년 이상 지나야만 차익 실현해서 갈아탈 수 있습니다. 그리고 갈아타는 과정에서 10년 거주 기간을 못 채운 경우 양도세를 내야 하고, 다시 취득세를 내야 해서 수억 원의 비용이 발생합니다.

▌ 2024년 초~2025년 초 1년 간 상급지 재건축 상승폭

아파트명	평수	2024년 초 실거래가(원)	2025년 초 실거래가(원)	1년간 상승폭(원)
압구정 신현대	35평	41억	57.5억	16.5억
신반포2차	35평	34억	47억	13억
신반포4차	34평	28.3억	39억	10.7억
은마	34평	24.5억	35.5억	11억

　그런데 상급지 재건축이 오르지 않은 상태로 기다려주질 않는다는 것이 문제입니다. 현재 강남에는 남아 있는 재건축 아파트가 많지 않고 남아 있는 재건축들은 입지가 최상인 곳들이 대부분이라 선진입하는 수요가 많습니다. 그래서 강남 최상급지 재건축은 강남의 웬만한 신축보다 상승폭이 더 큽니다.

　예전(2020년 이전)에는 10년 '보유'만 하면 '장특'을 최대로 받을 수 있어서 속도 빠른 재건축이 재테크에 좋았습니다. 관리처분인가가 날 즈음 매수해서 신축 입주할 때 바로 매도해도 양도세를 거의 내지 않았기 때문입니다. 그러나 2021년부터 '장특'에 '거주 기간'이 포함되면서 차익을 실현하는 시점이 늦어졌습니다.

　그리고 예전에 취득세 중과가 없을 때는 신축 입주를 하지 않고 전세를 주고 그 전세비로 재투자하는 사람들이 많았습니다. 그러나 지금은 취득세 중과로 인해 재투자가 쉽지 않은 상황입니다.

이처럼 부동산 세제의 변화로 인해 속도 빠른 재건축을 선택해서 '차익을 취한 후 갈아탄다'는 말이 쉽지 않게 되었습니다.

재건축초과이익환수를 피하기 위해 2017년에 속도를 높인 강남 재건축들이 많아서 지금 강남에는 남아 있는 재건축 아파트가 많지 않습니다. 그래서 강남 재건축 진입 장벽이 높은 편인데, 앞으로도 더욱 더 그럴 거라고 생각됩니다.

'장기보유특별공제'의 '거주' 개념 포함과 '취득세 중과'라는 세제의 변화는 강남 아파트 투자에서는 매우 중요한 부분입니다. 이런 부분을 고려하지 않고 무조건 '입지'보다 '속도'를 선택한 경우 강남 최상급지 재건축으로 갈아타는 지각 비용을 내야 해서 아쉬워하는 경우가 많습니다.

요즘은 같은 강남 안에서도 급지 레벨이 세분화되어 있고, 그에 따라 아파트 가격 차이가 점점 커지고 있습니다. 2025년 3월에는 원베일리 34평 한강 조망 세대가 70억 원에 거래되었는데, 한강 조망이 되지 않는 아파트와 약 10억~15억 원 차이가 납니다. 그래서 최상급지로 갈아타려는 계획이 있는 사람들은 지각비를 덜 내기 위해 하루라도 빨리 최상급지 재건축으로 진입하려고 하는 상황입니다.

그런데 이런 현상은 최근에 생긴 트렌드는 아닙니다. 2017년 이전에도 강남 재건축이 강남 아파트 시세를 리드했었습니다. 그러나 강남 아파트 가격을 누르기 위해 2017년 '8·2 대책'으로 재건축 조합 설립 이후 거래 제한을 두는 규제가 시작되면서 강남 재건축 아파트 상승률이 둔화되었습니다.

그러나 윤석열 정권 이후 재건축 규제가 풀리고 재건축 아파트가 다시 시세를 리드하기 시작하면서 강남, 서초, 여의도, 목동 재건축 아파트 신고가가 계속 나오고 있는 상황입니다.

보통 재건축 안전마진을 주변 시세 대비 계산하는 사람들이 많은데, 그것은 잘못된 계산법입니다. 왜냐하면 10년 후면 현재 신축은 입주 10년 차 아파트가 되고, 현재 재건축 아파트는 가장 최신 공법의 신축 아파트가 되기 때문입니다. 압구정처럼 입지가 좋은 곳은 '신축 프리미엄'에 '입지 프리미엄'까지 더해져서 현재의 신축 아파트값으로 예측하기는 어려운 상황입니다.

재건축 아파트 실거주를 '몸테크'라고 표현하는데, 지금은 몸테크라도 할 수 있는 강남 재건축 아파트를 선택할 수 있는 걸 다행으로 생각해야 합니다. 앞으로는 재건축 아파트도 사라져서 몸테크를 하고 싶어도 없어서 할 수 없기 때문입니다.

현재 남아 있는 강남 재건축 아파트 중에는 교통, 교육 환경, 생활 편의시설이 좋고 직주근접의 조건까지 갖춘 이른바 '절대 입지'에 해당하는 아파트들이 많아서 올수리(배관 교체 필수) 후 입주하면 주차 문제를 제외하곤 생각보다 거주 만족도가 높은 편입니다.

물론 실거주 만족도가 신축만은 못하겠지만, 신축에 비해 매매가가 저렴하고 실거주 기간 자체가 장기보유특별공제를 채우는 세테크 기간인 점, 무엇보다도 안전마진이 존재한다는 점이 강남 재건축 몸테크의 장점이자 선택의 이유입니다.

재건축 투자의 효율성을 높이는 방법

저 같은 경우는, 이미 실거주하고 있는 신축이 있어서 재건축을 '갭'으로 매수했는데, '투자 효율성'이 문제였습니다. 재건축 아파트는 전세가율이 낮아서 투자비가 상대적으로 크지만, 묶여 있는 기간이 길어서 투자 효율성이 떨어지기 때문입니다. 그래서 등기치자마자 '대출'을 받아서 한 채 더 투자함으로써 '투자 효율성'을 살리는 방법을 택했습니다.

2017년 초, 대치선경 55평 매도 후 전세금을 반환하고 양도세를 내고 남은 돈 10.5억으로 신반포2차(30평대)를 10억 원(매매가 15억 원, 전세 5억 원)에 '갭투'하고, 등기 치자마자 신반포2차에서 주담대 5.5억 원

(**2% 후반대 금리, 40년 상환**)을 받아서 대치동 아파트 한 채를 '갭투'로 더 매수했습니다. 2017년에는 전세가 끼어 있는 상태에서도 LTV 70%까지 주담대가 되던 시기였습니다.

이렇게 해서 신반포2차의 '실투자비'를 4.5억 원으로 낮춤으로써 '투자 효율성'을 살렸습니다. 따라서 레버리지(**전세 5억 원+주담대 5.5억 원**) 비율이 매우 높은 편이었습니다.

현재는 강남 모든 아파트가 '토지거래허가제'로 묶여 있어서 이런 방법으로 투자하기가 어렵습니다. 그러나 투자 환경은 계속해서 바뀌고 혹시 이런 방법으로 투자할 수 있는 기회가 다시 올지도 모르니까 한 번쯤 흘려들어도 나쁘지 않을 것 같아서 자세히 써봤습니다.

소액 투자의 원칙

2017년 초에 메인 갈아타기 세팅을 끝낸 후 2021년 중반까지 단기 차익을 목표로 하는 소액 투자를 이어갔습니다. 소액 투자를 한 이유는 신반포2차에서 받은 주담대 원리금 상환, 보유세 커버, 부족한 생활비를 보조하기 위해서였습니다.

그런데 그때 소액 투자한 신림 1구역 재개발이나 성남 재건축 같은 것들은 소액 투자(5,000만~8,000만 원 소액 갭투)이지만, 좀 더 홀딩 하면 상승이 기대되는 투자물들이어서 장기 보유하기로 투자 포지션을 바꾸게 되었습니다.

문제는, 강남 다주택인 상태에서 계획에 없던 장기 보유 투자물 들까지 늘어나면서 보유세 부담이 커져 이걸 커버하기 위한 또 다른 '투자 소득'이 필요했습니다. 그래서 좀 더 빠른 투자 흐름을 이어가기 위해 '법인투자'를 시작했고, 그 차익을 통해 대출 원리금 상환 및 보유세를 커버할 수 있었습니다.

그때가 가장 활발하게 블로그 활동을 하던 시기였는데, 당시 제가 포스팅했던 내용은 대부분 다른 사람이 아닌, 고단한 투자자였던 저 자신을 위로하는 글이었습니다.

그때의 경험을 통해 느끼는 소액 투자는 메인 주택 상승폭보다 훨씬 더 피부에 직접적으로 와닿는 투자 만족감이 있었습니다. 메인 투자는 아무리 차익이 커도 자신과 가족을 위해 쓰기 힘들지만, 소액 투자는 실현 수익으로 그때그때 눈에 보이는 곳에 쓸 수 있어서 소소한 만족감이 컸습니다.

요즘은 똘똘한 한 채 트렌드 속에서 '소액 투자'라는 단어가 수그러들었습니다. 하지만 지난 시즌에 행해졌던 소액 투자는 메인 투자물들을 잘 유지하게 해 주고, 부족한 생활비를 채워주며, 때로는 수고한 자신을 위해 플렉스를 할 수 있게 해 준 소중한 투자였습니다.

지난 상승장(2017~2021년)은 저의 생애주기로 볼 때 가장 지출이 컸던 인생의 난코스였습니다. 그러나 그런 와중에도 자녀들 증여를 끝냈고, 대출도 거의 갚았으며, 좀 더 길게 가져갈 투자물들도 늘렸는데, 이 모든 것이 '소액 투자'가 있었기에 가능했습니다.

저에게 있어서 지난 상승장은 글로벌 금융 위기로 쪼그라들었던 자산을 다시 불려야 하는 시기였고, 자녀들 교육도 마무리해야 하는 중요한 시기였습니다. 그래서 실패하면 안 되었으므로 늘 긴장했고, 남들보다 앞서야 했으며, 빨라야 했습니다. 그래서 늘 남보다 조금 먼저 진입해서 조금 덜 먹고 나오는 안전 투자 방식을 추구했습니다.

소액 투자의 경우 가장 먼저 고려한 사항은 매도가 잘 이루어질 것인지의 여부였습니다. 그래서 매도에 대한 확신이 들 때만 투자했고, 늘 계약과 등기를 동시에 진행하면서 등기 치는 순간 바로 매도 포지션으로 돌아섰습니다.

소액 투자 원칙

1. 보유한 소액 투자물의 개수 제한

2. 선진입 선탈출(빨리 진입해서 덜 먹고 나옴)

3. 실수요자들이 아닌 투자자들에게 매도한다는 포지션으로 투자함

물론 이런 투자 포지션이다 보니 투자물마다 최대의 차익을 취하지는 못했습니다. 그렇지만 안전하게 엑시트했기 때문에 물리는 투자가 없었다는 점에서 괜찮았던 투자로 여겨집니다.

간혹 빨리 큰 차익을 얻고 싶다는 급한 마음에 동시다발적으로 씨 뿌리듯 소액 투자를 해 놓고 목표치만큼 상승할 때까지 기다리는 투자자들이 있는데, 이런 투자 방식은 매우 위험합니다. 실수요가 한정되어 있는 소액 투자처는 투자자들끼리의 리그일 확률이 높아서 얼마나 빨리 진입하고, 얼마나 안전하게 탈출하느냐가 중요하기 때문입니다.

지금 시장 흐름으로는 소액 투자가 힘든 구조이지만, 또다시 부동산 정책이 바뀌면 또 어떤 투자 환경이 우리 앞에 펼쳐질지 모르기 때문에, 철 지난 투자 스토리 같지만 소액 투자에 대해 가볍게 이야기해 봤습니다.

제가 지난 상승장에 사람들에게서 가장 많이 들었던 말은 이거였습니다.

"오스님은 이제 더 이상 투자하지 않아도 되지 않나요?"

그러나 투자해 본 분들은 아시겠지만, 홀딩해야 할 투자물들이 많으면 많을수록 그것을 유지하기 위한 유지 비용이 많이 듭니다. 지난 상승장(**문재인 정권 때**)은 제 생애주기상 지출이 가장 크고 소득은 줄어들었던 시기여서 투자물들을 홀딩하려면 소득만으로는 부족했기 때문에 투자를 이어갈 수밖에 없었습니다.

부동산 투자의 핵심은 '레버리지'를 통해 '돈 가치 하락'이라는 파도를 넘는 겁니다. 그러기 위해서는 대출 이자를 커버하기 위한 안정적인 소득이 중요합니다. 그래서 매달 이것저것 떼고 나면 별로 남는 게 없는 근로소득이지만, 이것이 우리를 더 나은 삶으로 데려다줄 소중한 것임을 잊지 말아야 합니다.

자랑할 때가
곧 다음 스텝을 준비할 때

누구도 한 치 앞을 내다볼 수 없다

'역사는 승자의 기록이다. 역사적 사실을 정확히 이해하려면 패자의 기록도 함께 보아야 한다.'

실패의 경험을 딛고 세계적인 투자자로 거듭난 '짐 로저스(Jim Rogers)'의 저서 《백만장자 아빠가 딸에게 보내는 편지》중 한 문장입니다.

우리는 보통 눈앞에 보이는 성공 사례에만 관심을 두고 따르려는 경향이 있습니다. 성공 사례를 모방하여 징검다리 디디듯 빠르게 성공의 길로 가기 위해서입니다. 그러나 투자 환경은 시시각각 변하고 투자자 각자의 능력이나 스킬이 다를 뿐만 아니라 행운도 늘 함께 하는 게 아니므로 똑같이 실행해도 성공하기가 어렵습니다.

반면 실패한 투자는 성공했을 때보다 더 많이 돌아봄으로써 좀 더 명확하게 실패의 요인들을 분석해 놓은 경우가 많습니다. 그래서 이런 것을 참고하면 실패 확률을 낮출 수 있기에 성공 확률은 높아진다고 할 수 있습니다.

투자할 때 누구에게나 공평한 조건은 딱 하나입니다.

'한 치 앞을 알 수 없는 미래로 향한다는 것'

지난 투자를 되돌아보면서 '더 나은 투자를 할 수 있지 않았을까?' 이렇게 아쉬워하지만, 미래에 똑같은 상황이 펼쳐진다면 역시 쉽게 선택할 수 없는 것이 투자의 속성입니다. 투자는 하면 할수록 어렵다고 느끼는 것은, 시장의 변화에 따라 '그때는 맞았지만 지금은 틀린 투자'가 있기 때문입니다.

지난 상승장(문재인 정권 때)에서 다양한 투자의 기회를 놓친 사람들은 상실감에 사로잡혀 있었습니다. 하지만 시장 분위기가 바뀌어서 똘똘한 한 채 흐름이 이어지는 지금은 오히려 웃는 상황으로 바뀌었습니다. 이렇듯 시장 분위기는 시시각각 변하므로 투자 성공을 내세우며 자신의 투자 방식이 최고였다고 자부하는 것은 투자에서 가장 위험한 태도입니다.

발전하는 투자자가 되기 위해서는 긴 방향성을 갖고 투자하되, 그때그때 상황에 맞는 모멘텀 투자도 놓치지 않고 할 수 있는 능동적인 자세가 필요합니다. 그리고 항상 자신의 투자를 복기하며 다음 스텝을 위해 준비하는 자세가 필요합니다.

저 역시 되돌아보면, 2000년대 대치동 아파트 두 채를 소유한 이후 빨리 다음 스텝으로 옮기지 못한 아쉬움이 있습니다. 거의 무일푼으로 투자를 시작해서 대치동 전성시대이던 30대 후반에 대치동 아파트 두 채(대치선경 55평, 은마 34평)를 소유함으로써 주변에 나보다 더 투자를 잘하는 사람이 없다는 자부심과 자만감으로 가득 차 있었습니다.

그러나 신반포2차로 갈아탄 후 저보다 화려한 투자 이력과 결과를 가진 사람들을 만나면서 자랑할 시점이 바로 다음 스텝을 모색하고 공부해야 할 시점이었다는 것을 깨달았습니다.

그들을 통해 저의 지난 투자에 대해 다시 한번 되돌아보는 시간을 갖게 되었고 이후 새로운 투자 영역과 방식을 경험할 수 있는 동력이 되었습니다. 그때 복기를 통해 정리한 부분은 다음과 같습니다.

갈아타는 시점에 대한 복기

대치동 아파트의 상승폭이 크다 보니 양도세 절감을 위해 10년 장기보유특별공제 100%**(지금은 최대 장특공이 80%)**를 받아야 한다는 생각에 사로잡혀 있었습니다. 하지만 더 오를 상급지가 있다면 중간에 적당히 양도세를 내고 갈아타는 것도 괜찮았겠다는 아쉬움이 남습니다.

갈아타려는 상급지는 내 집의 절세를 챙기는 기간까지 기다려주지 않는다는 것이 문제입니다. 우리가 갈아타려고 하는 상급지는 움직이는 '과녁'과 같습니다. 그래서 어느 정도의 절세를 챙겨서 적절한 시기에 과녁을 향해 날아갈 것인지 '임계점'을 잡는 것이 중요합니다. 갈아타는 시점을 잘 포착하려면 내가 소유한 집의 세금과 갈아탈 곳의 상승률을 면밀하게 관찰하면서 비교 분석해야 합니다.

2023년 초에 역삼동 20평대에 갭투한 후 2024년 초에 입주하려던 분을 상담한 적이 있습니다. 뒤늦게 카페 가입 후 한강벨트 쪽으로 갈아타지 않은 것에 대해 후회하면서 역삼동 취득세를 포기하고 잠원동 한강변 재건축으로 다시 갈아탈 것인지, 아니면 역삼동에 입주할 것인지 고민하는 경우였습니다.

입주하려면 인테리어비도 들고 어차피 한번 꽂힌 곳은 마음에 계속 남아서 나중에 지각비를 내고 갈아타느니 역삼동 취득세를 포기하고 그냥 빨리 한강벨트 쪽으로 갈아타는 게 좋을 것 같다고 조언했습니다. 결국 그 분은 바로 갈아타셨는데, 1년이 지난 지금, 갈아탄 아파트는 14억 원 정도 상승했고, 입주하려던 아파트는 5억 원 정도 올랐습니다.

사실 강남 아파트 취득세가 만만치 않아서 포기하고 갈아타는 것이 쉽지 않은데도 갈아탄 실행력에 박수를 보내고 싶은 케이스입니다. 이렇게 과감하게 실행하려면 갈아타려고 하는 아파트의 상승 전망에 대한 확신이 필요합니다. 그리고 정확한 인사이트를 얻기 위해서는 자신이 소유한 집이 최고라는 편견과 아집에서 벗어나서 열린 눈으로 입지를 분석하고 비교하는 자세가 필요합니다.

2017년 아크로서울포레스트 모델하우스를 방문했었는데, 한번 살아보고 싶은 아파트라고 생각하면서도 '강남'이 아니라는 이유로 선을 긋고 구경만 하고 왔습니다. 하이퍼엔드 아파트의 차별성과 희소성의 가치를 파악하지 못하고 '강남'이라는 지역에 매몰된 편협한 사고에 사로잡혀 있었던 겁니다.

제가 대치동 아파트를 매도하고 갈아타는 시점이 늦어진 이유도 대치동이 원탑이던 시절을 향유했던 사람으로서 대치동 이상의 상급지가 보이지 않았고, 이미 대형을 소유하고 있던 터라 다음 스텝이 보이지 않았기 때문입니다.

지금 압구정 대형을 매도한 후 다른 지역으로 갈아타는 것을 생각할 수 없듯이 2000년 중반 무렵 대치동도 같은 느낌이었습니다. 그러나 당시 대치동을 원탑으로 만든 요소들이 가변적인지, 지속적인 요소들인지 살펴보는 과정이 생략됐다는 것을 복기를 통해 깨달았습니다.

입지 분석 부분에도 서술했지만, 당시 대치동이 원탑이었던 것은, 입시제도의 변화와 다른 지역에 비해 비교적 신축 아파트 지역이라는 점이 가장 큰 이유였습니다.

그러나 이들 2가지 이유는 모두 변화의 가능성을 품고 있는 요소들이었습니다. 출산율 감소, 입시제도와 라이프 스타일의 변화로 학군지와 대형 수요가 감소했고, 10년이면 강산이 변하듯 준신축이 구축으로 변하는 과정이었음을 간과한 겁니다.

갈아탄 이후 집값이 많이 상승하면 자신이 소유한 집의 절대적 가치에 매몰되어 객관적인 시각을 상실해서, 자신이 소유한 집값이 더 오를 것을 기대하고 차후 갈아타는 시점을 놓치는 경우가 많습니다. 그러나 투자는 절대적 영역이 아닌 상대적 영역이므로 늘 냉철하게 비교하고 분석하는 자세가 필요합니다.

갈아타는 시기와 자녀의 학령기에 관한 복기

제가 신도시에서 강남으로 이동한 가장 큰 이유는 재테크 목적보다는 자녀들 교육 환경을 최우선으로 고려했기 때문입니다. 그리고 아이들 학령기에는 '실거주 안정'을 중요하게 생각해서 대치동 아파트 거주 기간이 아이들 학령기와 맞물리는 시기라 이동 계획이 없었습니다.

가끔 아이들 학령기에 투자를 위해 입주권이나 분양권 등을 매수해 놓고 장기간 실거주 분리를 하는 경우가 있는데, 이 방법은 특별한 경우가 아니면 권하고 싶지는 않습니다. 특히 자녀들의 중고등학교 시절은 사춘기와 맞물려서 전학이 교우 관계에 영향을 미칠 수 있는 시기이므로 이동을 신중하게 생각해야 합니다. 그래서 갈아탈 때는 자녀들의 학령기를 어디에서 머물 것인지 정하는 것도 중요합니다.

투자와 관련해서는 강남 핵심지 재건축을 올수리해서 자녀들의 학령기를 보내는 것도 괜찮다고 생각하는 이유가 바로 이 때문입니다. 강남 핵심지 재건축 아파트는 대부분 교육 환경이 좋으므로 10년 이상 걸리는 긴 재건축 기간을 아이들 교육 때문에 쉽게 이동할 수 없는 시점에 거주 기간을 채우는 것도 나쁘지 않다는 생각입니다. 그러면 재건축 완공 시점에는 이미 장특공을 다 채웠으므로 바로 다음 스텝으로 갈아타도 되니까 기회비용도 얻게 되는 겁니다.

세금과 투자 관계 복기

2000년대 중반 강남 고가 다주택을 소유해 보지 않은 분들은 이해하지 못하는 부분이 있는데, 바로 징벌적 부자세인 '종부세'입니다.

물론 문재인 정권 때도 종부세가 과세되었지만, 종부세가 처음 과세된 노무현 정부 때는 종부세 대상이 많지 않았고 체감상 가혹하다고 여길 수준이었습니다. 당시 고가 주택 다주택자들은 세금 커버하기에도 바빠서 사이드 투자를 생각할 겨를이 없었습니다.

2007년 대치동 아파트 최정점기에 정부는 이미 종부세 부과를 예고했습니다. 그런데도 저는 종부세를 경험해 보지 않은 상황에서 아파트값이 계속 오르고 있었고 소득도 높은 상황이라 대치선경 55평과 은마 34평 두 채를 계속 보유했습니다.

그러나 글로벌 금융 위기 이후 두 채 모두 동반 하락했고, 그 와중에도 종부세 부담은 지속되었으며, 경기가 나빠지자 소득도 줄어드는 총체적 난국 상황이 되었습니다. 이런 경험을 통해 정부 정책에 맞서는 투자보다는 정책을 이용하는 투자를 해야 한다는 것을 깨달았습니다.

또한 종부세는 주택에만 부과하는 세금이므로 대치동 다주택 대신 건물 투자로 스텝을 옮겼어야 했다는 생각도 했습니다.

그러나 그때는 지금처럼 온라인 커뮤니티가 발달하지 않았고 강의가 활성화된 시기도 아니어서 정보 교류에 한계가 있었으므로 건물 투자로 스텝을 옮기는 것은 개인적으로 어려웠습니다.

그래서 다음 스텝으로 넘어가지 못하고 계속 제자리걸음 하는 상태가 지속되고 있었습니다. 이 부분에 대해 복기를 통해서 깨달은 건, 포만감에 쌓여 있을 때가 바로 다음 스텝을 준비하는 때라는 것이었습니다.

'투자'와 '소득' 관계 복기

건물 투자로 스텝을 옮기지 못한 가장 큰 이유는 '건물 투자' 같이 거금의 레버리지가 동반되는 투자는 어느 정도 안정적인 소득을 바탕으로 이루어져야 하기 때문입니다.

건물 투자는 수익형이지만, 대부분 차익을 염두에 두고 하는 투자라서 투자 기간 동안 보유하고 버틸 수 있는 능력이 있어야 합니다. 그 기간에 고금리 상황이 오거나 공실이 생기면 소득으로 이자를 커버해야 하기 때문입니다.

저의 경우는 남편이 안정적인 월급쟁이가 아니라는 점이 투자 면에서 무척 아쉬웠습니다. 사업(자영업)을 하다 보니 은행 문턱이 높았고 수입이 불규칙해서 계획적인 레버리지 투자가 어려웠기 때문에 건물 같은 과한 레버리지 투자는 한계가 있었습니다.

2000년 중반에 대출을 낀 상태에서 건물 투자로 스텝을 옮겼다면 어땠을까 생각한 적이 있는데, 아마 글로벌 금융 위기를 견디지 못했을 거라는 생각이 듭니다.

가끔 좀 더 적극적인 투자를 위해 직장을 그만두고 전업 투자자가 되려는 분들이 계신데, 신중하게 판단해야 할 부분이라고 생각합니다. 레버리지를 기본으로 하는 투자에서 '고정 소득'은 정말 소중하기 때문입니다.

전업 투자는 투자 소득으로 레버리지 이자까지 감당해야 하기 때문에 투자 상황이 꼬이면 버티는 힘이 없어서 투자에 실패할 확률이 높습니다. 소득이 많지는 않지만, 제가 교사라는 직업을 오래 유지한 이유도 최악의 상황을 대비하기 위한 장치라고 할 수 있습니다. 투자자로 오래 남아 있으려면 고정적인 소득을 오랫동안 유지하는 것이 필요합니다.

5

　지난 몇 년간의 제 투자 과정이 화려하진 않지만, 저의 소심한 발자국을 밟고 담대하게 더 넓은 길로 걸어갈 수 있는 분들이 있지 않을까 하는 바람으로 저의 생애주기별 투자에 대한 복기 과정을 적어봤습니다.

젊음은 준비 없이
맞이해도 되지만

아무도 나의 노후를 책임져주지 않는다

"우리 세대는 부모를 책임지는 마지막 세대이자 자식에게 버림받는 첫 세대다."

신혼 초에 선배 동료로부터 들은 이야기인데, 그때는 무심히 들었지만 시간이 지날수록 그 말이 새록새록 떠오르며 깊이 공감하게됩니다. 30년 전에 예언처럼 들었던 이야기가 이젠 공공연한 사실이 되었기 때문입니다.

그리고 이 나이가 되어서야 비로소 저의 노후에 대해 심각하게 생각해 보게 됩니다. 자식 키우면서 부모님 생활비도 보조하고 재테크도 하면서 나름 열심히 살아왔는데도 미래에 대해 생각해 보면 불안한 현실입니다. 노후 대책을 해야 한다는 말은 많이 들었지만, 근로소득이 한창일 때는 그 말이 실감 나지 않았습니다. 어쩌면 일하고 아이들 키우느라 바빠서 제 자신의 미래에 대해 생각할 겨를이 없었다는 게 더 맞는 말인 것 같습니다.

이제 노후를 목전에 두고서야 '노후를 편하게 살아가려면 무엇을 어떻게 준비해야 하는 걸까?' 이런저런 생각을 해 보면 해야 할 것들이 꽤 많다는 생각이 듭니다. 오래 사는 것이 축복이 되려면 건강해야 하고, 행복해야 하며, 부유해야 하니까요.

그러나 원하고 노력한다고 해서 마음대로 되지 않는 것이 우리의 미래입니다. 그래서 최악의 경우까지 대비해서 품위 있게 늙고, 자존감 있게 죽을 수 있게 현실적인 노후 대책이 꼭 필요합니다.

친정 부모님께서 돌아가시는 과정을 보면서 인간으로서의 자존감을 마지막까지 지키는 데 돈이 얼마나 중요한지 절감했습니다. 그러면서 문득 목전에 와 있는 저의 노후가 걱정되기 시작했습니다.

초고령화 시대가 펼쳐지는 지금, 일해서 돈 버는 시간보다 퇴직후에 살아가야 할 시간이 더 길 수도 있습니다. 그렇다면 이런 현실에서 불투명한 미래를 밝히는 노후 대책은 과연 어떤 형태일까요?

경제활동을 하는 시기를 30대 초반부터 60세까지로 계산하면 30 년 벌어서 아이 키우며 살아내고는 나머지 30년을 또 살아내야 합니다. 퇴직 이후에 수입이 줄어드니까 아껴 쓰면 된다고 생각할 수도 있습니다. 그러나 일하고 아이 키우느라 바빠서 제대로 즐기지도 못 했는데, 노후에 돈이 없어서 하고 싶은 거 못하고 절제만 하면서 살아가야 하는 노후는 생각만 해도 우울합니다.

우리가 원하는 노후 준비는 화려하지는 않아도 하고 싶은 것들을 적당히 하면서 시간의 여유를 즐기고, 의미 있는 삶을 살 수 있기 위해 필요한 노후의 경제력을 갖추는 일입니다. 예전에는 자식들이 부모의 노후 경제를 일부 부담하기도 했지만, 지금은 자기 앞가림하기도 바빠서 부모까지 책임질 여유가 없습니다.

우리나라는 세금을 많이 내지만, 정작 노후 대책에 대해서는 나라가 책임져주지 않습니다. 그래서 우리나라 사람들은 부동산에 집착하는 것 같습니다. 돈 가치 하락을 방어하면서 안전자산으로 지닐 수 있는 가장 좋은 것 중의 하나가 바로 부동산이니까요.

그렇다면 노후 대책을 위해 우리는 어떤 것들을 준비해야 할까요?

노후대책 1 실거주용 주택

1. 유지 비용이 적절한 실거주용 주택이 필요하다.

거주 비용이 들지 않으려면 실거주용 주택이 필요하고, 나이 들면 소득이 줄어들어서 대출, 세금, 관리비 등 유지 비용이 적절한 집을 소유하는 게 필요합니다. 그렇지 않으면 집을 모시고 사는 형태로 삶의 질이 떨어집니다.

노인들 중에는 부동산 자산은 많은데, 이걸 유지하는 비용 때문에 삶을 누리지 못하고 죽을 때까지 내핍하며 살아가는 분들이 많습니다. 그래서 적당한 나이가 되면 집의 규모를 정리해서 집과 더불어 살아가는 형태가 되는 것이 좋습니다.

2. 노후에 거주하는 주택은 현금화가 쉬워야 한다.

집과 더불어 살아간다는 것은, 집을 유지하기도 쉬워야 하지만 위기 상황에서 그 집이 현금이 되어서 나를 부축할 수도 있는 집이어야 한다는 뜻입니다.

부모가 살던 집은 결국 자식들에게 상속됩니다. 부모가 돌아가신 후 상속세 때문에 매도해야 할 때 잘 팔리는 환금성 좋은 집이 자식들을 위해서도 좋습니다. 고가 주택인데도 잘 팔리지 않는 집을 상속한 경우에는 기일 안에 팔지 못해서 가산세를 내야 하는 등 어려움을 겪는 경우도 있습니다.

3. 집의 위치도 중요하다.

노후 주택은 병원이 가깝고, 근처에 친구들도 많이 살며, 오랜 생활의 루틴에서 벗어나지 않는 곳이 좋습니다.

나이 들면 적응력이 떨어지고 새로운 사람을 사귀는 것도 쉽지 않기 때문에 자산을 쪼개거나 집의 크기를 줄이더라도 오래 거주하던 동네에서 멀리 가지 않는 게 좋습니다.

노후대책 2 고정적인 수입(머니 파이프라인)

수도꼭지를 틀면 물이 파이프를 통해 들어오듯, 퇴직 이후 근로소득이 끊겨도 지속적이고 정기적으로 들어오는 현금의 흐름이 필요합니다.

노후에 현금 흐름을 유지하는 방법은 여러 가지 형태가 있지만, 각자 원하는 방식이 다르기 때문에 각자에게 맞는 방식을 선택해서 미리 준비하는 게 필요합니다.

1. 연금

연금은 아직까지는 노후 현금 흐름용으로 가장 안정적인 형태입니다. 그러나 충분하지 않기 때문에 수익형 부동산, 배당주, 예금 등 다양한 방식으로 보조 장치가 필요합니다.

2. 수익형 상가

꾸준히 월세가 들어오는 수익형 상가가 좋긴 하지만 고려해야 할 점도 많습니다. 일단 내야 할 세금이 많고, 주기적인 공실도 감안해야 하며, 온라인 세상이 더욱 확대되는 상황이라 안전한 현금 흐름용 자산으로 생각하기는 어렵습니다. 그리고 임차인과의 관계가 쉽지 않기 때문에 요즘은 상가 매수를 선호하지 않는 사람들이 많습니다.

3. 임대용 주택

임대사업자제도가 자주 법이 바뀌고 세금 때문에 빛 좋은 개살구 느낌이지만, 그래도 소득이 있으니까 세금을 낸다는 마인드로 역세권 소형 주택 두세 채 정도 임대로 묶어서 소유하는 것도 괜찮은 방법으로 보입니다.

비싼 임대료를 받는 주택 한 채보다는 부담스럽지 않은 임대료로 임차인이 자주 바뀌지 않을 것 같은 주택을 두세 군데 분산해서 임대하는 방법이 좋은 것 같습니다. 이렇게 하면 공실이나 임대료 체불에 대비할 수 있어서 안정적인 수입원이 될 수 있을 것 같습니다.

4. 핵심지 아파트 임대

거주하던 핵심지 아파트를 반전세 형태로 임대하고 보증금으로 교통 편한 외곽에 있는 25평 정도의 아파트에 전세로 거주하는 형태입니다.

이렇게 되면 핵심지 아파트를 팔지 않고도 1주택자로 소유하고 있기 때문에 세금이 늘어나지 않고 월세도 들어오므로 연금과 함께 안정적인 현금 흐름을 유지할 수 있습니다.

5. 가족 법인

가족 법인을 통해 투자나 사업을 하거나 수익형 부동산(아파트는 종부세 때문에 안 됨)을 매입함으로써 배당이나 월급 형태로 받는 현금 흐름도 노후 대책의 좋은 방법 중 하나입니다.

6. 주택연금

주택연금도 노후에 현금 흐름을 만들 수 있는 하나의 방법입니다. 주택연금은 그 집을 담보로 죽을 때까지 연금을 받는 제도로, 부부 중 한 명이 55세 이상으로 부부 합산 공시가 12억 원 이하의 주택을 소유한 사람만 가능합니다. * 아파트뿐만 아니라 주거 목적

---

* 최근 기존 주택금융공사 주택연금 외 민간 금융기관에서 12억 원 초과 주택 보유자의 주택연금 상품을 출시한다고 합니다.

오피스텔도 주택연금이 가능하고 다주택자라도 합산 주택이 12억 원 이하이면 가능합니다.

시대에 따라 노후 대책에 위한 방법도 달라지고, 사람마다 소비 습관과 규모가 다르므로 노후에 다달이 고정적으로 필요한 현금 흐름도 각자 다릅니다.

머니 파이프라인의 구축은 노후를 안정되고 행복하게 보내기 위해 꼭 필요하기 때문에 미리미리 다양한 방법을 강구해 보면서 보조 장치까지 준비하는 자세가 필요한 것 같습니다.

노후대책 3 현금성 자산

요즘은 하우스 푸어들이 많습니다. 그러나 나이 들수록 건강이나 자식들 때문에 비정기적인 지출이 많아지므로 이에 대비하려면 어느 정도의 현금성 자산이 필요합니다. 예금, 주식이나 코인, 금 등으로 자산을 적절하게 분산해서 지니고 있어야 유사시에 부동산을 매도하지 않고도 위기 상황을 커버할 수 있습니다.

정부의 부동산 정책이 점점 더 치밀해지는 것으로 볼 때 주택에 전 재산을 묻어두기보다는 적절한 유동성 자산으로 나누어서 포트폴리오를 짜는 것이 필요해 보입니다.

요즘 주변에 고가 주택을 소유하고 있는 연령대 높은 부유층 지인 중에는 이런 계획을 세우고 있는 분들도 많습니다.

소유하고 있는 강남 아파트를 매도해서 적당한 크기와 금액의 거주할 아파트를 매수하고, 일부는 자식들에게 현금 증여하고, 나머지 현금은 은행에 넣어두었다가 연금과 함께 조금씩 쓰면서 살고 싶다는 겁니다.

수익형 부동산을 이미 경험해 보신 분들이 이런 이야기를 많이 하시는데, 임차인과의 갈등으로 정신적 에너지를 소모하고 싶지 않고, 상속세로 많이 내기보다는 미리 현금 증여하고 나머지는 살면서 적당히 누리겠다는 겁니다.

노후대책 4 자식들의 안정적인 생활

현재 50대 중반 이상의 세대는 부모가 더 가난해서 자식이 부모를 챙겨야 했습니다. 하지만 그들의 자식들은 경제활동도 늦고 지출도 많은 세대라서 부모를 챙기기 어렵습니다. 오히려 자식이 자리 잡을 때까지 부모가 자식을 오랫동안 보조해야 하는 경우도 많습니다. 그래서 노후가 행복하고 안정적으로 되기 위해서는 부모뿐 아니라 자식도 잘살아야 합니다.

부모는 강남 아파트에 사는데, 자식은 수도권에서 아이를 키우고 있으면 눈치가 보인다는 분들이 많습니다. 그래서 손주들 교육 때문에 부모와 자식이 집을 바꾸어 생활하는 경우를 주변에서 종종 보게 됩니다.

이런 경우 생활 루틴에서 동떨어져 있다는 문제가 있습니다. 친구들은 모두 강남에 있고 그동안 다니던 백화점과 문화센터도 모두 강남에 있어서 매일 출근하듯 지하철을 타고 강남으로 와야 한다는 겁니다. 물론 자식에게 내준 집은 마음대로 방문할 수도 없습니다.

나이 들면 새로운 공간에 적응하기가 쉽지 않아서 결국 익숙한 곳 주변만 맴돌게 됩니다. 그래서 자신이 노후에 살고 싶은 곳과 자식들이 사는 곳이 서로 차이가 나지 않게 미리 준비해야 합니다.

이런 이야기를 하면 꼭 자식에게 재산을 증여해서 기반을 만들어주는 방법만 생각하시는 분들이 있는데, 꼭 그렇지는 않습니다.

자녀 교육을 열심히 해서 제대로 된 직장에 취직하게 한 후 은행 문턱을 낮추는 것도 방법입니다. 요즘에는 DSR(총부채 원리금 상환 비율) 적용으로 소득에 따라 대출 크기가 정해지고 대출받을 수 있는 능력에 따라 재테크의 기회도 달라지기 때문입니다.

요즘에는 청년이나 신혼부부에게 청약 기회가 많이 주어지므로 부모가 미리 공부해서 자식에게 준비하도록 알려주고 가이드하는 것도 증여의 한 방식이라고 생각합니다. 물론 경제적 여유가 된다면 시기를 놓치지 말고 적당한 시점에 부모의 자산을 쪼개서 분배하는 것이 가장 좋은 방법이라고 생각합니다.

노후 대책 5 친구 관리

나이 들어서 마음을 터놓고 만날 수 있는 친구가 있는 것도 재산만큼 중요한 노후 대책입니다. 나이 들수록 몸뿐만 아니라 멘탈도 약해져서 정신이 건강한 친구가 중요합니다.

그렇다면 어떤 친구가 좋을까요?

밝고 긍정적인 마인드뿐만 아니라 배움에 대한 열정과 지적 호기심이 식지 않은 친구, 유머 있고 멋을 아는 친구, 함께 차 한 잔을 마시면서 정신적 풍요를 도모할 수 있는 친구, 이런 친구가 곁에 있으면 노후에 에너지 업되면서 우리의 삶이 좀 더 행복해지겠지요.

자신보다 나이가 어린 세대들과의 소통도 중요합니다. 고여 있는 생각에서 벗어나 새로운 세계를 접하면서 변화를 받아들이며 살아가는 것이 건강한 노후 생활을 즐기는 방법 중 하나입니다.

그리고 젊은 세대들을 만나려면 조언자나 훈계자 입장이 아닌 서로 소통하려는 동등한 포지션이어야 하고, 차 한 잔이라도 더 산다는 마음이어야 세대를 넘어서 친구가 될 수 있습니다.

노후대책6 소비 습관

나이가 들면 의식주의 욕망이 줄어든다고는 하지만, 그래도 가치 있게 소비하는 루틴이 필요합니다. 소비는 욕망의 분출이고 욕망이 있다는 것은 삶의 의욕이 있다는 것이므로 '소비'는 소중합니다.

멋진 슈트를 한 벌 사면 여기에 거칠 스카프가 필요하고 다시 그에 어울리는 핸드백이 필요하다고 느끼듯이 소비는 소비를 낳습니다. 그래서 한 번 소비 욕구를 꺾기 시작하면 삶의 의욕도 함께 꺾입니다.

무조건 아끼기보다는 적절하게 소비 욕구를 충족시키고 가치에 맞게 적절한 지출을 하면서 건강하게 살아가는 것이 멋진 노후를 위한 준비라고 할 수 있습니다.

노후대책7 취미 생활

외롭지 않으려면 자신이 좋아하는 일을 꾸준히 하는 것이 좋습니다. 그렇지 않으면 사람에게 자꾸 기대게 되어 상대에게 서운한 마음을 갖게 됩니다.

자신을 잘 찾지 않는 자식, 자기 마음 같지 않은 형제와 친구들에게 서운함을 드러내면 오히려 부담스러워서 더 멀어지게 됩니다.

사람들은 대체로 행복한 사람을 좋아합니다. 누구 때문에, 누구랑 함께 해서 행복하기보다는 자기가 좋아하는 일을 하기 때문에 스스로 행복해져야 합니다. 그럼으로써 주변 사람들이 자신을 찾도록 만들어야 합니다. 그러기 위해서는 사랑하는 사람들일수록 적당한 거리감을 두고 무소의 뿔처럼 혼자서 가야 합니다.

∽

그 외에 '건강 관리'가 노후 대책에서 정말 중요한 준비라는 것은 두말하면 잔소리라 생략했습니다. '노후 대책을 위한 건강 관리'라는 주제 하나만으로도 책 한 권이 될 수 있고 이미 출간된 책들이 많으니까 제가 굳이 여기서 언급할 필요는 없기 때문입니다.

다만 '과유불급(過猶不及)'이라고 지나친 건강 관리가 '건강 염려증'으로 이어져서 '우울증'이나 '불안증'으로 이어지지는 않았으면 좋겠다는 생각만 덧붙이고 싶습니다.

이렇게 쓰고 보니 노후 대책으로 해야 할 것들이 너무 많네요.

젊음은 준비 없이 맞이해도 되는데 노년은 웬 준비가 이렇게 많을까요?

불현듯 가까워진
'50'이라는 나이

50대, 뭔가 시작하기엔 너무 늦은 걸까요?

50대 중반, 15~17억 원 정도의 아파트에 거주하면서 경제적인 어려움과 인생의 굴곡 없이 맞벌이로 꾸준히 저축하면서 평탄하게 살아오신 분들이 상담을 요청해 오실 때가 있습니다.

근로소득의 끝이 보이는 50대가 되면서 문득 순자산이 애매하게 느껴져서 지금이라도 자산 상승을 위해 강남으로 갈아타야 하는지 상담을 요청하신 경우입니다.

15~17억 원 정도의 순자산은 객관적으로 볼 때 적은 돈은 아닙니다. 그러나 이 돈으로 자녀를 결혼시키고 긴 노후 생활을 풍족하

게 즐길 수 있을 만큼 넉넉한 자산도 아니라고 자각하게 되면서 갑자기 초조함을 느끼게 되는 경우입니다.

이것은 우리나라 중산층 가정의 일반적인 고민이라고 할 수 있습니다. 중산층뿐만 아니라 전문직 고소득 맞벌이 부부도 50대 이후에 보면 의외로 순자산이 초라한 경우가 많습니다.

'고소득'이라는 안정된 현금 흐름은 재테크를 하겠다고 마음먹었을 때는 더할 나위 없이 좋은 조건입니다. 그러나 재테크를 통해 자산을 키워야겠다는 절실한 동기가 없었던 경우에는 50대가 되어서야 이런 현실에 직면하게 됩니다.

고소득인 경우 굳이 이자 비용까지 지불하면서 레버리지 투자를 하기보다는 돈을 모아서 원하는 것을 사려는 분들이 많아 인플레이션의 공격을 받는 경우가 많습니다. 재테크로 자산을 제대로 불리지 못한 채 아껴 쓰고 저축하면서 아이들 키우고 생활하다가 50대로 접어드는 순간, 문득 노후에 대한 걱정이 폭풍처럼 밀려오는 겁니다. 그러면서 좀 더 빨리 재테크를 하지 않은 것에 대해 아쉬움과 후회의 감정을 느끼게 됩니다.

저도 비슷한 경험을 했습니다. 40대까지는 이런 감정을 전혀 느끼지 못했는데 50대가 되니까 갑자기 근로소득의 끝이 보이면서 초조해졌습니다. 더구나 50대는 호르몬의 변화 때문에 체력적인 한계를 인식하기 시작하는 나이여서 더욱 불안함을 느끼며 자신감이 떨어지는 시기입니다.

그래서 후배들에게 50대 이후를 미리 준비하는 자세가 필요하다고 일러주면서 규모 있는 지출과 재테크의 필요성을 강조해서 이야기하곤 합니다. 그러나 저도 그랬듯이 그 나이가 되어 보지 못하면 알 수 없는 부분이라 귓등으로 듣는 친구들이 많습니다.

근로소득의 끝이 보이는 나이, 피해야 할 투자는?

50대라는 나이가 재테크적인 측면에서 불리한 것은, 근로소득의 끝을 카운트다운하는 시기라 장기적인 계획으로 재테크를 시도하기가 어렵기 때문입니다.

부동산 투자는 주식처럼 한방에 큰돈을 버는 것이 아니라 한번 투자하면 최소 2년(비과세) 이상 묻어두어야 합니다. 그리고 재건축이나 재개발 투자 같은 경우는 인생의 큰 줄기를 바쳐야 하는 투자라서 가볍게 접근할 수 없다는 특징이 있습니다.

또한 50대는 새로운 투자를 시도했다가 실패한 경우 만회할 시간이 부족하므로 리스크가 동반되는 투자에 부담을 느낄 수밖에 없습니다. 그렇다고 그냥 눌러있기에는 아쉽고 더 나이 들기 전에 뭐라도 해야겠다는 생각이 드는 나이이기도 합니다.

그래서 50대 중반에 저평가되었다고 생각되는 강남 초기 재건축 (15년 이상 걸리는)으로 대출받아서 갈아타려는 분들이 계십니다. 그러나 재건축은 언제 끝날지 알 수 없으므로 이런 투자를 하게 되면 노후가 불안정할 수밖에 없습니다. 재건축으로 자산이 상승했어도 잘못하면 그동안 고생해서 상승시킨 자산의 많은 부분이 상속세 지분일 수도 있습니다.

그리고 퇴직 이후까지 대출 상황이 이어진다면 현금 흐름이 줄어든 상태에서 자녀 결혼도 시켜야 하고, 보유세 부담에 다달이 내야 하는 원리금 상환도 부담입니다. 그래서 결국 집을 다시 쪼개야 하는 상황이 생깁니다.

이런 점 때문에 50대에는 새로운 계획으로 재테크를 시작하기보다는 40대에 미리 세운 재테크 계획과 방식대로 꾸준히 자산을 상승시키는 것이 좋습니다. 그리고 50대 후반부터는 그동안 키워왔던 자산을 쪼개서 자녀들에게 일부 증여하고, 나머지 자산으로는 60대 이후에도 꾸준히 홀딩하면서 재테크가 되는 방식으로 재세팅하는 작업이 필요합니다.

즉, 30대, 40대, 50대 중후반까지는 자산을 '확장'시키는 흐름으로 이어왔다면 60대 이후에는 이것을 '쪼개서 분배'하는 단계라고 생각합니다.

평균 수명이 늘어났지만, 60대 이후에는 건강상의 변수가 많습니다. 따라서 60세 이후까지 장기적인 재테크 계획을 세울 경우에는 흐름이 끊길 가능성이 있으므로 60대는 좀 더 가변성을 고려한 느슨한 계획이 필요합니다.

50대에는 그동안 살아왔던 삶의 방식에 대한 관성이 깊어진 나이여서 성공이나 실패 여부와 상관없이 심리적 불안감이 행복지수를 떨어뜨릴 수 있습니다. 그래서 무모한 목표와 열정으로 타인과 자신을 비교하며 자신을 괴롭히기보다는 스스로의 한계를 알고, 부족함을 수용하며, 캄다운(calm down) 상태에서 가능한 범위 안의 목표를 세우고 천천히 걸어 나갈 수 있는 투자가 필요한 시기입니다.

그래서 투자는 생애주기별로 30~40대는 50~60대까지 큰 방향성을 가지고 흐름을 이어가는 포지션이 필요합니다.

재테크 능력이나 행운은 사람마다 불공평하지만, '50대'라는 나이는 누구에게나 공평하게 다가옵니다. 먼 듯, 그러나 불현듯 가깝게 다가오는 이 '50대'라는 반갑지 않은 나이를 미리 인식하고 준비하는 사람들은 결코 50대가 초라하지 않을 것이라고 생각합니다.

여러분들의 풍족한 50대를 기원하고 응원합니다.

대형인가,
상급지 이동인가?

'대형' 평단가는 왜 예전처럼 '국평'을 넘지 못할까?

2025년 2월 12일, 토지거래허가제 해제 이후 강남 상급지의 각 지역마다 매물이 소진되어 중개업소마다 매물 확보에 전쟁을 치르고 있었습니다. 갈아타려고 집을 내놨다가도 갈아탈 곳에 매물이 없어서 매물을 거둬들이는 사람들이 많았습니다. 그런데 이럴 때마다 부동산 사장님(이하 '부사님')들의 단골 멘트가 있습니다.

"예전에는 대형 아파트 가격이 훨씬 비쌌어요."
"지금 대형 평형이 많이 저평가되었어요."
"지금이 대형을 매수할 타임입니다."

그래서 부사님 말씀을 듣고 중소형 평당가 정도로 키 맞추기 할 것이라는 기대감으로 대형을 매수하는 사람들이 있습니다. 그러나 과연 그렇게 될까요?

2000년대까지는 부사님 말씀대로 대형 평당가가 국민 평수보다 훨씬 비쌌습니다. 제가 제1기 신도시에 49평을 분양받는데, 입주 시점에는 대형이 중소형보다 평당가가 훨씬 높았습니다.

그리고 제가 2000년 초반 대치선경 31평에서 55평으로 갈아탈 때만 해도 대형 평당가가 국민 평수 평당가의 약 1.5배 정도 되었습니다. 당시 31평 가격이 3억 원대 후반이었는데, 55평 가격은 호가 9억 원, 실거래는 8억 원대 중반에 거래되었으니까요.

그러나 2010년대 이후 금융 위기를 겪으면서 대형 수요가 급격하게 줄어서 대형의 하락폭이 중소형 평형보다 훨씬 컸습니다. 이 것을 금융 위기로 인한 일시적인 현상이라고 생각했지만, 15년 정도가 흐른 지금까지도 이런 현상이 지속되고 있습니다.

그럼 왜 대형 평당가가 예전처럼 국민 평수 평당가를 넘지 못하는 것일까요? 그 이유를 분석해 보면 다음과 같습니다.

1. '가족 수'의 변화

2000년대까지만 해도 자녀가 둘인 집이 많아서 4인 가족이 많았습니다. 4인 가족인 경우 부부 침실, 자녀들 방 1개씩, 그리고 부부 서재가 따로 필요해서 방 4개를 원하는 가정이 많았습니다. 그러나 최근에는 3인 가족이 많아졌고 신축 아파트 평면이 잘 나오다 보니 중소형 평형도 괜찮다고 생각하는 사람들이 많아졌습니다.

2. '평수'보다 '입지'를 업그레이드하는 트렌드

중소형 평형도 괜찮다고 생각하는 바탕에는 같은 평수나 혹은 평수를 줄이더라도 거주하는 지역의 급지를 높이고 싶어 하는 심리가 자리 잡고 있습니다. 예전보다 맞벌이 부부가 많아지면서 집에서 생활하는 시간이 줄어들어 집의 크기보다는 집의 위치에 주목하는 가정이 많아졌습니다.

원하는 집의 위치는 어디에 포인트를 두느냐에 따라 각각 다를 수 있지만, 대체로 더 상급지로 이동하기를 원하는 사람들이 많습니다. 상급지라고 하는 곳은 교통이 편리하고, 직주근접에, 학군이 좋고, 인적 인프라도 좋으며, 생활 편의시설이 잘 갖춰진 곳이라고 할 수 있겠지요.

같은 비용이라면 같은 지역 안에서 평수를 넓히는 것보다 같은 평수로, 또는 평수를 줄여서라도 급지를 업그레이드하려는 사람들이 많아졌습니다.

2025년 초 기준으로 반포 원베일리의 한강 보이지 않는 34평이 50억 원대 후반에 거래되었습니다. 이에 비해 강남의 다른 지역 신축 대형 아파트 가격은 평당 1억 원대 초반 또는 평당 1억 원을 겨우 넘는 곳이 많은 것도 이와 같은 이유 때문입니다.

3. 강남 진입 장벽이 높음

요즘은 예전에 비해 경제활동과 결혼하는 나이가 늦어지다 보니 열심히 돈을 모아도 40대 초반에 쌓을 수 있는 순자산에 한계가 있습니다.

현재 30대 후반까지는 그나마 한 번의 대세 상승장을 거쳤기에 부동산으로 자산 점프가 가능했습니다. 그러나 앞으로 10년 후쯤 부동산 시장의 주 수요층이 될 현재 30대 초중반들은, 부동산 시장에 진입하자마자 곧바로 폭락기를 맞이하면서 부동산 투자로 자산의 점프를 경험하지 못한 세대입니다.

물론 코인이나 주식으로 하루아침에 큰 부자가 되는 경우도 있지만, 일반적인 케이스는 아닙니다. 이런 상황이다 보니 앞으로 10년 후쯤 강남 아파트는 어떤 식으로 세대교체가 될지 의문입니다.

한 번의 상승장을 거친 현재 40대 초반의 고소득 전문직 부부라도 부모에게 특별히 받은 것 없이 시작한 경우는 순자산 20억 원 정도 모으기도 어려운 상황입니다. 그래서 이들이 가까스로 대출받아 접근할 수 있는 아파트가 강남 20평대나 30평대입니다. 그래서 강남은 중소형 수요가 훨씬 많습니다.

그리고 어느 정도 돈을 모아 대형 갈아타기가 가능할 때면 자식을 분가시킬 때가 되어 군이 대형으로 옮길 필요가 없습니다. 요즘은 대학생만 되어도 학교 앞으로 분가하는 아이들이 많거든요. 그래서 대형 수요가 점점 줄어드는 추세입니다.

4. 환금성

대형은 매매 및 전세 수요가 적어서 매도할 때 시간이 오래 걸립니다. 그래서 갭투 수요가 중소형 평형에 비해 적어 투자 경쟁력이 상대적으로 떨어집니다.

반포 고가 아파트 전세에 거주하는 지인의 경우 최근에 토지거래허가제 지역으로 갈아타면서 실입주하려고 거주하던 전셋집에서

퇴거하려고 하는데, 수개월째 전세 세입자를 구하지 못해서 전세금을 돌려받지 못하고 있습니다.

요즘에는 대형뿐만 아니라 강남 중소형도 전세 세입자를 찾기가 어려운 상황입니다. 여러 가지 이유가 있겠지만, 1주택 실거주 갈아타기 장세가 계속되면서 고가의 전세에 거주하느니 그 전세비에 대출을 얹어서 집을 매수해 실거주하는 사람들이 늘어나면서 일어나는 현상으로 보입니다.

이러한 현상도 부동산 투자 트렌드의 변화에 따른 결과이므로 염두에 두어야 할 부분입니다.

5. 대형은 '플렉스' 개념

그렇다고 모든 대형 아파트가 투자 경쟁력이 없는 것은 아닙니다. 부자들은 남들과 차별화된 거주지를 원하므로 부자들을 위한 플렉스 개념의 대형도 필요합니다. 이런 아파트는 정해진 가격이 없으므로 부르는 게 값이라서 건물 한 채 값의 실거래가가 찍히는 겁니다.

대형 아파트는 이제 '가성비'로 접근하는 구간이 아니라 '주거 플렉스' 개념으로 접근해야 하므로 차별화된 특징이 필요합니다. 그래서 대형을 매수하려면 한강을 조망할 수 있는 압구정, 반포의 아파트나 한남, 청담, 성수의 하이퍼엔드 아파트 정도 되어야만 대형 평형이 투자 경쟁력을 확보할 것 같습니다.

강남 대형 아파트를 매수한 분 중에는 가끔 최상급지 대형 아파트의 상승 실거래가가 뜨면 왜 자신이 소유한 대형 아파트는 빨리 오르지 않는지 모르겠다고 말씀하시는데, 바로 이와 같은 이유 때문입니다.

즉, 같은 강남이라고 해도 평형을 넓혀가는 경우보다 강남 안에서 더 상급지로 이동하려는 사람들이 많으므로 대형 수요가 한정적이어서 상승하는 데 한계가 있기 때문입니다. 그래서 대형 아파트를 매수할 때는 차별화된 '플렉스' 개념이 포함되어야만 상승 효과가 있다는 점을 염두에 두어야 할 것 같습니다.

물론 재테크와 상관없이 좀 더 쾌적한 환경에서 거주하겠다는 생각이면 대형 평형 매수도 괜찮습니다. 하지만 실거주 아파트 한 채의 의미가 우리 자산의 대부분을 차지하는 현실에서는 실거주 가성비만으로 접근하기는 어려운 상황입니다. 그래서 재테크적인 차원에서 볼 때는 가성비 개념의 대형보다는 평수를 줄이더라도 상급지 이동이 환금성이나 상승폭 면에서 더 낫다고 생각합니다.

서초

삼성

청담

반포

압구정

방배

대치

강남 아파트 입지 분석

ft. 압구정, 반포, 대치, 개포, 역삼, 도곡, 서초, 방배, 삼성, 청담, 수서, 잠실

도곡

개포

잠실

역삼

수서

상급지 공부는 왜 필요한가?

안목을 키워야 기회가 온다

기회는 항상 '기회'라고 소리치면서 오지 않습니다. 기회를 잡기 위해 준비하고 기다리는 사람만 알아볼 수 있고 잡을 수 있는 겁니다.

2025년 초 34억 원에 실거래된 도곡렉슬 34평은 2017년 초에 2억 원이면 갭투자(매매가 14억 원, 전세가 12억 원)할 수 있었습니다. 강남에는 비싼 아파트만 있다고 생각해서 처다보지도 않았던 사람들은 뒤늦게 좋은 기회를 놓친 걸 아쉬워했지만, 영역을 넓혀서 꾸준히 관심을 가지고 있었던 사람들은 갭투의 기회를 잡을 수 있었습니다.

"비싼 강남 아파트 살 돈도 없는데, 강남에 무슨 아파트가 있는지 알아서 뭐 해?"

이렇게 말하는 사람들이 많습니다. 물론 맞는 말입니다. 그러나 돈이 없어 명품을 사지는 못해도 윈도쇼핑을 통해 안목을 키울 수 있듯이 상급지 아파트를 살펴보면서 거주지의 가치를 결정짓는 중요한 요소들이 무엇인지 분석하고 파악하는 능력을 키울 수 있습니다.

우리 인생과 마찬가지로 거주지나 투자처를 선택할 때도 롤모델이 필요합니다. 그래야만 수많은 선택의 갈림길에서 길을 잃지 않고 나아갈 수 있기 때문입니다.

명품 주거지로 인정받는 곳들의 공통적인 요소들을 파악하는 과정을 통해 앞으로 더 좋아질 수 있는 곳을 찾아내고 선택할 수 있는 인사이트를 얻을 수 있습니다. 그러므로 롤모델에 해당하는 상급지 공부는 반드시 필요합니다.

한 번도 경험하지 못한 시장이 오고 있다

세상은 점점 더 빠르게 변화하고 있고 이러한 변화 속에서 부동산의 흐름도 함께 바뀌고 있습니다. 부동산은 국내외 경제 상황뿐만 아니라 금리, 부동산 정책, 심리, 주거 트렌드 등 다양한 요소의 영향을 받습니다.

그러므로 부동산의 흐름을 정확하게 파악하려면 다각적인 면에서 고찰이 필요합니다. 그렇다면 2023년 초부터 급격하게 바뀌고 있는 부동산 흐름의 특징은 무엇이고 그 원인은 무엇일까요?

2023년 초부터 시작된 이번 상승장의 특징을 요약하면 다음과 같습니다.

상승장 특징

1. 실수요 갈아타기장
2. 극심한 양극화 현상
3. 한 번도 경험해 보지 못한 낯선 시장 흐름

그동안의 상승장은 실수요자와 투자자가 함께 움직이는 시장이었습니다. 그래서 어느 한 지역이 오르기 시작하면 덜 오른 지역으로 투자 수요가 빠르게 분산되어 갭 메우기를 하곤 했습니다.

그러나 2023년 초부터 시작된 반등장에서는 투자자들의 숫자가 급격하게 줄었고, 대신 실수요자들 중심의 똘똘한 한 채로 갈아타는 현상이 트렌드로 자리 잡았습니다.

이런 현상이 생긴 이유는 취득세 중과, DSR 적용, 고금리, 2022년 말부터 시작된 역전세 등 다양한 원인이 복합적으로 작용했기 때문입니다.

2022년 중반 이후부터 역전세 커버가 힘든 다주택자들의 매물이 쏟아져 나옴으로써 투자자들이 많이 진입한 지역부터 하락폭이 커졌고, 급등한 금리 때문에 매수자가 줄어들어서 거래가 이루어지지 않는 정체장이 지속되었습니다.

그래서 정부는 2023년 초부터 부동산 경착륙 방지를 위해 정책대출(**특례보금자리론**)을 시작했고, 이것이 트리거가 되어 거래의 물꼬가 트이면서 '갈아타기장'이 시작되었습니다.

'갈아타기장'이 시작되면서 상급지 아파트부터 빠르게 반등하기 시작했는데, 2023년 초에 '15억 원 이상 대출 규제'가 풀린 것이 반등의 주요한 원인입니다. 문재인 정권 때 내려진 이 규제로 인해 상급지로 갈아타는 사다리가 끊겼는데, 대출 규제가 풀리면서 대출받아 똘똘한 한 채로 갈아타는 사람들이 많아진 것입니다.

반면 지방 부동산은 서울과 수도권 대부분의 지역이 규제지역에서 풀리자 '틈새투자처'로서의 매력이 급감하며 수요가 줄었고, 이에 따라 '지역 간 양극화 현상'이 시작되었습니다.

'지역 간 양극화'를 부추긴 또 하나의 중요한 원인은 '취득세 중과'입니다. 한 사람이 세금 중과 없이 살 수 있는 집의 숫자가 제한되면서 최대한 뭉쳐서 똘똘한 한 채를 사는 것이 더 경쟁력 있다는 생각에 상급지로 수요가 몰렸기 때문입니다. 현재 정부가 국민에게 주문하는 메시지를 요약해 보면 다음과 같습니다.

정부가 국민에게 주문하는 메시지

1. 돈은 DSR 범위 안에서 빌려줄게.
2. 그런데 쓸데없이 집을 두 채 이상 사지는 마라.

　결국 지금과 같은 부동산 정책에서는 자기 능력 범위 안에서 최고 똘똘한 집 한 채를 사는 경쟁이 벌어질 수밖에 없었고, 하급지일수록 뭉쳐서 갈아타려는 다주택자들의 매물이 쏟아짐으로써 양극화 현상이 벌어지게 된 겁니다.

　그리고 지난 문재인 정권의 15억 원 이상 대출 규제 때문에 상급지는 투자 수요가 제한되었고, 토지거래허가제(실입주해야 함)로 묶인 지역이 많아서 이미 실수요장 위주로 지반을 굳힌 상태입니다.

　이런 상태에서 대출 규제가 풀리자 상급지로 진입하려는 사람들은 늘어났지만, 상급지는 이미 실수요자 위주로 세팅된 지역이 많아서 매물 품귀로 인해 아파트값이 오를 수밖에 없는 상태입니다.

그런데 서울 상급지는 택지가 부족해서 정비사업을 통해 공급이 이루어져야 하는데, 지난 정권 내내 재건축과 재개발 규제가 심해서 정비사업을 통한 공급도 원활한 편이 아닙니다. 그러나 갈아타기 실수요장은 하급지를 매도한 사람들이 상급지로 갈아탈 수밖에 없는 상황이라 매물이 부족한 상급지는 계속해서 더 오를 수밖에 없는 구조입니다.

이런 양극화 현상은 예전에는 한 번도 경험해 보지 못했던 시장 흐름입니다. 취득세 중과 규제는 2021년 중반에 처음 생겼고, 그때는 15억 원 이상 대출 규제 상태였기에 상급지로 갈아타려는 수요가 제한적이었습니다. 그러나 '취득세 중과'와 '대출 규제 해제'의 교집합은 2023년 초 이후부터가 처음이라 예전에는 한 번도 볼 수 없었던 '낯선 양극화 현상'이 펼쳐지고 있는 겁니다.

이런 상황이다 보니, 갈아타고 나서도 '이왕이면 대출을 조금 더 받아서 더 좋은 곳으로 갈아탈걸.' 하며 아쉬워하는 분들이 많습니다. 특히 강남에 처음 진입하는 분들은 일단 강남에 착지만 하면 만족할 것 같았지만, 막상 발을 디디고 보니 같은 강남 안에서도 디테일하게 입지가 레벨화되어 있고, 이에 따라 아파트값의 차이가 점점 더 커지는 걸 보면서 다시 갈아타는 계획을 세우는 분들이 많습니다.

그러나 갈아타는 비용이 만만치 않아서 요즘에는 자기 집을 팔아도 자기 집과 똑같은 집을 살 수 없는 구조입니다. 그래서 한 번 갈아탈 때 아쉬움이 남지 않으려면 최대한 상급지까지 영역을 넓혀서 공부하는 것이 필요합니다.

투자에도 방향이 필요하다

부동산 투자를 할 때 정보를 받아서 잘 알지도 못하는 지역에 투자하는 사람들이 있습니다. 그러나 똑같은 정보를 받아서 여러 사람이 함께 투자해도 매도 타임은 각자 다릅니다. 투자 정보를 받을 때 매도 타임까지 가이드받지 못하기 때문입니다.

결국 매도는 각자의 영역이 될 수밖에 없는데, 매도 타임은 그 지역을 잘 아는 사람만이 감지할 수 있는 감각적인 영역입니다. 그래서 단편적인 정보만으로 투자한 경우는 매도 타임을 감지할 수가 없어서 하락기와 맞물려 물리는 투자가 되어 버리는 수도 있습니다.

물론 차익만 생긴다면 어디든 투자하는 게 맞습니다. 그러나 잃지 않는 투자를 하려면 잘 아는 지역에 투자하거나 투자하려는 지역에 대해 제대로 공부해야 합니다. 낯선 지역의 이름을 되뇌거나 시황을 공부하며 방향성 없이 부동산 스펙트럼만 넓히는 사람들이 있습니다. 이것이 부동산 인사이트를 넓히는 과정이라고 생각하는 분들인데, 사실은 수박 겉핥기식의 공부인 경우가 많습니다.

시간과 에너지가 제한된 상태에서 부동산 투자 영역을 무한정 늘릴 수는 없습니다. 2025년 초 기준 우리나라에 관리비 공개 의무 (100세대 이하 미포함)가 있는 아파트는 20,897단지입니다. 우리가 영역을 넓혀서 공부한다고 해도 전국에 있는 모든 지역과 단지를 공부할 수는 없습니다. 그래서 부동산 투자를 공부할 때 자신이 투자하려는 '방향'과 '기준'에 맞춰서 적절하게 영역을 제한해야 깊이 있게 공부할 수 있습니다. 물론 그 영역은 시간이 지나면서 점점 확대되는 것이구요.

부동산 공부를 할 때 가장 먼저 생각해야 할 것은, 자신이 궁극적으로 도달하고 싶은 목표를 세우는 일입니다. 목표를 세우고 그 방향으로 계속 가다 보면 어느 순간 기회가 오기 때문입니다.

방향이 없는 투자를 하면 관성에 매몰되어 방향을 잃는 경우가 많습니다. 예를 들어, 소액 투자로 어느 정도 돈을 벌어서 상급지 투자를 할 수 있는 상황이 되었는데도 더 크게 벌기 위해 씨 뿌리듯 소액 투자를 확대해서 하락기에 물려서 어려움을 겪는 투자자들도 많습니다.

한 치 앞을 알 수 없는 부동산 투자의 세계이지만, 자신이 살고 싶고, 사고 싶은 집을 목표로 가다 보면 언젠가 원하는 곳에 도달해 있을 거라고 생각합니다.

강남의 여러 지역에 대한 글을 쓰면서 여러 번 방향을 수정했습니다.

처음에는 강남에 오래 살았던 사람으로서 각 지역의 입지적 가치를 전체적인 흐름으로만 이야기하려고 했습니다. 분석적으로 빠지면 의도했던 큰 흐름을 놓칠까봐 스토리 위주로 풀어가려고 했던 겁니다. 그러나 그렇게 쓰다 보니 알맹이 없이 분위기만 잡는 글이어서 좀 더 디테일한 이야기가 필요하지 않을까 고민하게 되었습니다. 이번 '셋째마당. 강남 아파트 입지 분석'은 이런 고민의 어느 임계점 부근에서 집필하게 되었습니다.

큰 잘못과 실수 없이 평범한 하루하루를 살았을 뿐인데, 그 하루하루가 '세월'로 뭉쳐지면 우리를 후회 속에 빠뜨리는 경우가 종종 있습니다. 그래서 우리는 매 순간 '지금 잘 살아가고 있는 건지' 회의하고 점검해야 합니다.

'지금의 강남'이 '그때의 강남'이 되어 있을 머지않은 미래에 조금 덜 후회하기 위해 그 회의의 시작점을 한번 제시해 보자는 의도에서 이 글을 쓰게 되었습니다.

압구정은
왜 최상급지인가?

1. 누구나 인정하는 압구정

"서울에서 가장 최상급지가 어디야?"

이렇게 물으면 서슴지 않고 '압구정'이라고 대답하는 사람들이 많습니다.

"그럼, 압구정을 최상급지라고 하는 이유는 무엇이지?"

다시 물어보면 금방 답이 나오는 사람은 많지 않습니다.

이처럼 금방 대답하지 못하는 것은, 이유가 너무 많아서 무엇부터 말해야 할지 몰라서 그런 것일 수도 있고, 당연히 압구정을 최상급지로 인정하는 분위기 때문에 그 이유를 깊이 생각해 보지 않아서 그런 것일 수도 있습니다.

제가 강남 여러 지역의 입지에 관한 이야기를 쓰다가 압구정 부분에서는 갑자기 심플해지면서 별로 쓸 이야기가 없다는 생각이 드는 것도 바로 이처럼 '당연하다'는 의식 때문인 것 같습니다. 그렇다면 압구정을 누구나 최상급 주거지라고 인정하는 또 다른 이유는 무엇일까요?

2. 태생부터 부유층 주거지

압구정은 1970년대에 정부가 강북의 과밀 인구를 분산하기 위해 '영동지구'에 '아파트지구'를 지정해서 개발한 주거지역입니다. 1976년 압구정 현대1,2차(960세대)가 첫 입주를 시작했는데, 당시 중대형으로만 이루어진 신축 고층 아파트는 폭발적인 인기를 끌었습니다.

그때나 지금이나 신축 열풍은 마찬가지였고, 당시 엘리베이터가 있는 고층 아파트는 요즘 최신 커뮤니티를 장착한 신축 아파트 느낌이었기 때문입니다. 이런 분위기 속에서 압구정 아파트는 분양권 상태에서 이미 높은 프리미엄이 붙었습니다. 그리고 정관계 유력 인사들과 부유층들이 압구정 아파트를 분양받거나 분양권을 사서 입주하면서 압구정은 시작부터 부촌으로 자리 잡게 되었습니다.

사람도 태어날 때부터 금수저가 존재하듯이, 압구정은 입주 초기부터 정착한 인적 인프라에 의해 '부유층 주거지'로 자리잡은 곳입니다.

3. 지리적, 지형적 우수 입지

요즘 한강변 아파트는 '한강 조망'이라는 프리미엄으로 부각되고 있습니다. 그러나 '한강'은 '조망권' 외에 '지리적인 면'에서도 중요한 의미를 지니고 있습니다. '한강'은 서울의 강남과 강북을 가르는 강이어서 한강벨트 지역은 강남에 있는 지역 중에서도 강북과 가장 가까운 곳입니다. 그리고 한강벨트 지역 중에서도 강북의 중심지와 가장 가까운 곳이 '압구정'과 '반포'입니다.

살고 있는 지역이 분산되어 있는 친구들과 모임 장소를 정할 때 압구정이나 고속터미널 부근으로 정하는 경우가 많은데, 서울의 동서남북에서 모여들기 편한 곳이기 때문입니다.

그리고 압구정은 지형적으로도 주거지에서 마이너스 요소인 언덕이나 구릉이 없이 평지로만 이루어진 곳입니다.

4. 교통 및 생활 편의성이 뛰어난 균질지역

압구정은 처음부터 '아파트지구'로 개발된 지역이어서 아파트로만 이루어진 '균질지역'에 해당합니다. 그리고 계획적으로 주거지역을 조성한 곳이라 학교, 백화점, 상가 등 생활 편의시설이 잘 갖추어진 곳입니다.

특히 압구정은 3개의 한강교(한남대교, 동호대교, 성수대교)와 올림픽대로에 근접해 있어서 도로 교통이 편합니다. 특히 한남대교는 경부고속도로의 진입로일 뿐만 아니라 강남과 강북을 잇는 핵심 축으로, 강남대로를 통해 강남의 중심 업무지역과 연결됩니다. 예로부터 핵심지는 대로를 끼고 있어서 사통팔달 교통이 편하고 사람들 눈에 잘 띄는 곳이라는 공통점이 있습니다.

5. 고착된 부유층 이미지

압구정은 1970년대 중반 아파트지구로 조성되어 부유층 주거지로 50년 가까이 흘러왔습니다. 50년이란 세월은 그곳에 거주하는 사람들이 뿌리를 내렸던 시간으로, 인적 인프라와 지역 정체성을 쌓아왔던 시간입니다.

그런데 주거지의 가치를 결정짓는 요소 중에는 '위치', '교통', '생활 편의시설' 등 눈에 보이는 요소들도 있지만, 눈에 보이지 않고 하루아침에 쉽게 형성될 수 없는 요소들도 있는데, '인적 인프라'와 '지역 정체성' 등이 바로 이에 해당합니다.

압구정을 최상급지 혹은 부유층 주거지로 당연하게 인식하면서도 다른 지역들과 차별화되는 요소들을 쉽게 말하지 못하는 이유가 이처럼 눈에 보이지 않는 요소들이 함께 하는 곳이기 때문입니다.

'어떻게 아파트 한 채가 빌딩값이야?'

이렇게 집의 '효용 가치'라는 잣대로 아파트값을 이해하려는 분들이 계십니다. 그러나 이제는 '인적 인프라', '지역 이미지', '트렌드', '심리', '욕망', '평판' 등 눈에 보이지 않는 요소들이 아파트값에 디테일하게 영향을 미치는 시대가 되었습니다. 그래서 이런 요소들을 배제하고 실용적 가치로만 접근하는 경우는 점점 더 부동산 투자 면에서 뒤처질 수밖에 없습니다.

압구정은 가족과 친지들이 많이 모여 살아서 집성촌 같다고 이야기하는 사람들이 많은데, 바로 이런 지역 정체성의 아성 속에 대를 이어서 뿌리내리고 살아온 사람들이 많아서입니다.

6. 그들만의 니즈를 충족시키는 공간

압구정에 있는 현대백화점과 갤러리아백화점은 모두 고가 브랜드 위주여서 수요층이 제한적이지만, 매출은 높은 곳입니다. 올 만한 사람들만 와도 매출을 올릴 수 있다는 생각으로 부유층들이 좋아할 만한 상품들만 콜렉팅해 놓는 차별화 전략이라고 할 수 있습니다.

압구정 로데오에 있는 트렌디한 카페와 레스토랑도 마찬가지입니다. 이곳은 다른 곳에서는 찾기 힘든 색다른 분위기로 차별화된 문화를 추구하는 사람들을 충족시킬 수 있는 공간으로 자리매김한 곳입니다.

고가의 아파트값이 의미하듯이 소수의 수요층을 위한 차별화된 공간으로 자리매김함으로써 아무나 쉽게 도달할 수 없는 곳이라는 이미지 때문에 더욱 진입하고픈 갈망을 불러일으키는 곳이 바로 압구정입니다.

7. 시세를 리드하는 압구정

압구정은 누구나 최상급지로 인정하는 곳이라서 50년 가까운 연식인데도 다른 지역에 멋진 신축이 입주해서 시세를 리드한다고 해도 항상 함께 연동되며 미래 가치가 반영되는 곳입니다.

2023년 8월 래미안원베일리(이하 원베일리)가 입주한 후 파노라마 한강뷰 34평이 48억 원에 실거래되면서 시세를 리딩하기 시작했는데, 2025년 초 기준 70억 원에 실거래되면서 입주 당시보다 약 20억 원 정도 상승했습니다. 그런데 같은 기간 동안 압구정 신현대 35평도 16억 원 정도 상승했습니다(41.5억 원 → 57.5억 원).

▌원베일리 vs 압구정 신현대 매매가 비교

아파트명	2023년 중반	2025년 초	상승폭
원베일리	48억 원	68억 원	20억 원
압구정 신현대	41.5억 원	57.5억 원	16억 원

50년 가까이 된 실거주 가치가 낮은 압구정 신현대아파트의 16억 원이라는 상승분은 미래 가치를 반영한 것이라고 할 수 있습니다.

현재 반포 원베일리와 압구정 신현대가 벌써 평당 2억 원 가까이 거래되는 상황이라 앞으로 10년 정도 후에 재건축이 끝나고 입주할 즈음의 압구정 신축 아파트 가격은 과연 얼마나 될까요?

그 시기에 강남 '최상급지'의 '초고층'이고 최고 '신축'인데다가 그동안 기다린 '기회비용'에 '돈 가치 하락'까지 플러스한다면 평당 3억 원 이상을 예측하는 사람들의 생각이 마냥 허무맹랑한 이야기라고 만은 할 수 없다고 생각됩니다.

압구정은 어떻게 세대교체될까?

압구정 아파트는 수년 전부터 투자자나 영앤리치들에 의해 꾸준히 손바뀜되고 있지만, 아직까지 소유주 중에는 70대 이상 노인 비율이 높은 지역입니다. 이런 노인분 중에는 상속세를 고려해서 지금쯤 차익을 실현해서 쪼개고 싶지만, 계속 아파트값이 오르고 있으니까 매도를 보류하고 일단 재건축이 끝날 때까지 가져가려는 분들이 많습니다. 그래서 재건축이 끝날 즈음 100억 원 이상의 차익을 실현하려는 매물들이 꽤 나올 것으로 보입니다.

그렇다면 압구정 재건축이 끝날 무렵인 10여 년 후에 진입 장벽이 높아진 압구정 아파트는 어떻게 세대교체가 될까요?

현재 압구정 아파트를 소유한 사람 중에는 특별히 고소득자가 아니더라도 부동산 상승기를 몇 번 거치거나 사다리를 잘 타서 진입한 사람들이 많습니다. 그러나 앞으로 10년여 년 후에 부동산 시장의 메인 수요자가 될 40대 중반(현재 30대 중반)들은 부동산 투자로 인한 자산의 상승을 이루지 못한 세대들입니다.

그래서 아무리 고소득자라고 하더라도 재테크 없이 강남 진입이 쉽지 않은 상황인데, 하물며 평당 3억 원 가까이 되는 압구정 아파트 수요층은 매우 제한되어 있을 것이라고 생각합니다.

초고가 아파트 수요가 늘어나는 이유

그럼에도 불구하고 초고가 아파트 수요는 점점 늘어나고 있는 추세인데, 그 이유는 무엇일까요?

1. 슈퍼리치의 증가

직업군과 재테크 방법이 다양해져서 단기간에 큰돈을 버는 '슈퍼리치(초고액 자산가)'들이 점점 늘어나면서 고급 주택에 대한 수요가 많아졌기 때문입니다.

현대차증권의 통계 자료에 의하면 자산 100억 원 이상인 사람이 2018년에는 22,000명이었는데, 2023년에는 29,000명으로 늘어났고, 같은 기간 동안 자산 300억 원 이상은 5,700명에서 1만 여 명으로 증가 추세를 보이고 있습니다.

이렇게 자산가들이 늘어난 것은 부동산 가격의 상승 때문일 수도 있습니다. 2024년 1년 동안 반포주공아파트 30평대 입주권이 30억 원 정도 상승한 것이 바로 그 예입니다(40평대와 60평대는 상승폭이 더 큼).

실거래 통계에 따르면 2024년의 50억 원 이상 아파트 거래 건수는 2023년보다 2.51배 늘어났는데, 이건 돈 가치 하락을 민감하게 반영해 주는 최상급지 초고가 아파트를 소유하고 싶어하는 사람들이 갈수록 늘어나고 있다는 것을 보여준다고 할 수 있습니다.

2. 똘똘한 한 채 현상

각종 부동산 규제(취득세 중과, 종부세 등)로 인해 부동산 투자 방식이 바뀜으로써 고가 주택의 수요가 늘어난 것도 이유인 것 같습니다.

예전에는 다주택을 선호하는 부유층이 많았는데, 요즘에는 다주택보다는 똘똘한 한 채를 소유하고 그 외 주식, 코인, 금융 자산 등으로 분산투자하는 포트폴리오가 트렌드입니다.

이런 이유 때문에 고가 주택 수요는 점점 늘어나는데 비해 공급은 한정되어 있기 때문에 최상급지 초고가 아파트값은 부르는 게 값인 상황이 되었습니다.

3. 소비 방식의 변화

현재 부동산 시장의 메인 수요자인 40대는 철저하게 '가성비'와 '가심비' 구간으로 구분해서 소비하는 것이 몸에 배어 있는 세대입니다. 어릴 때부터 인터넷을 접한 세대라 물건을 구매할 때 검색을 통해 최저가를 선택하는 합리적인 소비가 생활화되어 있습니다. 그러나 그렇게 아낀 돈으로 자신이 원하는 고가의 명품을 과감하게 구매하는 세대이기도 합니다.

인터넷을 통해 타인의 삶을 쉽게 엿볼 수 있게 됨으로써 40대는 '좋은 게 뭔지 몰라서 욕망하지 않았던 세대'와는 달리, '좋은 게 뭔지 알기 때문에 욕망하고 갈망하는 세대'입니다.

이런 욕구와 소비 스타일이 집을 살 때도 적용되어 이왕이면 최상급지, 최고 좋은 단지를 선호하는 수요가 늘어난 것 같습니다.

§

2022년 연평균 통합 연소득에 대한 통계를 살펴보면 우리나라 상위 0.1%(26,000명)는 18억 원이고, 상위 1%(26만 명)는 4억 7,930만 원입니다.

이러한 통계로 미루어 볼 때 상위 0.5% 이상의 고소득층 정도이거나, 부모로부터 거금의 증여나 상속을 받거나, 주식이나 코인 등으로 짧은 시간에 큰돈을 벌거나, 아니면 재테크를 통해 자산을 드라마티컬하게 상승시킨 경우가 아니면 압구정 진입은 쉽지 않을 거라는 생각이 듭니다.

결국 압구정은 이전 세대들보다 더 엄격한 '소득 기준'과 '재테크 결과'와 '부의 대물림'으로 필터링된 극상위 부유층으로 새롭게 재세팅되는 지역이 될 것 같습니다. 그리하여 압구정은 양극화가 심화되어 가는 자본주의의 모습을 첨예하게 드러내는 거주지가 될 것으로 보입니다.

\ 입지 분석 ❶ /

압구정 아파트

압구정 1~6 특별계획구역 현황

현재 압구정은 1~6구역까지 '특별계획구역'으로 나뉘어져서 대부
분의 구역이 신통기획(신속통합기획)으로 재건축을 진행하고 있습니다.

'특별계획구역'이란, 각 단지별로 재건축하는 것보다 여러 단지
를 묶어서 통합 재건축하는 것이 도시 미관상 좋기 때문에 재건축
조합이 서울시와 손잡고 재건축을 진행하는 대신 인센티브를 주는
방식입니다.

한강을 끼고 있는 올림픽대로는 서울의 메인 도로여서 한강변 아

압구정 1~6 특별계획구역 지도

파트를 잘 정비하는 것도 도시 경쟁력을 키우는 일이기 때문입니다.

압구정 특별계획구역(위 지도)을 살펴보면 모두 1~6구역으로 나뉘었고 2~5구역은 신통기획으로 재건축이 진행되고 있습니다. 현재 압구정 아파트는 총 10,466세대로, 나중에 재건축하면 약 14,000세대 내외의 신축 아파트 밀집 지역이 됩니다. (정비계획이 변경 중인 곳이 많아서 변동 가능성이 높습니다.)

▌2025년 초 기준 압구정 구역별 특징

구역	해당 아파트명	세대수	재건축 세대수	특징
1구역	미성1차, 미성2차	1,233세대	미정	추진위 상태 재건축 속도가 가장 느림
2구역	신현대(현대9,11,12차)	1,924세대	2,571세대	재건축 속도가 가장 빠름
3구역	현대1~7차, 현대10,13,14차, 대림빌라트	4,065세대	5,175세대	규모가 가장 큼
4구역	한양3차, 한양4차, 한양6차, 현대8차	1,340세대	1,722세대	
5구역	한양1차, 한양2차	1,232세대	미정	
6구역	한양5차, 한양7차, 한양8차	672세대	미정	한양7차만 조합설립인가 분리 재건축 중

압구정 1구역

압구정 1구역은 압구정 1~6구역 중 가장 서쪽에 위치해 있고, 경부고속도로 인터체인지 부근에 있어서 전국구 도로 교통망이 좋으며, 올림픽대로와 한남대교 접근성이 좋아서 서울 전역으로 빠르게 이동할 수 있는 곳입니다.

압구정 1구역은 미성1차와 미성2차로 이루어져 있는데, 두 단지는 통합 재건축을 진행하다가 위치 및 세대수, 용적률의 차이가 커서 통합 방식에서 의견이 서로 달라 분리 재건축을 시도했습니다.

미성1차와 미성2차 비교

· **미성1차**: 322세대, 용적률 153%, 압구정 센터에 좀 더 가깝다.

· **미성2차**: 911세대, 용적률 233%, 서쪽 사이드에 있다.

그러나 미성1차와 미성2차를 하나의 지구 단위로 묶어서 관리하는 서울시 입장에서는 분리 재건축을 불허하는 입장이라 '독립채산제' 방식으로 다시 통합 재건축을 시도하고 있는 상태입니다.

용적률로 볼 때는 미성1차의 사업성이 더 좋지만, 요즘 재건축 트렌드로 볼 때는 단지의 규모가 재건축 후의 가치 형성 면에서 중요하기 때문에 두 단지가 적절한 타협점을 찾아 통합 재건축을 하는 게 윈윈전략이 아닐까 생각합니다.

압구정 1구역은 고속도로 인터체인지와 학교(현대고등학교) 사이에 있어서 동쪽, 서쪽, 북쪽, 3면의 한강 조망이 가능하고, 땅 모양이 한강변으로 얇게 배치된 형태라서 압구정의 다른 구역에 비해 한강 조망 세대 비율이 높을 것 같습니다. 그리고 압구정 여러 구역 중 한강공원을 가장 잘 이용할 수 있는 곳입니다. 다만 지하철역이 조금 멀고 중고등학교는 가깝지만 초등학교를 길 건너가야 한다는 것이 아쉬운 점입니다.

재건축 속도가 좀 느리고 사이드에 놓여 있어서 압구정의 다른 구역들에 비해 그동안 상대적으로 시세가 낮게 형성되어 있었는데, 최근에 압구정동으로 갈아타는 수요가 몰림으로써 초기 재건축임에도 2025년 3월에 미성2차 28평이 40억 원 이상 거래되었습니다. 그러나 이것은 시작에 불과하고 앞으로도 재건축 이후 평당 3억 원을 바라보는 '압구정'에 편승하려는 수요에 의해 계속 신고가가 나올 것으로 보입니다.

압구정 2구역

압구정 2구역은 압구정동의 구심점 역할을 하는 현대백화점이 있는 블록으로, 압구정 신현대아파트(현대9,11,12차) 단지가 위치한 곳입니다. 2구역은 3구역과 함께 압구정에서 사람들이 가장 선호하는 구역인데, 재건축 속도가 빠르고 주거지로서 갖추어야 할 여러 가지 요소들을 골고루 갖추고 있기 때문입니다.

압구정 2구역은 초역세권(3호선 압구정역)에 현대백화점을 끼고 있고 중학교(신사중)와 고등학교(현대고)가 바로 옆에 있어서 생활 편의성이 매우 뛰어난 곳입니다. 다만 아쉬운 점은 압구정 1구역과 마찬가지로 구역 안에 초등학교가 없어서 대로를 건너가야 한다는 점입니다.

압구정 2구역은 그동안 70층 이상 재건축을 추진하다가 서울시와의 협의 과정에서 65층으로 변경하고 2,571가구로 재건축하기로 결정했습니다. 초고층으로 재건축하려는 이유는 랜드마크 건물로서의 차별성과 상징성을 추구하고 한강 조망 세대를 늘려서 단지의 가치를 극대화시키기 위해서입니다.

그러나 70층(250m) 대신 65층(250m)을 선택함으로써 '국내 최고층 아파트'라는 타이틀 대신 '세대별 층고'를 높이고 재건축 속도를 선택하여 압구정에서 가장 먼저 신축 시대를 개막할 구역으로 기대를 모으게 되었습니다. 이런 점이 벌써 선반영되기 시작해서 2025년 3월에 35평이 57.5억 원에 실거래되었습니다.

2구역은 압구정 중 재건축 속도가 가장 빨라서 현재(2025년 초) 사업시행인가 통합심의 준비 중이고, 2025년 중반에 시공사 선정을 앞두고 있는데, 시공권을 놓고 빅매치가 예상됩니다. 그리고 입찰 경쟁 과정의 홍보 효과로 인해 아파트값이 더욱 상승할 것 같습니다.

압구정 3구역

압구정 3구역은 압구정의 가장 센터에 위치해 있고 가장 규모가 큰 구역입니다. 정비계획안에 따르면(조정될 수 있음) 70층 이상 약 5,175세대의 거대 단지로 재건축할 계획으로, 압구정 전체의 절반 정도를 차지하는 규모입니다.

압구정 3구역은 압구정의 다른 구역과 마찬가지로 한강 조망이 가능하고 압구정역(3호선) 역세권에 현대백화점 도보권입니다. 가장 큰 장점은 단지 안에 초중고를 품고 있다는 겁니다. 또한 동호대교와 성수대교, 올림픽대로를 끼고 있어서 도로 교통망도 좋은 곳입니다.

압구정 3구역은 현재 70층으로 정비계획안을 세운 상태인데, 압구정 2구역과 마찬가지로 서울시와의 협의 과정에서 최고 층수가 조정될지 귀추가 주목되고 있습니다.

압구정 3구역은 주거지로서 특별히 빠지는 요소가 없고, 초고층, 초대형 평형이 많은 거대 단지로서 재건축 후에 압구정뿐만 아니라 대한민국 아파트 시세를 리드할 대장 단지가 될 곳입니다.

그러나 재건축 과정에서 몇 가지 우려할 만한 요소도 지니고 있습니다. 가장 큰 문제는 통합 재건축 과정에서 단지들마다 지분 차이가 있어서 감정평가 기준을 놓고 갈등이 생길 수도 있습니다. 감정평가에 따라 한강 조망권이 달라지기 때문입니다.

또한 단지 한가운데 위치한 '상가 문제'도 있고, 초고층 재건축을 추진하면서 '추가 분담금' 이슈도 있을 수 있습니다. 부유층 주거지라고 해도 나이 많은 소유주들이 많아서 부담스러운 추가 분담금은 갈등을 불러일으킬 수 있습니다.

이 밖에도 기부채납으로 설치할 한강 덮개공원이 홍수의 우려가 있다고 한강청(한강유역환경청)이 불허 입장을 표명하고 있는 것도 문제이고, 방공포대 진지 문제도 있습니다.

이처럼 대단지는 재건축을 끝내고 나면 상승 동력이 크지만, 이해관계가 복잡하고 여러 가지 문제들이 많이 발생해서 재건축 속도가 느리다는 게 문제입니다. 그러나 압구정 3구역뿐만 아니라 거의 대부분 재건축 단지들이 많고 적고의 차이는 있지만 이런 문제들을 품고 있고 결국은 시간이 해결해 줄 거라고 생각합니다.

그래서 최상급지 압구정 중에서도 대장 단지로 거듭날 압구정 3구역은 미래 가치를 보고 선진입하는 수요가 꾸준히 이어져서 신고가 행진이 지속되고 있습니다.

압구정 4구역

압구정 4구역은 성수대교 동쪽에 있고 압구정 여러 구역 중에서 가장 먼저 조합설립인가(2021년 2월)를 받은 구역입니다. 정비계획안에 따르면 최고 층수 69층, 1,722가구로 재건축될 예정으로, 압구정 구역 중 세 번째로 큰 규모입니다.

성수대교와 올림픽대로 접근성이 좋아서 도로 교통이 편리하고 압구정 현대백화점(**3호선 압구정역**)과 갤러리아백화점(**수인분당선 압구정로데오역**) 중간에 위치해서 두 개의 백화점과 지하철역을 모두 도보로 이용할 수 있는 곳입니다. 다만 구역 안에 학교가 없어서 길 건너가야 한다는 것이 아쉬운 점입니다.

압구정 5구역

압구정 5구역은 한양1차와 한양2차로 이루어진 구역으로, 압구정로데오역(**수인분당선**) 초역세권에 갤러리아백화점을 끼고 있고, 길 건너에는 로데오거리가 있어서 교통 및 생활 편의성이 좋은 구역입니다.

특징은, 압구정 여러 구역 중 유일하게 소형 평형(**20평대 이하 529세대**)이 있다는 점입니다. 한양1차는 20평대와 30평대가 주력 평수이고

▎압구정 5구역 용적률 및 평형 구성

	한양1차	한양2차
용적률	211%	143%
20평대 이하	529세대	×
30평대 이하	383세대	×
40평대 이상	24세대	296세대
총 세대수	총 936세대	총 296세대

한양2차는 대형 평형 위주이지만 세대수가 296세대밖에 안 됩니다.

통합 재건축 중인 한양1차와 한양2차는 세대수, 평형 구성, 용적률, 대지 지분 모두 차이가 큰데도 별문제 없이 통합 재건축이 무난하게 진행되고 있습니다. 이게 가능한 이유는 단지 안에 상가가 없어서 상가 조합원과의 분쟁이 없고, 설계안에 따르면 전체 조합원 모두 한강뷰가 가능하기 때문입니다.

재건축은 지분 싸움이라 대형 평형이 한강 조망을 선점할 가능성이 높기 때문에 강남의 한강벨트 단지 중 소형 평형이 한강 조망 가능한 단지는 그리 많지 않습니다. 이런 점에서 압구정 5구역은 재건축 후 중소형 평형도 한강 조망이 가능하다는 것이 차별화된 장점인 것 같습니다.

압구정 6구역

압구정 6구역은 한양5차, 한양7차, 한양8차로 이루어져 있고 총 672세대입니다. 통합 재건축 과정에서 한강 조망권 및 각 단지별로 이해관계가 달라 재건축 속도와 사업성을 고려해서 분리 재건축을 시도하고 있는 상태입니다.

반포 전성시대

한강뷰 아파트 트렌드

2024년 부동산 핫뉴스 중의 하나는 '원베일리 한강뷰 34평 60억원 실거래'였습니다.

"아니, 아파트 34평 한 채 값이 60억 원이 넘는다니?"
"한강뷰 가치가 그 정도인가?"

실거래 소식이 전해지자 이런 반응을 보이는 분들이 많았고, 저도 같은 생각이었습니다. 아무리 파노라마 한강뷰 신축이라고 해도 34평 60억 원은 너무 비싸게 느껴졌기 때문입니다.

그러나 이후 2025년 3월, 원베일리 한강뷰 34평은 다시 70억 원에 실거래되면서 신고가를 경신했습니다. 이처럼 부동산의 '가격'은 사회적 합의에 의해 정하는 것이 아니라 '수요'에 의해 결정됩니다. 비싸다고 생각되어도 비슷한 가격으로 계속 거래가 이루어진다면 이미 수요가 형성된 '가치'에 해당하는 겁니다.

우리가 소유하고 싶어 하는 고가의 물건 중에서 그 가격만큼의 실용적 가치를 지닌 것들이 과연 얼마나 될까요? 명품을 사기 위해 새벽부터 오픈런하는 이유는 차별화된, 심리적 만족감을 주는 물건을 사기 위해서입니다. 이제는 이런 현상이 주거지에도 적용되기 시작했다는 의미로 이해해야 할 것 같습니다.

예전에 다 함께 못 먹고 못 살던 시절의 의식주는 생존을 위한 필수품이었습니다. 그러나 우리나라는 짧은 기간 안에 경제 성장을 이루었고, 이제는 먹고 살 만해졌습니다. 정보 기술의 발달로 인해 다양한 직업이 생겨났고, 단시간에 큰돈을 버는 슈퍼리치들이 많아졌으며, 라이프 스타일의 변화에 따라 우리가 거주하는 집에도 '사치재'의 개념이 포함되기 시작했습니다.

현재 우리나라에서 가장 많은 자산을 소유하고 있는 부자 세대는 60대 중후반입니다. 이들은 검소함과 절약과 실용성을 미덕으로 여기며 살아온 세대입니다. 그러나 이들의 자녀 세대인 40대 이하는 그들 부모가 이룩해 놓은 경제적 기반 위에서 시작한 세대라 '실용성'을 넘어선 '심리적 만족감'까지 추구하는 특징을 보이고 있습니다.

그래서 그들은 거주하는 집을 선택할 때도 차별화된 공간을 추구하는 경향이 있습니다. 강남 아파트를 원하고 그중에서도 고가의 한강뷰 아파트를 선호하는 것도 차별성을 추구하는 라이프 스타일의 한 부분이라고 생각합니다.

토지거래허가제의 틈새 효과인가?

지난 상승장까지만 해도 압구정, 반포, 대치동이 약간의 갭을 두고 비슷한 흐름으로 갔지만, 2023년 이후 반등장부터는 압구정과 반포의 상승세가 두드러졌습니다. 이에 대해 반포가 토지거래허가제(이하 토허제)에서 제외돼서 그렇다고 말하는 분들이 많았습니다. 그러나 막상 토지거래허가제가 해제되고 보니 오히려 반포가 더 빨리, 더 큰 폭으로 상승하는 결과를 보였습니다.

현재 최상급지는 1주택 갈아타기로 여러 지역이 톱니바퀴처럼 맞물려 연동되는 시장이라 토허제 해제 이후 토허제 지역만 상승할 수 없는 구조입니다. 토허제가 풀린 지역이 상승하면 그것을 매도해서 갈아타는 수요가 갈 곳이 뻔하기 때문입니다.

취득세 중과 때문에 한 채 더 살 수 있는 상황이 아니라서, 결국 한 채 팔고 다른 한 채로 갈아타는 수요로 묶인 시장이라 이런 현상이 벌어지는 겁니다.

'실거래가'는 직관적인 인간의 욕망이 수치로 드러난 것이라서, 분석해 보면 디테일한 요소들이 숨어 있는 경우가 많습니다. 이런 요소 중에는 '경제 상황'이나 '트렌드'처럼 변하는 요소도 있고 '지형적', '지리적' 요소들처럼 쉽게 변하지 않는 요소들도 있습니다.

반포를 상급지로 만든 요소는?

그렇다면 반포를 상급지로 만든 요소에는 어떤 것들이 있을까요?

1. 교통망 및 위치

한강변은 강남에서 강북이 가장 가까운 곳이라 강북 접근성이 좋은 곳입니다. 특히 반포는 수도권까지 놓고 볼 때 동서남북 센터에 해당하는 입지입니다.

올림픽대로, 반포대교, 동작대교에 접해 있어서 도로 교통망이 좋기 때문에 서울과 수도권 어디든지 빠르게 이동할 수 있고, 특히 고속도로 접근성이 뛰어나며, 고속버스터미널이 있어서 전국 교통망도 좋은 곳입니다. 그리고 고속터미널역(3, 7, 9호선) 외 여러 개의 지하철역이 있고 버스 노선도 많아서 대중교통이 매우 편리한 곳입니다.

요즘에는 맞벌이 세대가 많고 이직이 잦아서 여러 업무지역으로 빠르게 이동할 수 있는 중심 지역이나 지하철역 부근의 주거지를 선호하는 사람들이 많은데, 반포가 이런 여러 가지 요소들을 고루 만족시키는 곳입니다.

2. 업무지역 접근성

반포는 서울의 주요 업무지역인 강북(광화문, 종로), 강남, 여의도 모두 접근하기 편한 곳입니다. 현재 용산, 강남, 여의도 중심 3개의 업무지역 개발이 동시에 진행되고 있는데, 이들 모든 업무지역과 가까운 곳이 반포와 압구정입니다. 특히 용산 업무지역은 새롭게 주목받는 곳이라, 용산 개발이 이루어지면 가장 가까운 강남 쪽 주거지역인 반포의 수요가 늘어날 것 같습니다.

그리고 강남고속버스터미널은 지하화 및 지상 주거복합 초고층 건물(5개 동 예정) 건축이 계획되어 있는데, 부지를 보유한 신세계센트럴시티가 2025년 초, 서울시에 사전협상제안서를 제출한 상태입니다. 만약 개발이 이루어지면 고속터미널 부근이 정비되면서 센터로서의 입지가 더욱 공고해질 것 같습니다.

3. 균질지역

반포는 거의 아파트로만 이루어진 '균질지역'이고 유해 업종의 상업 시설이 적어서 자녀들을 키우기에 좋은 곳입니다. 정비를 통해 낡은 아파트를 신축으로 바꿀 수는 있지만, 동네까지 바꾸는 건 쉽지 않으므로 균질지역으로서의 안정된 분위기는 주거지로서 큰 장점에 해당합니다.

4. 생활 편의시설

반포에는 신세계백화점 강남점, 고속터미널 지하상가, 뉴코아아울렛, 킴스클럽, 가톨릭대학교 서울성모병원, 국립중앙도서관(**행정구역은 서초동**) 등 생활에 필요하면서도 다른 지역에 없는 시설들이 잘 갖추어져 있습니다.

특히 백화점은 생활 편의시설을 모아놓은 곳이면서도 사람들이 많이 모이는 구심점 역할을 하는 곳이라 백화점 근처의 주거지를 선호하는 사람들이 많습니다. 여름과 겨울이 긴 우리나라 기후의 특성상 기온이 일정한 백화점이나 대형 몰에 머무는 시간이 많아지면서 이런 현상이 더욱 강해지고 있습니다.

5. 인적 인프라

반포는 강남의 다른 지역에 비해 재건축이 빨리 진행되어 신축을 선호하는 부유층들이 대거 진입하면서 부촌의 이미지를 선점하게 되었습니다. 사람들은 한번 뿌리내리고 살면 쉽게 이동하지 않는 특징이 있기 때문에 인적 인프라는 하루아침에 쉽게 바뀌지 않습니다.

그리고 교육 환경은 인적 인프라에 의해서 형성되는 것이라 이것도 역시 쉽게 만들 수 없는 영역이기 때문에 주거지의 가치를 결정하는 차별화된 요소라고 할 수 있습니다.

6. 밀집된 신축 대단지의 시너지 효과

반포는 신축 대단지가 밀집되어 있어서 시선을 집중시키는 곳입니다. 요즘은 아파트 자체의 규모나 컨디션도 중요하지만, 주변에 비슷한 아파트들이 얼마나 많이 밀집되어 있느냐도 아파트의 가치를 형성하는 데 중요합니다.

특히 시세를 리드하는 랜드마크 단지에 따라 주변 단지들도 영향을 받는데, 반포는 단지 하나하나가 모두 주목받을 만한 네임드 단지들이어서 더욱 시너지 효과를 내는 곳입니다. 또한 신축 단지들이 적당한 시차를 두고 계속 입주하면서 사람들에게 지역을 각인시킴으로써 지역의 가치를 높이는 효과도 있습니다.

7. 한강 조망 및 한강공원 프리미엄

'한강'은 '영구 조망'과 '공원'이라는 2가지 프리미엄으로 주거지로서의 반포의 위상을 한 단계 업그레이드시켰습니다. 그러나 똑같은 '한강'이라도 어디에 있는 한강이냐에 따라 프리미엄 효과가 다르다고 할 수 있습니다. 즉, 주거지로서 잘 갖춰진 반포의 인프라와 함께 하는 '한강'이어서 그 가치가 더욱 시너지 효과를 일으키는 것 같습니다.

8. 배후지역의 도약

방배, 흑석, 노량진 등이 정비사업을 통해 반포의 탄탄한 배후 지역으로 자리잡음으로써 차후 반포로 갈아타는 수요를 형성하고 있습니다. 그래서 반포는 주거지로서의 위상이 더욱 단단해지고 있습니다.

반포 vs 잠원 찐반포 논쟁

반포 이야기를 할 때면 '반포'와 '잠원동'을 구분하며 찐반포 논쟁을 하려는 사람들이 있습니다. '구반포'는 1970년대 처음 개발할 때부터 부유층 주거지였지만, '잠원동'은 소형 평수와 소단지가 많아서 중산층 주거지였다는 차별의식 때문에 이런 논쟁이 벌어지는 것입니다. 그러나 이런 생각은 일부는 맞고 일부는 틀립니다.

1. '구반포'와 '신반포'의 유래

'구반포'는 반포를 처음 개발할 때 지었던 반포주공1단지(1·2·3·4주구)만을 의미합니다. 그리고 반포대교 서쪽에 있는 나머지 단지들은 '신반포'라고 했습니다. '신반포역'이 반포대교 서쪽에 있는 이유입니다.

2. 재건축 전에 있었던 평형 차이

반포주공1단지 1·2·4주구와 신반포15차(원펜타스) 등은 재건축 전에 중대형 위주였지만, 반포주공1단지 3주구(22평 단일 평형)를 비롯해서 반포대교 서쪽 나머지 단지들은 재건축하기 전에 소형 평형도 많았던 단지였습니다.

3. 나중에 지어져 비쌌던 잠원동 아파트

나중에 지어진 잠원동 아파트는 소형 평형만이 아니라 대형 평형도 섞여 있는 단지들이었습니다. 또한 구반포나 신반포의 저층 단지들이 거주하기 불편한 여건일 때, 잠원동 아파트는 엘리베이터가 있는 고층 신축 아파트여서 오히려 가격이 더 비싼 곳도 많았습니다.

4. 재건축으로 평형 구성이 평준화

앞으로 구반포, 신반포, 잠원동이 모두 재건축되면서 임대, 소형, 대형 평형을 골고루 배치하기 때문에 평형 구성은 평준화됩니다. 물론 단지 규모나 대형 비율에서 차이가 나겠지만, 동일 평형의 가격 비교도 중요하다고 생각합니다.

이를테면 원베일리의 경우 60평대 이상이 전체 2,990세대 중 51세대밖에 안 되고 34평이 주력 평수인 아파트이지만, 파노라마 한강뷰 34평이 70억 원에 육박하는, 현재 반포에서 가장 핫하고 비싼 아파트입니다.

이런 기준으로 볼 때 나중에 재건축 후에 고속버스터미널 건너편 블록의 전 세대 한강 조망 가능한 신반포2차와 입지 최강인 신반포4차의 가격도 반포와 큰 차이가 없을 것으로 봅니다.

5. 재건축 후 인적 구성 평준화 예상

재건축 과정에서 손바뀜이 됨으로써 '인적 구성'도 평준화되기 때문에 과거의 기준으로 소유주들의 경제력을 평가하기는 어려운 것 같습니다. 현재 반포 잠원지구는 아파트값이 비싸서 고소득층이 아니면 진입할 수 없습니다.

이와 같은 여러 가지 이유들을 살펴볼 때 찐반포 논쟁은 잘못된 정보와 기준으로 지역의 가치를 판단하는 편견에서 비롯되었음을 알 수 있습니다.

변해가는 세상을 받아들이지 않고 지나간 어느 시점에서 고정된 상태로 사고하고 판단하면 도태될 수밖에 없습니다. 그래서 자기 자신의 변화뿐만 아니라 자신을 둘러싼 세상의 변화에도 관심을 가지며 늘 새롭게 업데이트할 준비가 필요한 것 같습니다.

반포 아파트

반포대교 서쪽 구역

반포대교 서쪽 구역은 반포 전체를 대표하는 핵심 지역입니다. 이 지역은 현재 재건축이 많이 진행되었고 우열을 가리기 힘든 네임드 단지들로 꽉 채워져 있는 곳입니다.

1. 반포디에이치클래스트

반포디에이치클래스트(5,007세대)는 현재 재건축이 진행 중인 반포주공1단지(1·2·4주구)가 재건축된 이후의 새 아파트의 이름으로, 2027년 11월 입주 예정입니다.

반포대교 서쪽 구역 지도

　5,000여 세대의 슈퍼 단지에 한강 조망이 가능한 초대형 평형이 많은 단지인데다가 럭셔리 커뮤니티 시설을 갖춘 아파트로 재건축되기 때문에 차후 반포의 대장이 될 단지라고 생각합니다.

　반포디에이치클래스트는 5층짜리 저층 주공아파트를 재건축하는 것이라 대지 지분이 커서 모든 조합원이 1+1을 신청할 수 있었습니다. 그래서 가장 작은 평수인 32평도 입주권 상태인 2024년 말 기준 75억 원 이상에 거래되었습니다. 그리고 입주 후에 100억 원대 이상의 실거래가 빈번하게 등장할 거라고 예상됩니다.

반포디에이치클래스트는 규모나 평형 비율로 볼 때는 반포 잠원을 대표하는 대장 아파트가 맞지만, 입지적으로 볼 때는 동작 쪽과 접해 있어서 센터로 보기는 어렵습니다. 이런 부분 때문에 입주 후 현재 반포에서 가장 비싼 원베일리와 비교할 때 동일 평형 대비 시세가 어떻게 형성될지가 관전 포인트입니다.

2. 래미안퍼스티지

래미안퍼스티지(**2009년 입주, 2,444세대**)는 저층 반포주공2단지를 재건축한 아파트로, 반포자이와 함께 반포에서 가장 먼저 재건축된 단지입니다.

입주할 당시 이전 아파트들과는 차별화된 단지 내 커뮤니티와 조경(**연못**)으로 새로운 주거 트렌드를 제시한 아파트입니다. 2025년 현재 입주 16년 차에 해당하지만, 아직까지 이 지역을 대표하는 랜드마크 단지로, 같은 지역 안에 있는 웬만한 신축보다 비싸게 실거래되고 있습니다.

래미안퍼스티지의 가장 큰 강점은 강남에서도 몇 안 되는 '절대입지'에 해당하는 단지라는 겁니다. 반포잠원지구의 센터에 위치하고, 고속터미널 지하상가와 바로 연결되며, 단지 안에 초등학교가 있고, 세화여중고, 세화고라는 명문 학교까지 끼고 있어서 학군 수요가 많은 아파트입니다. 또한 대형 비율이 높아 입주 초기부터 강남 부유층들이 많이 입주해서 반포를 부촌으로 자리매김하는 데 매우 중요한 역할을 한 아파트이기도 합니다.

래미안퍼스티지는 건폐율이 12%로 매우 낮아서 아직 먼 이야기지만 나중에 별동을 설치해서 리모델링도 가능하고, 용적률도 269%로, 1990년대 아파트와 비슷합니다.

현재 용적률 200% 이하 중층 재건축이 끝나면 도시 정비를 위해서 1990년대 아파트도 재건축할 수 있게 용적률을 높여줄 것으로 예상되는데, 래미안퍼스티지는 다시 한번 재건축도 고려해 볼 수 있는, 대물림해도 좋을 정도의 명품 단지입니다.

3. 원베일리, 아크로리버파크

'아크로리버파크'(2016년 입주, 1,612세대)는 '신반포1차'를 재건축한 아파트이고, '원베일리'(2023년 입주, 2990세대)는 '반포경남', '신반포3차' 등 주변 5개 아파트 단지와 상가를 통합 재건축한 아파트입니다.

이들 두 아파트는 이미 반포래미안퍼스티지와 반포자이로 시선을 모은 '반포'를 '한강뷰 프리미엄'이라는 이슈로 한 단계 더 업그레이드시킨 단지입니다. '한강 조망' 아파트에 대한 관심은 2016년 '아크로리버파크'가 입주하면서 처음 부각되기 시작했는데, 뒤이어 원베일리가 입주하면서 본격적으로 '한강뷰 프리미엄'이 붐업되기 시작했습니다. 그래서 2023년 8월 원베일리 입주 시점에 한강 파노라마뷰 34평이 48억 원에 거래되었는데, 1년 6개월 뒤인 현재(2025년 3월) 동일 평형이 70억 원에 실거래되었습니다.

이들 두 아파트는 '한강 조망'뿐만 아니라 이미 최상급지가 될 만한 여러 가지 조건을 갖춘 단지인데, '조망권'까지 더해짐으로써 상승 효과를 일으키고 있는 케이스입니다. 특히 원베일리는 통합 재건축을 통해 단지 규모를 키움으로써 요즘 트렌드에 맞는 대단지 파워를 형성하게 되었습니다.

같은 한강 조망 단지라도 '아크로리버파크'보다 '원베일리'가 더 비싼 이유는 좀 더 '신축'이고, 좀 더 단지 규모가 크며, 좀 더 센터에 위치해 있고, 한강 양면뷰(반포대교 쪽)가 가능한 세대가 있기 때문입니다. '조망 프리미엄'은 '플렉스' 개념이라서 디테일한 정도의 차이에도 가격 차가 커지는 영역입니다.

거실 창은 남쪽으로 향해야 한다는 고정 관념을 깨고 북쪽 한강 조망으로 배치하고 남쪽에는 채광용 테라스를 배치함으로써 낮에도 커튼을 치지 않고 거실에서 한강뷰를 감상할 수 있는 북향 한강뷰의 장점을 살린 아파트들입니다.

이렇게 할 수 있었던 것은 추운 한강 바람을 신경 쓰지 않아도 될 정도로 단열이나 난방 기능 등 아파트를 짓는 기술이 발전했기 때문입니다. 결국 아파트를 짓는 공법의 발전이 주거 문화에도 영향을 미친 케이스입니다.

두 아파트 모두 럭셔리 신축 아파트인데, 재건축 과정에서 용적률 인센티브를 받고 커뮤니티(티하우스, 스카이카페, 도서관 등) 일부를 공공개방 중입니다.

두 아파트 모두 9호선 '신반포역' 역세권으로, 아크로리버파크는 다른 아파트들에 비해 층고(2.6m)가 높아서 개방감을 확보했다는 장점이 있고, 원베일리는 신세계백화점 및 고속터미널 지하상가와 가까워서 생활 편의시설 면에서 편리합니다.

다만 두 단지 모두 초등학교(계성초는 사립)를 길 건너가야 한다는 점이 아쉬운데, 아크로리버파크는 '서울잠원초'('래미안퍼스티지' 단지 안), 원베일리는 '서울잠원초'와 '서울반원초'('신반포2차' 앞) 둘 중 선택해서 가게 됩니다.

4. 래미안원펜타스

래미안원펜타스(2024년 입주)는 신반포15차(180가구)를 641가구로 재건축한 아파트입니다. 재건축되기 전 신반포15차는 대형 평형으로만 구성된(45평, 56평, 68평) 아파트로, 세대당 지분이 커서 1+1으로 분양받은 조합원들이 많은데도 일반분양을 291세대나 했던 재건축 사업성이 좋은 아파트였습니다.

신반포역(9호선)과 아크로리버파크 사이에 위치해 있고 계성초, 반포초중, 신반포중, 세화여중고, 세화고 등 주변의 모든 학교가 근접해 있어서 교통, 학군, 생활 인프라 등 빠지는 게 없는 단지입니다.

원펜타스는 단지 규모가 크지 않은데도 보통 단지의 3배 이상의 커뮤니티가 조성되었다는 특징이 있습니다. 대단지 프리미엄이 높은 이유는 커뮤니티 시설 때문인데, 600여 세대임에도 2,000세대급으로 커뮤니티가 조성되어 쾌적하게 단지 시설을 이용할 수 있는 프리미엄급 아파트입니다.

5. 래미안트리니원

래미안트리니원(2026년 8월 입주 예정, 2,091세대)은 재건축이 진행 중인 반포1단지 3주구의 새 아파트 이름입니다.

반포디에이치클래스트와 래미안퍼스티지에 인접해서 이들 두 아파트와 학교, 교통, 생활 편의시설을 공유하는 단지입니다. 특히 명문 세화여중고 및 세화고와 가장 인접한 단지여서 학군 면에서 독보적이고 구반포역(9호선) 지하와 단지가 연결되어 있어서 지하철 이용이 편리합니다. 그리고 신세계백화점 강남점도 도보권이고 반포디에이치클래스트 단지 안에 있는 상가도 공유할 수 있어서 생활 편의시설이 편리합니다.

래미안트리니원은 2017년 말까지 관리처분인가를 받지 못해서 재건축초과이익환수 대상입니다. 하지만 재건축 속도는 오히려 반포주공1단지 1·2·4주구보다 더 빨라서 2026년 8월 입주 예정입니다.

고속터미널 건너편 구역

이 블록은 가장 메인 단지인 신반포2차와 신반포4차가 재건축이 진행 중이라 아직 주변 정비가 제대로 되어 있지 않은 상태입니다. 그러나 신반포2차와 신반포4차가 재건축이 끝나면 반포에서 가장 눈에 잘 띄는 곳이기 때문에 주목받을 곳입니다.

트리플역세권으로 고속터미널과 신세계백화점 강남점을 도보로 이용할 수 있고, 단지 안에서 바로 이어지는 통로를 통해 한강공원을 아파트 정원처럼 편하게 이용할 수 있습니다. 그리고 바로 앞에 초등학교(서울반원초)와 고등학교(청담고 신설, 2026년 3월 개교 예정)가 있고, 뉴코아아울렛과 킴스클럽이 있어서 주거지로서 갖추어야 할 요소들을 고루 갖추고 있는 곳입니다.

고속버스터미널이 지하화되고 지상에 초고층 주거복합 건물이

고속터미널 건너편 구역 지도

계획대로 들어선 후 주변 정비까지 이루어지면 주거지로서의 가치
가 더욱 상승할 것으로 예상됩니다.

1. 신반포2차

신반포2차(디에이치르블랑, 2,056세대, 49층)는 반포대교를 사이에 두고 원
베일리와 마주하고 있고, 같은 블록 안에서는 초등학교를 사이에
두고 신반포4차와 앞뒤로 마주하고 있는 단지입니다.

신반포2차는 2003년에 추진위원회가 결성된 이후 조합원들의 오랜 갈등으로 재건축이 많이 늦어져서 17년 만인 지난 2020년에 조합을 결성하면서 속도를 내기 시작했습니다. 이후 2024년 말에 '현대건설'로 시공사 선정을 마치고 최고 층수 49층, 2,056세대, '디에이치르블랑'이라는 이름으로 다시 태어날 준비를 하고 있습니다.

시공사 선정 당시 눈에 띌 만한 조건은, 전 세대원 모두 한강을 조망할 수 있게 설계한 점과 천정고 2.8m, 27평 이상(전체 조합원)은 각 세대별 2평 가량의 광폭 테라스가 제공되는 점이 차별화된 시공 조건이었습니다.

신반포2차의 가장 큰 장점은 땅 모양이 한강변으로 길게 늘어져 있어서 모든 세대가 막힘없는 한강뷰가 가능하다는 건데, 특히 20평대도 한강 조망이 가능해서 젊은 고소득자들의 소형 평형 진입이 많은 단지입니다. 강남 대부분의 한강변 재건축 단지들이 지분이 큰 대형 위주로 한강변에 우선 배치하기 때문에 20평대 한강 조망 세대는 많지 않아서 희소성이 있습니다.

2025년 초 기준 원베일리(블록 안에 초등학교가 없음) 비한강뷰 25평이 40억 원 이상 실거래된 걸 기준으로 생각해 본다면 한강 조망 가능하고 단지 바로 앞에 초등학교가 있는 신반포2차 20평대의 재건축 이후 시세를 짐작할 수 있을 겁니다. 그래서 토지거래허가제(신통기획)라 실입주해야 하는데도 20평대 몸테크 수요가 많아서 계속 신고가가 나오고 있는 상황입니다 (2025년 3월 25평 39억 원 실거래).

다만 상가 조합원의 아파트 분양권 자격 부여를 놓고 조합 내분이 있어서 향후 사업 진행 속도에 어떤 영향을 미칠지가 관건입니다.

2. 신반포4차

신반포4차(래미안헤리븐반포, 49층, 1,828세대)는 신세계백화점 강남점 바로 건너편에 위치하고 고속터미널역(3, 7, 9호선) 초역세권 아파트로, 반포에서 가장 눈에 잘 띄는 아파트 중 하나입니다. 초등학교(서울반원초)를 사이에 두고 앞뒤로 마주하고 있는 신반포2차와 함께 재건축 진행 중입니다.

2019년 조합설립인가를 받아서 신속통합기획으로 진행하다가 실익이 없다는 판단에 다시 민간 재건축으로 방향을 틀어 재건축이 진행 중인데, 2025년 초 '삼성물산'과 시공사 수의계약 예정입니다. 현재 재건축 속도는 신반포2차와 비슷하고 두 아파트 모두 반포, 잠원에서 최고 층수인 49층으로 재건축됨으로써 반포잠원지구 재건축의 피날레를 장식할 단지들입니다.

3. 아크로리버뷰신반포, 반포센트럴자이, 반포르엘, 반포르엘2차

'아크로리버뷰 신반포', '반포센트럴자이', '반포르엘', '반포르엘2차'는 강남고속버스터미널 건너편에 위치한 1,000세대 이하 규모에 입주 5년 차 내외의 신축 단지들입니다.

'아크로리버뷰신반포'(2018년 입주)는 전 세대 파노라마 한강뷰가 가능한 단지이지만 33평, 35평 두 개 평형으로만 구성된 595세대의 중소 규모의 단지라는 단점과 주변에 직접적으로 연동될 만한 랜드마크 신축 대단지가 아직 없어서 같은 한강 조망 단지인 원베일리나 아크로리버파크에 비해 상대적으로 시세가 낮게 형성되어 있습니다(2025년 2월 35평 43억 원 실거래). 그러나 신반포2차와 신반포4차가 재건축을 끝내고 주변 정비가 이루어지면 지금보다 더욱 조명을 받을 것으로 보입니다.

반포센트럴자이(2020년 입주, 757세대), 반포르엘(2022년 입주, 596세대), 반포르엘2차(2022년 입주, 280세대)는 모두 고속터미널과 신세계백화점 강남점 바로 건너편에 위치한 입지 최강인 신축 단지들이지만, 1,000세대 이하라는 단지 규모로 인해 비슷한 시기에 입주한 원베일리와 10억 원 이상 시세 차이가 나고 있습니다. 그러나 토지거래허가제 해제 이후 저평가라고 생각하는 수요들이 대거 진입하면서 신고가 경신 중입니다.

메이플자이 부근 구역

메이플자이 부근 구역은 반포잠원지구의 다른 지역과 마찬가지

메이플자이 부근 구역 지도

로 생활 편의시설이 잘 갖추어져 있으면서도 조용하고 한적한 분위기를 지닌 주거지로, 한강공원을 도보로 이용할 수 있는 곳입니다.

이 구역은 중소단지들이 군집해 있고 대표할 만한 리딩 단지가 없이 다소 산만하게 단지들이 분산되어 있는 느낌이 드는 곳이었습니다. 그러나 작은 단지들을 통합해서 3,000세대 이상의 랜드마크 단지인 '메이플자이'로 거듭남으로써 구심이 되는 중심 축을 형성하게 되었습니다.

1. 메이플자이

메이플자이(2025년 6월 입주 예정, 3,307세대)는 신반포4지구의 7개 소단지가 통합 재건축된 단지로, 곧 입주를 앞두고 있습니다.

잠원역(3호선)과 반포역(7호선)을 둘 다 이용할 수 있는 더블역세권 아파트로, 올림픽대로와 경부고속도로 진입이 편해서 서울, 수도권 및 전국구 도로 교통망이 좋은 아파트입니다.

'메이플자이'는 '잠원동'의 한적한 생활권과 '고속터미널' 중심의 약간 번잡하지만 편리한 생활 편의성을 동시에 누릴 수 있는 단지입니다. 반포와 잠원 전체를 놓고 보면 동쪽 끝에는 '반포디에이치클래스트', 서쪽 끝에는 '메이플자이'라는 2개의 거대 단지가 경계를 지어줌으로써 '반포'라는 지역의 아성을 정돈시켜주는 느낌이 듭니다.

메이플자이의 가장 큰 장점은, 요즘 선호하는 주거 트렌드인 다양한 커뮤니티를 잘 갖추고 있는 신축 대단지라는 겁니다. 통합 재건축으로 3,000세대 이상으로 단지 규모를 키움으로써 단지의 가치를 상승시킨 케이스라고 할 수 있습니다. 그래서 아직 입주 전인데도 34평 입주권 가격이 50억 원 가까이 거래되고 있습니다.

초등학교가 좀 멀고, 동쪽으로 경부고속도로를 끼고 있어서 확장성이 떨어진다는 것은 아쉬운 점입니다. 그러나 경부고속도로가 지하화되면 소음과 단절성이 사라지고 녹지 공원이 생기기 때문에 메이플자이는 현재의 단점이 미래의 호재로 대기 중인 단지입니다.

2. 신반포자이, 잠원동아

신반포자이(2018년 입주, 607세대)는 입주 7년 차 신축이고, 잠원동아(2002년 입주, 991세대)는 입주 23년 차 아파트입니다.

두 아파트 모두 뉴코아아울렛 바로 건너편에 위치해서 반포잠원지구의 다양한 생활 편의시설과 교통시설 및 한강공원을 고루 잘 이용할 수 있는 단지입니다.

그러나 '신반포자이'는 단지 규모가 좀 작아서 같은 연식의 대단지보다 시세가 좀 낮게 형성되어 있는데, 이런 점 때문에 오히려 수요가 많아서 거래량은 많은 편입니다.

잠원동아는 반포역(7호선) 초역세권에 고속터미널과 뉴코아아울렛이 가까워서 생활 편의성이 매우 뛰어난 아파트입니다. 그러나 이제 20년 차를 넘어서면서 반포의 '가성비 엔트리' 단지 역할을 하고 있습니다. 현재 리모델링이 진행 중인데, 워낙 입지가 좋은 단지라 리뉴얼 효과가 클 것 같습니다.

두 아파트 모두 그동안 메이플자이가 재건축 중이라 주변이 어수선하고 강력한 리딩 단지가 없다는 것이 단점이었는데, 메이플자이가 입주해서 주변 정비가 이루지고 시세를 리딩하면 조명 효과를 볼 수 있는 단지들입니다.

반포자이(사평역 라인) 부근 구역

1. 반포자이

반포자이(2009년 입주, 3,410세대)는 반포주공3단지를 재건축한 아파트로, '래미안퍼스티지'와 함께 '반포 전성시대'를 개막한 아파트입니다.

단지 안에 초중학교를 품고 있으며 단지 양쪽으로 지하철(7호선 반포역, 9호선 사평역)을 이용할 수 있습니다.

반포자이는 이제 입주 15년 차에 접어들어서 반포의 새로운 신축들에게 '신축 대장' 자리는 물려주었지만 한 시기를 풍미했던 상징적인 아파트로, 여전히 높은 실거래가로 그 위상을 증명하고 있습니다(2025년초 34평 45억 원 실거래). 대형 평형이 많다 보니 입주 초기부터 부유층 거주지로서의 이미지를 형성한 아파트입니다.

'반포자이'와 비슷한 규모인 '메이플자이' 입주 후 두 단지의 시세 차이가 궁금했는데, 현재로서는 같은 평형 대비 '메이플자이'가 조금 더 높게 형성되고 있습니다.

'메이플자이'가 제4세대 신축 커뮤니티를 품고 있는 신축이라는 것과 평지로 이루어져 있다는 것이 장점이라면, '반포자이'는 초품 중품 단지라는 점과 반포 학원가가 가깝다는 것이 장점이라고 할

반포자이(사평역 라인) 부근 구역 지도

수 있습니다.

약간 언덕이 있고, 반포의 센터를 기준으로 볼 때 약간 동쪽으로 치우쳐져 있으며, 경부고속도로로 단절되어 있다는 점이 아쉬운 부분입니다. 그러나 메이플자이와 마찬가지로 경부고속도로 지하화 호재를 품고 있는 아파트라고 할 수 있습니다

2. 반포리체, 디에이치반포라클라스, 반포써밋, 반포래미안아이파크

사평역(9호선) 남쪽 블록은 예전에 삼호가든1차~5차와 서초한양이 있던 곳으로, 대부분의 단지들이 재건축을 끝내고 입주해서 신축 단지들이 모여 있는 곳입니다.

삼호가든1·2차는 '반포리체'(2011년 입주, 1,119세대), 삼호가든3차는 '디에이치반포라클라스'(2021년 입주, 848세대), 삼호가든4차는 '반포써밋'(2018년 입주, 764세대), 서초한양은 '반포래미안아이파크'(2018년 입주, 829세대)로 각각 재건축되었고, 삼호가든5차만 아직 재건축이 진행 중으로, 2025년 초 시공사 선정에 들어갔습니다.

이 부근의 아파트들은 초중고를 끼고 있고 학원가 이용이 편해서 특히 학령기 자녀들이 있는 사람들이 선호하는 곳이라서 '반치동(반포의 대치동)'이라는 별칭으로 부르기도 합니다.

이 블록에서 '반포자이'가 가장 연식이 오래된 단지임에도 단지 규모 때문에 랜드마크 단지로서 리딩 단지 역할을 하고 있습니다.

3. 반포미도

반포미도는 고속버스터미널 남쪽에 있고, 1차와 2차로 나뉘어져 있으며, 현재 따로 재건축 시동 중입니다. 반포미도1차는 최고 층수는 49층, 1,739가구로 정비계획이 수립되었고, 2025년 초에 추진위의 승인을 마쳤으며, 2025년 상반기에 조합설립을 목표로 하고 있습니다.

반포미도는 고속터미널, 신세계백화점 강남점, 가톨릭대학교 서울성모병원 도보권이고, 학원가 이용이 편리하며, 서리풀공원과 이어져서 친자연적인 아파트이지만, 초등학교가 좀 멀고 지대가 높아서 접근성이 다소 떨어지는 것이 단점입니다. 그러나 재건축 과정에서 이런 단점이 장점으로 바뀔 수도 있는 아파트입니다.

현재 반포미도1차의 정비계획안을 보면 북측 전면에 최고 49층 주동을 배치할 예정이어서 주동 고층은 북쪽으로 멋진 시티뷰와 원경 한강뷰, 북한산뷰가 가능하고 단지 안에 미도산과 이어지는 산책로를 만들 예정이어서 특색 있는 아파트로 거듭날 것으로 기대됩니다.

잠원 소단지

1970년대부터 한신공영은 반포잠원지구에 '신반포1차'부터 '신반포28차'까지 공급했는데, 그중 4개 단지만 반포동에 있고 나머지는 모두 잠원동에 있습니다. 반포 잠원동 아파트 이름과 위치가 헷갈린다고 말씀하시는 분들이 많은데, 일련 숫자로 지어진 아파트 이름의 '익명성' 때문입니다.

딸 많은 집 몇째 딸인지 구분하기 어렵듯이 '신반포1차'부터 '신반포28차'까지의 위치는 이 지역에 오래 거주한 사람들이 아니면 제대로 알기가 쉽지 않습니다. 반포, 잠원의 '신반포' 아파트들의 재건축은 이런 익명성에서 벗어나 전 국민이 다 아는 연예인급 아파트로 거듭나는 과정이라고 할 수 있습니다.

경부고속도로 인터체인지에서 잠원역(3호선) 부근까지 한강변을 끼고 이렇게 숫자로 차수가 표시된 '신반포' 아파트들이 모여 있는데, 공통점은 대부분 중소 규모의 단지라는 겁니다. 이 중 일부 단지들은 통합 재건축을 통해 3,000세대 이상의 대단지인 '메이플자이'로 거듭나게 되었고, 나머지는 여전히 중소 규모로 재건축을 끝낸 신축 단지들도 있고, 재건축이나 리모델링을 추진 중인 단지들도 있습니다.

이 부근은 유해 시설이 없고 조용해서 자녀들을 키우기 좋고, 강남, 여의도, 강북 업무지역 접근성이 좋으면서도 아파트 가격이 상대적으로 저렴해서 반포잠원 생활권을 누리고 싶어하는 사람들의 가성비 주거지입니다.

다만 반포잠원지구 전체로 볼 때 사이드에 위치해 있고, 용적률이 높은 중소 규모 구축 단지들이 많아서 재건축 사업성이 떨어지기 때문에 대단지에 비해 환금성이 떨어진다는 것이 단점입니다.

그럼에도 불구하고 잠원 소단지들은 압구정과 반포의 사이에 위치해서 최상급지의 주거 환경과 이미지를 공유하면서 반포 고가 아파트들의 대체 주택으로 시세가 연동되기 때문에 다른 지역의 소단

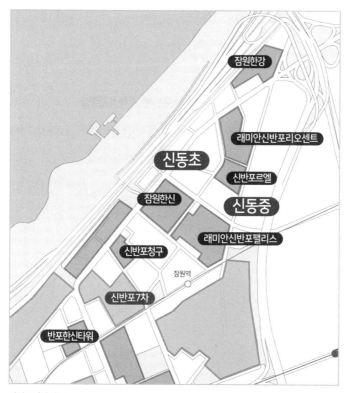

잠원 소단지 지도

지보다 선호도가 높은 편입니다.

앞으로 반포주공이 입주할 때 이주 수요가 빠져나감으로써 전세가가 한번 출렁할 우려가 있어서 미리 대비가 필요할 것 같습니다. 그러나 신반포2차와 신반포4차, 압구정 재건축 아파트들이 이주할 때는 전세가가 폭등할 수도 있습니다. 그때 전세 수요 중 일부는 매수 수요로 바뀔 수도 있어서 매매가 상승도 기대해 볼 수 있습니다.

이 지역은 앞으로 반포, 잠원, 압구정 재건축이 모두 끝나면 대체 주택지로서의 가치가 더욱 부각될 수 있는 곳입니다.

1. 래미안신반포펠리스, 래미안신반포리오센트, 신반포르엘

래미안신반포펠리스(2016년 입주, 843세대), 래미안신반포리오센트(2019년 입주, 475세대), 신반포르엘(2023년 입주, 330세대)은 신동초중을 끼고 있는 잠원역(3호선) 초역세권 신축 아파트로, 대중교통이 편리하고 경부고속도로, 올림픽대로, 한남대교 접근성이 좋아서 도로 교통망도 편리한 곳입니다.

그러나 이 아파트들은 입주 시점이 메이플자이 이주 및 재건축 공사 기간과 맞물려서 생활 인프라가 떨어지는 상태였고 주변이 어수선해서 신축 효과를 제대로 발휘하지 못했습니다. 그러나 메이플자이가 입주하면 주변이 정비되고 생활 인프라를 공유할 수 있어서 가치 상승이 예상됩니다.

2. 신반포7차, 잠원한신, 잠원한강 – 재건축 진행 아파트

신반포7차는 잠원역 역세권 아파트로, 재건축 조합이 설립되었고 강남 최초로 공공재건축으로 진행되는 단지입니다. 시공사는 DL이앤씨로, '아크로'가 적용되며 준주거지역으로 종상향(용적률 500%)되어 320가구에서 1,045가구(40층)로 재건축됩니다(일반분양 471가구, 공공분양 및 임대는 각각 127가구).

34평 지분이 18.9평으로 높은 편이라 재건축 사업성이 좋은 편인데, 기부채납과 임대주택 문제로 서울시와 갈등이 있습니다.

잠원한신은 초중 근접에 역세권(잠원역) 아파트로, 생활 편의성이 좋은 아파트입니다. 540세대 28평 단일 평형이고 용적률이 237%로 사업성이 좋은 편은 아니지만, 리모델링이 아닌 재건축 방식으로 정비사업 진행 중입니다. 계단식에 화장실이 두 개여서 당장 실거주 여건이 양호한 편이라 잠원 소단지 중 수요가 많은 아파트입니다.

잠원한강은 잠원동 가장 동쪽 끝(경부고속도로 인터체인지 인접)에 위치한 아파트로, 지하철역(3호선 신사역)과 학교가 좀 멀고, 단지 규모(450세대)도 좀 작은 편이며, 용적률(240%)도 높은 편입니다. 그러나 이 모든 단점을 커버할 만한 장점은 '한강 조망'이 가능한 단지라는 겁니다. 29세대 이하 일반분양하면 분양가 상한제 적용을 받지 않고 한강 조망 세대는 고가 분양이 가능하기 때문에 사업성을 보전할 수 있을 것 같습니다.

다만 한강변과 접한 주동의 20층 이하 배치 원칙을 적용하면 전 조합원 한강 조망이 불가능할 수도 있습니다. 따라서 정비계획을 수립할 때 이 문제를 어떤 식으로 서울시와 조율할지가 관건입니다.

3. 신반포청구, 반포한신타워 – 리모델링 추진 아파트

신반포청구(347세대)는 리모델링을 추진 중인 아파트로, 지하 주차장이 세대로 바로 연결되어 실거주 수요가 많은 아파트입니다. 그래서 소단지인데도 환금성이 나쁘지 않고 시세도 다른 소단지들에 비해 높은 편입니다.

반포한신타워(250세대)도 주변 소단지들과 통합 리모델링 움직임이 있는 단지입니다. 소단지라는 것이 단점이지만, 신반포2차, 신반포4차와 생활 인프라를 공유하는 곳으로, 학교(초교, 고교)와 뉴코아아울렛, 한강공원이 가깝고 고속터미널도 가까워서 입지는 매우 좋은 아파트입니다.

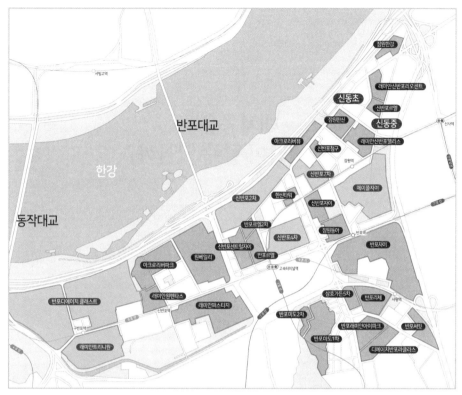

반포 아파트 지도

대치동은
다시 원탑이 될 수 있을까?

빈티지 대치동, 지금은 왜 주춤한가?

"우성에서는 '빽(권력)' 자랑하지 말고, 선경에서는 '학벌' 자랑하지 말고, 미도에서는 '돈' 자랑하지 마라."

2000년대 대치동이 강남의 원탑이던 시절 유행했던 말인데, 당시 대치동의 '인적 구성원'에 대한 특징을 잘 드러내고 있습니다. 즉, 대치동은 '공부(학력)'로 자수성가해서 권력과 부를 이룬 전문직들이 많이 거주하던 곳이란 뜻이지요.

그러나 이제는 세상이 변해서 '학력'이 성공이나 부를 이루는 절대 조건이 아니듯이 예전처럼 대치동이 원탑의 최상급지로 주목받는 상황은 아닙니다.

▌대치동 대표 아파트의 가격 변화(2025년 3월 기준)

아파트명	2007년	2025년	상승폭
은마 34평	13.8억 원	35.5억 원	21.7억 원
압구정 신현대 35평	14.6억 원	57.5억 원	42.9억 원
대치선경 55평	28억 원	52억 원	24억 원
반포주공1단지 1·2·4주구 42평(85평 배정)	17억 원	125억 원	108억 원

대치동 전성시대였던 2007년에는 은마아파트와 압구정 신현대 같은 평형이 1억 원도 차이가 나지 않았는데, 지금은 20억 원 이상 차이가 납니다. 그리고 2000년 초반 대치선경 55평이 반포주공 42평보다 더 비쌌는데, 지금은 반포주공이 2배 이상 더 비쌉니다.

그렇다면 이렇게 아파트 가격이 차이 나게 된 이유는 무엇일까요?

1. 입시제도의 변화

2000년 초반, '입시제도의 변화'로 인해 갑자기 대치동 수요가 늘어나기 시작했습니다. 1980년에 내려졌던 과외 금지가 2000년 초반에 위헌으로 결정되면서 대치동 학원가는 급속도로 성장하기 시작했습니다. 마침 2001년도 수능시험이 어렵게 출제되면서 맹모들의 대치동 러시아워가 시작된 겁니다.

이때가 바로 제가 대치선경 30평대에서 55평으로 갈아탄 직후인데, 매일 자고 일어나면 대치동 집값이 5,000만 원씩 오르고 신문에 대치동 아파트값 상승이 대서특필되던 시기였습니다. 그래서 2000년 초반 7.25억 원에 매수한 대치선경 55평이 2007년에 4배 가량 상승해서 30억 원 가까이 거래됐습니다.

그러나 사교육 과열을 막기 위해 수시 위주의 입시제도로 바뀌면서 부담스러운 내신 경쟁을 피해 대치동으로 들어오는 수요는 이전보다 줄었고, 상대적으로 경쟁이 덜 치열해 보이는 강남의 주변 지역이나 범대치권에 머무는 사람들이 많아졌습니다. 내신 경쟁이 치열해도 대치동에 신축이 많다면 진입을 고민해 볼만한데, 신축이 부족하다 보니 핑계 김에 다른 지역으로 빠지는 분들이 많아진 겁니다.

2. 인구 감소

인구 감소로 학령기 아이들 숫자가 줄어든 것도 대치동 진입 수요가 줄어든 이유 중 하나입니다. 2000년 초반 제가 강남 K 고등학교에 근무할 당시, 한 학년에 17반까지 있었고, 한 학급당 학생 수가 40명 가까이 되었습니다. 하지만 20년 후인 2020년에 같은 학교에서 다시 근무할 때는 한 학년이 14반으로 줄었고, 학급당 학생수도

22~24명 정도에 불과했습니다. 거의 절반 정도로 학생 수가 줄어들면서 그만큼 학군지 수요도 줄어들었다고 할 수 있습니다.

3. 신축 부족

대치동에 신축이 부족하고 20평대가 귀한 것도 학령기 자녀를 둔 분들이 대치동을 선택하기 어려운 이유 중 하나입니다. 30평대로 바로 진입하기에는 강남 아파트값이 너무 비싸서 자녀가 한 명인 3인 가족이면 평면이 좋은 신축 20평대를 원하는 사람들이 많습니다.

현재 대치동을 대표하는 신축 대단지 래미안대치팰리스1단지(2015년 입주)는 1대1 재건축으로 진행되어 1,278세대 중 20평대가 34세대밖에 안 되고 그 외 신축인 대치아이파크(2008년 입주, 768세대), 대치르엘(2021년 입주, 273세대), 대치푸르지오써밋(2023년 입주, 489세대)의 20평을 모두 더해도 약 400세대 정도밖에 안 됩니다.

그래서 대치동은 신축을 선호하는 3040분들에게 신축 30평대는 진입 장벽이 높고, 신축 20평대는 공급이 많지 않아서 선택의 폭이 좁다는 것이 문제입니다.

4. 다른 지역의 변화

정비사업을 통한 다른 지역의 발전도 대치동의 위상을 상대적으로 낮추게 만든 요인입니다.

2000년대 초반 대치동을 대표하던 아파트인 '우선미(개포우성, 대치선경, 대치미도)', '대치삼성', '대치현대' 등은 신축 혹은 준신축 아파트로, 거주 여건이 양호한 편이었습니다. 반면 지금 현재 신축으로 핫한 반포, 잠실, 개포동, 도곡동, 역삼동은 엘리베이터가 없는 저층 주공아파트였습니다. 즉, 2000년 초반 대치동은 다른 지역에 비해 양호한 거주 여건과 입시제도의 변화로 인한 학군 수요까지 플러스되어 원탑으로 부상했던 겁니다.

그러나 지금은 입시제도도 바뀌었고, 대치동 거주 여건도 이미 재건축된 다른 지역에 비해 노후화되어 수요를 뺏기고 있는 상황입니다.

대치동, 재건축이 되면 원탑이 될까?

"대치동이 재건축된다면 다시 예전처럼 원탑이 될 수 있을까요?"

이렇게 질문하는 사람들이 많습니다. 그러나 그게 그렇게 간단하지는 않습니다. 대치동이 다시 원탑이 되려면 단지 신축으로 거듭나는 것 외에 교육제도, 주거 트렌드, 인구 문제, 부모들의 교육관 등이 2000년대 초반으로 돌아가야 합니다.

그리고 다른 지역들의 거주 여건도 2000년대처럼 열악해야 하는데, 그런 상태는 불가능합니다. 그리고 2000년대 초반에는 '학군 프리미엄'이 부각되었다면 지금은 '한강뷰 프리미엄'이 더 강한 상황입니다. 그래서 대치동이 다시 재건축된다고 해도 원탑이 되기는 쉽지 않을 것으로 생각됩니다.

그러나 대치동이 재건축이 끝날 무렵이면 대치동을 둘러싸고 있는 도곡동, 역삼동, 개포동 아파트들도 어느 정도 연식이 되는 시기라 대치동으로 갈아타려는 수요가 많아질 것 같습니다. 그로 인해 대치동 아파트들의 가치가 상승하면서 '학군'과 '학원가'라는 강력한 구심력으로 압구정, 반포와 벌어진 갭 메우기를 할 것 같습니다.

대치동은 왜 여전히 최상급지인가?

주변의 범대치권의 신축 혹은 준신축들이 낡은 대치동 아파트의 실거래가를 뛰어넘지 못하며 대치동을 최상급지라고 생각하는 이유는 무엇일까요?

1. 교육의 메카

보통 대치동을 학원이 많은 동네, 사교육의 메카로만 생각하는 분들이 많은데, 그보다 더 두드러지는 부분은 명문 학교가 많다는 겁니다. 광역 학군으로서 범대치권(**대치동, 개포동, 도곡동, 역삼동**)에는 학부모들이 선호하는 학교가 많습니다. 휘문고, 중동고와 같은 명문 자사고도 있지만 단대부고, 숙명여고, 경기여고, 진선여고, 개포고, 은광여고, 중대부고, 경기고, 영동고 등 이름만 대면 알만한 유명한 학교들을 광역 학군으로 배정받을 수 있는 곳이 범대치권이고 그 센터에 대치동이 있습니다.

신축 아파트를 지어서 거주 여건이 좋은 동네를 만들 수는 있습니다. 하지만 인적 요소로 이루어지는 학군은 하루아침에 형성될 수 없기에 학군은 최상급 주거지를 가르는 중요한 요소입니다.

집과 떼놓을 수 없는 단어가 '가족'이고, '가족' 하면 가장 먼저 떠오르는 것이 '자식'입니다. 집을 매수하는 주체가 부모인 경우 본능적으로 자녀의 '교육 환경'을 고려할 수밖에 없으므로 대치동은 주거지로서 다른 지역과 차별화되는 장점을 지닌 지역이라고 할 수 있습니다.

2. 직주근접의 입지
'학원가'라는 명사에 가려져서 대치동의 직주근접으로서의 장점을 간과하는 분들이 많습니다. 대치동은 강남의 주요 업무지역인 테헤란로나 영동대로와 가까워서 직주근접의 주거지에 해당됩니다. 대치동이 토지거래허가제(**재건축 아파트**)로 묶인 것도 바로 삼성동 GBC와 가깝다는 이유 때문입니다.

주거지를 선택할 때 직장에서 가까운 곳을 선호하지만, 그렇다고 무조건 업무지역 도보권 지역을 선택하지는 않습니다. 업무지역은 보통 상업지구에 위치하기 때문에 자녀들 키우기에 좋은 환경이 아니기 때문입니다. 이런 면에서 대치동은 업무지역과 가까우면서 학군지로서 아파트가 밀집되어 있는 안정적인 주거지역입니다.

나중에 GBC가 완공되면 직선거리로 가까운 주거지 위주로 수요가 늘어날 거라고 생각하는 분들이 많은데, 제 생각엔, 교통수단을 이용하면 출근 시간이 오래 걸리지 않으면서도 자녀 교육 환경이 좋은 곳을 선택할 것 같습니다. 그래서 GBC가 완공되면 학군지인 대치동이나 2호선, 9호선을 이용해서 빠르게 이동할 수 있는 주거지역의 수요가 늘어날 수도 있습니다.

3. 인적 인프라가 만들어낸 교육 환경

대치동은 명실공히 강남의 최상급지로 인정받는 곳으로 부유층 주거지라고 할 수 있습니다. 그중에서도 특히 자녀 교육에 관심이 많은 분들이 선택하는 곳입니다.

교육 환경은 인적 인프라가 만들어내는 것이라 하루아침에 원하는 대로 쉽게 형성될 수 없다는 특징이 있습니다. 자녀들의 학령기는 길지 않고 때를 놓치면 되돌이킬 수 없기 때문에 부모들은 교육 환경이 갖춰지길 기다리기보다는 이미 갖춰진 곳을 선택합니다.

그래서 닭이 먼저냐 알이 먼저냐의 문제처럼, 학군지일수록 교육열이 높은 분들이 많이 모이고, 반대로 교육열이 높은 부모들이 많기 때문에 더욱더 학군지로 뿌리 깊게 자리 잡게 되는 겁니다. 그리고 대치동이 바로 그런 곳입니다.

4. 강남의 센터

서울 전역으로 움직일 때는 반포와 압구정이 접근성이 좋지만, 강남 자체로만 놓고 보면 대치동이 센터라고 볼 수도 있습니다. 대치동을 중심으로 개포동, 도곡동, 역삼동 같은 핵심 주거지역들이 둘러싸고 있어서 범대치권의 구심점 역할을 하고 있는 곳이 바로 대치동입니다. 특히 동쪽(고덕, 하남)과 수도권 동남권(위례, 분당, 판교 동탄 등) 쪽이 개발되면서 대치동의 센터감은 더욱 강해진 것 같습니다.

5. 편리한 교통 및 생활 편의시설

대치동은 주거 밀집 지역이고 오래된 동네이다 보니 학교, 병원, 백화점 등 생활 편의시설이 고루 잘 갖추어져서 생활하기에 무척 편리하고 교통도 매우 좋습니다. 특히 강남권 곳곳을 지나가는 지하철 3호선과 수인분당선이 대치동 메인을 지나고 있어서 대중교통이 편리합니다. 또한 남북을 관통하는 영동대로와 동서를 잇는 남부순환로와 접해 있어서 도로 교통도 뛰어납니다.

6. 강남 핵심지의 마지막 알짜 재건축

학군지로서의 대치동 재건축 아파트들은 입지 면에서 최상일 뿐만 아니라, 우선미 같은 경우는 중대형 위주로 구성된 용적률 170%대의 재건축 사업성이 좋은 아파트입니다. 거기다 학군지와 양재천 프리미엄까지 더하면 재건축 이후의 가치는 기대 이상일 거라고 생각합니다.

2000년 초반, 강남 대부분의 아파트들이 낡아갈 무렵, 대치동 아파트들은 거주 여건이 좋은 준신축 고층 단지로 각광받았었는데, 20년이 흐른 지금은 정반대의 상황이 펼쳐지고 있습니다. 이와 마찬가지로 다시 20년 정도 시간이 지나면 또 정반대의 상황이 펼쳐질 수도 있습니다.

그래서 어쩌면 지금이 바로 강남 최상급지로 진입할 수 있는 기회일지도 모른다는 생각에 선진입하는 수요가 많아지면서 대치동 재건축 아파트들은 매물 품귀 현상을 보이고 있습니다.

주거지는 결국 자신이 중요하게 생각하는 부분에 초점을 맞추어 장점을 보고 선택하는 곳입니다. 이런 면에서 대치동은 미래 재테크 가치나 자녀 교육을 중요하게 생각하는 사람들이 낡은 주거 환경을 감수하고 선택해서 오는 곳입니다.

5

'대치(大峙)'는 '큰 언덕'이라는 뜻입니다. 차를 타고 포스코빌딩에서 은마아파트 사거리 언덕을 내려가다 보면 문득 이런 생각이 들곤 합니다.

'수많은 부모의 열정과 기대로 분주한 '대치동'도 불과 50여 년 전에는 조용한 농촌 마을이었구나!'

그 50년이라는 시간 동안 한적한 농촌 마을에는 신축 아파트가 들어서고 지하철과 학원들이 생겨나면서 사람들이 모여들었고 많은 부모와 아이들의 스토리가 쌓이기 시작했습니다. 그리고 어느새 대치동은 재건축을 통해 다시 부활을 꿈꾸는 시간이 되었습니다.

제가 대치동에서 한창 아이들을 키울 때는 너무 바쁘게 사느라 대치동의 정체성에 대해 제대로 생각해 볼 겨를이 없었습니다. 때로는 학군지 센터에 살고 있다는 것이 부담스럽기도 했습니다. 엎어지면 코 닿을 데 널린 수많은 학원을 두고도 유의미한 학습 결과로 이어지지 못하면 '유죄'라는 강박감이 부모인 저를 힘들게 했기 때문입니다.

그러나 생각해 보면 그것은 저의 문제였을 뿐이지 대치동 자체의 문제는 아니었습니다. 만약 그 시기에 대치동이 아닌 다른 지역에 살았다면 아마 학군지에서 아이를 키우지 않는 불안감 때문에 힘들어했을 수도 있었을 것입니다.

그러나 아이들을 다 키워서 더 이상 교육적 목적이 사라진 지금, 그런 부담감에서 벗어나니 새로운 눈으로 대치동을 다시 바라보게 됩니다.

지금 누가 나에게 대치동을 왜 좋아하느냐고 묻는다면?

저는 대치동의 '길' 때문이라고 말하겠습니다. 대치동은 살아본 사람들만이 알 수 있는 특별한 감성이 있습니다. 강남 한가운데 있으면서도 사방이 뚫려 있고, 서로 이어져 있는 '길'이 있으며, 그 길 위에는 장명등(대문 밖이나 처마 끝에 달아놓고 밤에 불을 켜는 등)처럼 밤늦게까지 환하게 불밝히는 스트리트 상가가 있고, 늘 젊은 에너지가 핏줄처럼 꿈틀거리는 곳이 '대치동'입니다.

우리의 인생에서는 단 한 번의 선택밖에 할 수 없는 일들이 많습니다. 또한 그 한 번의 선택이 잘못되었을 때 되돌이킬 수 없는 후유증을 남길 수도 있습니다.

그러나 언제든지 들어갔다가 빠질 수 있는 골목길이 있고 늘 눈앞의 새로운 길로 이어지는 대치동은, 아직 새로운 시도를 하기에 늦지 않았다고 저에게 말해주는 친구 같습니다.

'이렇게 늦은 밤인데도 이렇게 포근한 동네가 있을까?'

절대 만만치 않았던 강남 한가운데서, 특히 더욱 만만치 않았던 대치동이 이제는 오래된 친구처럼 조금은 만만한 동네로 저에게 다가오고 있는 것 같습니다.

대치동 아파트

아파트는 낡아갈수록 신축에 가까워진다

"대치동은 '낡은 샤넬백' 같아요!"

어느 날 톡방에 올라온 말인데, 이걸 보고 갑자기 자존심이 상했던 적이 있습니다. 대치동은 제가 오래 살면서 아이들을 키운 곳이라, 누가 대치동에 대해 부정적인 이야기를 하면 기분이 상하곤 합니다. 아마 많은 분이 자신이 소유하거나 살고 있는 지역에 대해서는 저와 같은 반응을 보일 거라고 생각합니다.

그런데 사실 '낡은 명품'이라는 표현을 딱히 부인할 만한 논리적 이유도 없어서 반박할 수 없었습니다.

대치동은 사람들이 좋아하는 신축 아파트가 많은 곳도 아니고, 사람들이 특별히 몰려들 만큼 선호하는 백화점(롯데백화점이 있긴 하지만)이나 대형 몰이 있는 것도 아닙니다. 특히 요즘 부모들은 예전처럼 교육에 목매는 세대도 아니기에 대치동에 대한 그 같은 생각이나 느낌을 수용할 수밖에 없었습니다.

그러나 다시 생각해 보면 '낡은 명품'이라는 말은 '건물'이 낡았다는 의미이고, '땅(입지)'은 여전히 명품이라는 뜻이므로 재건축으로 새롭게 거듭나면 다시 명품이 될 수 있다는 의미이기도 합니다. 사람은 세월에 따라 낡고 소멸되어 가지만, 아파트는 낡아갈수록 신축에 가까워진다는 매직이 기다리고 있으니까요.

대치동 메이저 대단지 ─ 래대팰, 우선미, 은마, 동부센트레빌

그렇다면 다시 한정판 명품으로 떠오를 대치동 아파트에는 어떤 단지가 있는지 살펴보겠습니다.

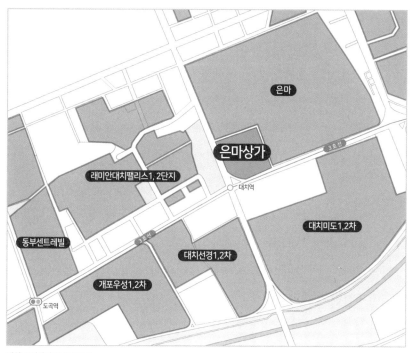

대치동 메이저 대단지 지도

1. 래미안대치팰리스

'래대팰'이라는 약칭으로 부르는 래미안대치팰리스(1단지 1,278세대, 2단지 330세대)는 청실아파트를 재건축해 2015년 9월 입주한 아파트입니다.

청실아파트의 경우 재건축 전에는 길 건너 '개포우성'이나 '대치선경', '대치미도'보다 같은 평형 기준 늘 낮은 시세를 유지했는데, 빠른 재건축을 통해 지금은 대치동 신축 대장으로 가장 비싸게 실거래되는 아파트입니다.

래미안대치팰리스가 입주하던 시점(2015년), 신축은 귀해서 비싸고 강남 재건축은 많이 눌려 있던 시기였으므로 차익을 실현해서 더 상급지로 갈아타거나, 전세를 놓고 그 전세비로 재투자할 수 있어서 기회비용을 벌 수 있었던 아파트였습니다. 청실아파트 조합원이었던 지인 한 분은 입주 때 전세를 주고 그 전세비로 강남 아파트 여러 채에 갭투(당시 갭이 작았음)를 해서 자산을 크게 불렸습니다.

래미안대치팰리스는 재건축 당시 소형 평형과 임대주택 의무를 피하기 위해 1대1로 재건축하느라 추가 분담금 문제가 있었지만, 돈 가치 하락을 감안하면 빠른 재건축이 정답이라는 걸 알려주는 대표적인 사례입니다.

래대팰은 초역세권(3호선 대치역, 도곡역)에 대치동 메인 학원가 블록에 있어서 대부분 학원을 도보로 이용할 수 있다는 것이 가장 큰 장점입니다. 초등학교(서울대치초 배정)를 길 건너가야 한다는 것이 단점이지만, 일주일에 5번(월~금) 오가는 학교보다 일주일 내내 이용하는 학원가를 길 건너지 않고 가깝게 이용하는 것을 더 선호하는 분들도 많습니다. 그리고 단지 안에 상가가 없지만, 주변에 생활 편의시설이 너무 잘 갖춰져 있어서 특별히 불편함이 없습니다.

다만 요즘같이 대단지를 선호하는 풍조 속에서 이미 통합 재건축을 끝냈음에도 재건축 후에 단지가 분리된 것은 아쉬운 점입니다. 커뮤니티 시설이 규모가 큰 1단지(1,278세대) 쪽에 많아서 규모가 작은 2단지(330세대)는 단지가 분리됨으로써 더 아쉬운 상황인 것 같습니다.

현재 대치동 다른 아파트들의 재건축 속도로 볼 때 앞으로 신축 대단지가 입주하기까지는 적어도 10년 이상 소요될 것 같아서 래미안대치팰리스의 신축 프리미엄은 당분간 계속될 것 같습니다.

2. 우선미(개포우성, 대치선경, 대치미도)

개포우성(1983년 입주, 1,140세대), 대치선경(1983년 입주, 1,034세대), 대치미도(1983년 입주, 2,436세대), 이들 세 아파트는 짧게 '우선미'라는 약칭으로 부릅니다.

1980년대 초반에 입주하여 연식이 40년 이상 된 이들 아파트는 오랫동안 대치동을 대표하는 대장급 단지들이었습니다. 다만 재건축 속도가 조금 느려서 세 아파트 모두 아직 재건축 조합이 설립되지 않은 상태입니다(2025년 초 기준).

개포우성 1,140세대, 대치선경 1,034세대, 대치미도 2,436세대

개포우성과 대치선경은 초역세권(3호선 대치역, 도곡역)에 초중학교(서울대치초, 대청중)를 끼고 있고, 대치동 학원가를 도보로 이용할 수 있으며(래 대팰보다 학원 접근성은 떨어짐), 양재천 조망이 가능한 단지들입니다. 모두 30 평대 이상으로만 구성된 중대형 위주의 단지여서 부유층 주거지로 여겨집니다.

대치미도도 초역세권(3호선 대치역)에 초등학교(서울대곡초)가 단지와 붙어있고 양재천변 아파트이지만 중학교와 학원가가 개포우성과 대치선경에 비해 좀 먼 편입니다(도보 가능). 그러나 세 단지 중 대치미도가 단지 규모가 가장 커서 요즘 트렌드로 볼 때는 재건축 후 대치동의 랜드마크 단지로 부각될 수도 있습니다.

2025년 3월에 확정된 대치미도의 정비계획안을 살펴보면 최고 50층, 3,900여 가구의 대단지로 재탄생할 예정이라 메머드급 단지에 양재천 조망이라는 조건까지 더하면 충분히 그럴 가능성이 있습니다.

세 아파트 모두 중층 재건축이지만, 용적률 179%에 중대형 평형으로만 이루어져서 재건축 사업성은 좋은 편입니다. 다만 한강처럼 양재천도 '공원'과 '뷰'라는 2가지 기능을 하고 있어서 재건축 과정에서 조망권을 둘러싼 갈등이 우려됩니다. 재건축은 지분 싸움인데, 현재 양재천변에 가장 큰 평수가 있지 않은 상태에서 양재천 조망 세대를 어느 정도 감정가에 반영시켜 줄 것인지가 중요한 문제로 대두될 것 같습니다.

개포우성과 대치선경을 비교해 보면 개포우성은 단지의 땅 모양이 양재천변으로 긴 직사각형이어서 대치선경에 비해 양재천에 접해 있는 부분이 더 많습니다. 그리고 개포우성은 초등학원이 많은 한티역(수인분당선) 학원가와 숙명여고, 중대부고 접근성이 대치선경보다 더 좋고, 대치선경은 은마상가와 중고생 학원이 밀집된 은마아파트 사거리 학원가 접근성이 더 좋습니다.

대치동은 지하철 교통이 좋은 편이지만, 삼성동(GBC)으로 직접 이어지는 노선이 없어서 갈아타야 합니다. 그러나 위례신사선(위신선)이 개통되면 학여울역(3호선)에 위신선 역이 생겨서 GBC까지 한 정거장이기 때문에 학여울 역세권인 대치미도와 은마는 대치동에서 GBC 접근성이 가장 좋은 아파트가 됩니다.

이렇게 각각의 장점을 지닌 우선미는 대치동을 대표하는 대장급 아파트들로 새롭게 태어나기 위해 부지런히 재건축 시동을 거는 중입니다.

3. 은마
'은마'(1979년 입주, 4,424세대)는 고유명사라기보다는 '강남' 아파트를 대표하는 보통명사처럼 여겨지는 아파트입니다. 강남 아파트값을 이야기할 때마다 기사화되는 대표적인 아파트이니까요.

그렇다면 대치동에 더 비싼 아파트도 많은데, 왜 항상 은마아파트만 이렇게 이슈화되는 걸까요?

그 이유는 대치동이 원탑이었던 2000년대, '대치동'이 부동산 시장의 흐름을 주도했고, 대치동에서도 가장 규모가 큰 '은마'가 거래량이 많기 때문에 주목의 대상이 되는 단지였기 때문입니다.

또한 은마는 압구정 아파트나 대치동 우선미와는 달리 30평대로만 이루어진 아파트 단지라서 강남 최상급지의 '엔트리' 단지로서 강남 아파트의 풍향계 같은 단지였던 겁니다.

그리고 대치동 센터에 있는 은마가 재건축 속도를 내는 순간 투자자들이 몰려들면서 강남 전체 아파트값을 흔들 우려가 있어서 재건축 규제도 많이 받았던 아파트입니다. 이런 이유 때문에 2002년에 추진위원회가 설립되었는데도 21년 만인 2023년에 조합이 설립되었습니다.

현재 은마아파트는 총 4,424세대에서 49층 6,576세대(2025년 초 기준 정비계획안)로 재건축을 추진 중입니다. 현재 사업시행인가 준비 단계에 있고 신속통합기획 신청으로 사업 속도를 더 높이려 하고 있습니다. 중층 재건축이라 용적률이 높아서 추가 분담금 부담이 문제인데, '역세권 뉴:홈제도'를 이용해 용적률을 350%까지 상향시켜서 재건축하는 방법을 선택했습니다.

'역세권 뉴:홈'이란, 지하철역(승강장 경계 기준)에서 250m 안에 있는 아파트의 경우 용적률을 1.2배까지 높여서 재건축하는 대신, 용적률 상향되는 부분은 일반분양(40%), 공공분양(30%), 임대주택(30%)으로 할당하는 제도입니다.

은마는 지리적으로 볼 때 테남(테헤란로 남쪽)의 센터에 해당하고 사방에서 몰려드는 위치여서 은마상가는 테남에서도 센터 역할을 하는 곳입니다. 베스트 학군에 대치동의 모든 학원을 걸어서 다닐 수 있고 교통도 편하지만(지하철, 다양한 버스 노선), 단지 안에 학교가 없는 게 단점입니다. 초등학교의 경우 단지 전체를 반으로 나눠서 대치역 쪽은 대치미도에 있는 서울대곡초로, 북문 쪽은 구마을 쪽 서울대현초로 나뉘어 배정됩니다.

은마는 30평대로만 구성되어 있어서 중산층 주거지라는 인식 때문에 주변 단지들에 비해 가격이 조금 낮게 형성되어 있습니다. 하지만 6,000세대 이상 럭셔리 커뮤니티를 갖춘 신축으로 재건축한다면 대치동을 대표하는 랜드마크 단지가 될 수도 있습니다. 굳이 양재천이 아니더라도 단지 안에 있는 조경만으로도 순환형 산책로를 만들 수 있는 큰 규모의 아파트입니다.

대규모 단지들은 위치에 따라 아파트값의 편차가 크지만, 은마는 재건축 후 동서남북 방향에 따라 각각의 장점이 있어서 그런 면이 덜할 것 같습니다. 즉, 동쪽은 GBC(2호선 삼성역)와의 접근성이, 서쪽은 대치동 메인 학원가와의 접근성이, 북쪽은 역시 학원가와 서울대현초, 대명중, 휘문중고와 접근이 좋고, 남쪽은 상가와 역이 가깝다는 장점이 있습니다.

특히 남동 코너 부분이 지금은 사각지대인데, 학여울역 위례신사선이 개통되고 은마아파트에서 역으로 바로 이어지는 통로가 생긴다면 오히려 프리미엄이 형성될 것으로 보입니다. 그리고 은마상가와 대치역(3호선) 지하가 바로 연결되면 대치동의 센터가 될 것 같습니다.

4. 동부센트레빌

동부센트레빌(805세대)은 지분이 넓은 고층 주공아파트가 재건축되어 2005년에 입주한 아파트입니다.

도곡역(더블역세권, 3호선/수인분당선) 초역세권 아파트로, 도곡역과는 지하로 연결되어 있고 46평 이상 중대형 평형 위주라 입주 초기부터 부유층들이 입주했던 단지입니다.

단지 뒤로 단대부중고가 있고, 길 하나만 건너면 숙명여중고와 중대부고, 서울대도초가 있어서 학교 접근성이 좋습니다. 그리고 한티역(수인분당선) 학원가 도보권이라 학군지 아파트의 장점을 제대로 누릴 수 있는 아파트입니다.

그리고 도곡역 지하 신세계 푸드마켓, 한티역 롯데백화점, 은마상가, 양재천, 강남세브란스병원, 백화점 등을 도보로 이용할 수 있는 생활 편의시설이 뛰어난 곳입니다.

동부센트레빌은 이제 연식이 20년 차에 접어들었고 요즘 트렌드를 기준으로 보면 단지 규모(850세대)가 크진 않지만, 커튼월 공법의 외관은 지금도 고급스럽게 느껴지고 있고 대치동에 이 정도 평형 구성의 준신축 단지가 귀하기 때문에 특정 수요층에 의해 꾸준히 신고가가 경신되고 있는 상태입니다.

대치동 주변부 대단지 —
우쌍쌍, 대치현대, 대치삼성, 대치아이파크, 대치SK뷰

1. 우쌍쌍(대치우성1차, 대치쌍용1차, 대치쌍용2차)
세 단지 모두 1980년대 초반에 입주한 아파트들로 영동대로변에 위치해 있고 동쪽으로 양재천을 끼고 있는 아파트입니다.

대치동 주변부 대단지 지도

 학여울역(3호선) 역세권 아파트로, 나중에 위신선이 연결되면 더 블역세권 아파트가 됩니다. 대치동 중심에서 약간 동떨어져 있어서 학교를 길 건너가야 하고 학원이 조금 먼 것이 단점입니다. 그러나 삼성동(GBC) 접근성이 좋고, 대치동 아파트들 중 양재천 접근성이 가장 좋은 아파트입니다.

 현재 이 세 아파트는 재건축이 진행 중으로, 모두 통합 재건축으로 진행하면 약 2,000세대 내외의 랜드마크 단지로 거듭날 수 있을 것 같은데, '대치우성1차(476세대)'와 '대치쌍용2차(364세대)' 두 단지만 통합 재건축 진행 중이고, '대치쌍용1차(630세대)'는 단독 재건축 진행 중입니다.

2. 대치현대, 대치삼성

대치현대(1999년 입주, 630세대)는 중고생 학원이 모여 있는 은마아파트 사거리 언덕 위에 있습니다. 현재 리모델링 진행 중으로, GS건설로 시공사가 선정되어 있고 1차 안전진단을 통과한 상태입니다. 역에서는 조금 멀지만, 메인 학원가뿐만 아니라 초중학교(서울대현초, 대명중)와 명문 자사고인 휘문고를 도보로 이용할 수 있습니다.

대치삼성(2000년 입주, 1차 960세대, 2차 19세대, 3차 35세대)도 은마아파트 사거리에 있습니다. 아직 특별한 리뉴얼 계획이 없지만, 초등학교가 좀 멀다는 것 외에는 대치동의 학원 인프라를 가장 잘 이용할 수 있는 단지여서 2000년 초반(준신축일 때까지)까지 대치동에서 비싼 아파트 중 하나였습니다. 단지 바로 옆에는 선호도가 높은 단대부중고가 있습니다.

3. 대치아이파크

대치아이파크(2008년 입주, 768세대)는 한티역 사거리에 위치해서 학원을 도보로 이용하기에 좋고 대치동에서 귀한 준신축 아파트라 학부모들 선호도가 높은 아파트입니다. 한티역(수인분당선)과 도곡역(3호선, 수인분당선)을 가깝게 이용할 수 있고 롯데백화점과 도곡렉슬 상가 및 역삼동 생활 편의시설을 공유할 수 있는 아파트입니다.

4. 대치SK뷰

대치SK뷰(2017년 입주, 239세대)는 래미안대치팰리스2단지와 북쪽으로 이어져 있는 아파트로, 입주 8년 차 신축입니다. 단지는 작지만, 위치와 아파트 평면 구조가 좋고 대치동에 귀한 신축이라 래미안대치팰리스에 연동되어 시세가 비교적 높게 형성되어 있습니다.

그 밖의 대치동 아파트

그 밖의 대치동 아파트 지도

1. 래미안대치하이스턴, 대치푸르지오써밋, 대치르엘, 디에이치대치에델루이

래미안대치하이스턴(2014년 입주, 354세대)은 대치 구마을 쪽에 있는 아파트로, '대치우성2차' 아파트를 리모델링한 아파트입니다. '하이스턴'은 지난 상승장 직전에 수평 증축 방식으로 빨리 리모델링을 끝냄으로써 재테크 면에서 기회비용을 크게 얻은 아파트입니다.

대치 구마을 쪽 재개발로 신축이 된 소단지 대치푸르지오써밋(2023년 입주, 489세대), 대치르엘(2021년 입주, 273세대)과 2025년 입주를 앞두고 있는 디에이치대치에델루이(2025년 8월 입주 예정, 282세대)가 있습니다.

이들 아파트들은 현재 대치동에 신축이 귀한 상태라 소단지임에도 시세 분출을 하고 있습니다. 특히 대치동에 20평대가 귀해서 상승 거래가 많이 이루어지고 있습니다.

2. 대치롯데캐슬리베, 대치현대1차, 대치선경3차, 대치미도맨션3차

그 외 한티역 초역세권이면서 단대부고와 롯데백화점을 한 단지처럼 이용할 수 있는 소규모 단지인 대치롯데캐슬리베(2008년 입주, 144세대)가 있습니다. 그리고 수직 증축 리모델링 추진 중인 '대치현대1차(은마 북문 쪽, 1990년 입주, 120세대)가 있는데, 최종 2차 안전진단을 통과해서 이주를 앞두고 있습니다. 그리고 대치역 초역세권에 있는 나홀로 단지인 대치선경3차(1990년 입주, 54세대)와 대치미도맨션3차(1990년 입주, 18세대)가 가운데 있는 '어린이집'과 통합 재건축을 시도 중입니다.

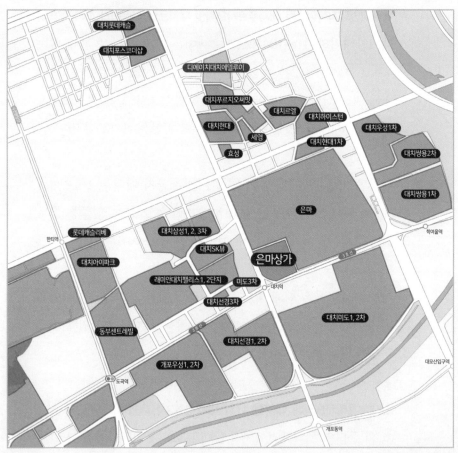

대치 아파트 지도

개포동,
까다로운 그들이 선택한 주거지

재건축 순항, 개포의 장점은?

저의 주민등록증에 처음 강남 주소가 찍힌 곳은 '개포동'이었습니다. 대학교를 졸업한 직후 서초동 소재 중학교로 첫 발령을 받으면서 개포주공1단지에 집을 얻었기 때문입니다. 대학교에 다닐 때 강남에 사는 친구들이 있어서 자주 놀러 가곤 했지만, 서류상 처음 강남 주민이 된 것은 개포주공1단지에서였습니다.

개포동을 거주지로 정한 이유는 서초동으로 출근할 수 있는 가까운 곳 중 임대료 싼 곳을 찾다 보니 개포동밖에 없었기 때문입니다. 당시 개포주공은 저층 연탄 아파트라 강북에서도 이 정도 가격으로 집을 얻기 힘들었습니다.

그때의 개포동은 고가의 신축 아파트촌이 된 지금과는 전혀 다른 모습이었습니다. 개포주공1단지 뒤에 양재대로가 없을 때여서 아파트 뒤쪽은 대모산으로 바로 이어졌고, 밤이면 서쪽 정문(개포래미안포레스트 건너편) 앞쪽으로 포장마차 여러 대가 밤늦도록 불을 밝히고 있는 소박한 서민 아파트의 모습이었습니다.

당시 개포동은 매일 아침 출근하던 서초동과는 전혀 다른 분위기였습니다. 서초동은 고층 아파트 단지들이 있는 강남 최고의 부촌 중 하나로 주목받을 때였습니다. 하지만 개포동은 저층 아파트 단지로, 현관 입구 벽 쪽에 연탄 아궁이가 있었고 샤워 시설 없이 세면대와 화장실 기능만 있는 욕실 등 주거 환경이 매우 협소하고 열악했습니다.

개포동은 1980년대 초반 정부가 주택난을 해소하고 서민들의 주거지 공급을 위해 택지 개발을 통해 아파트를 공급한 곳입니다. 자연 발생적으로 생긴 지역들과는 달리 주거지로 계획해서 조성한 지역이므로 구획화되어 있고 도로 정비가 잘 되어 있습니다. 그리고 학교와 상가가 적절하게 배치되어 있어서 주거지로서의 기본 틀이 잘 갖추어져 있는 곳입니다.

그러나 서민층을 대상으로 한 아파트를 공급하려다 보니 보급형으로 지을 수밖에 없었고, 저층 단지들이(개포주공1~4단지) 많아서 노후화 속도가 빨랐습니다. 하지만 이런 단점이 재건축에서는 오히려 장점으로 작용했습니다. 노후화가 빠르다 보니 재건축도 다른 단지에 비해 일찍 시작되었고, 저층 단지의 경우는 용적률이 낮아서 재건축 사업성이 좋았기 때문입니다.

그 결과, 개포주공1~9단지 중 5, 6, 7단지를 제외한 나머지 단지들이 재건축을 끝내고 신축 아파트로 거듭났습니다. 또한 고층 단지인 개포주공5, 6, 7단지도 별문제 없이 재건축 순항중입니다. 그렇다면 다른 지역과 비교해 볼 때 주거지로서 개포동만 가지고 있는 장점은 무엇일까요?

1. 대규모 아파트 밀집 지역

개포주공5, 6, 7단지와 경우현(개포경남, 개포우성3차, 개포현대1차 통합 재건축) 등 남은 개포동 아파트들의 재건축이 모두 끝나면 개포동은 약 25,000세대의 신축 아파트 밀집 지역이 됩니다. 요즘은 신축 아파트 단지들이 모여 있는 지역이 수요자들의 시선을 끌어서 상승 시너지 효과를 내는 경향이 있는데, 개포동이 바로 그런 지역입니다.

2. 친자연적인 주거 환경

개포동은 거주 여건이 좋은 신축 밀집 지역일 뿐만 아니라 대모산이나 양재천, 개포공원, 달터근린공원처럼 다른 지역에는 없는 자연환경까지 더해진 친자연적인 주거지입니다.

3. 유해 환경이 없다.

주거지로서 개포동의 또 하나의 장점은 유해 환경(유흥적인 상업 시설)이 없다는 점입니다. 개포동은 아파트 위주로 조성된 지역이라 생활 편의시설에 해당하는 상업 시설 외에 자녀들의 교육 환경에 부정적인 영향을 미칠 만한 유해 환경이 끼어들 곳이 없습니다.

4. 균질화된 교육 환경

개포동은 재건축으로 인한 손바뀜 과정에서 인적 인프라가 업그레이드되었고 균질화된 지역입니다. 교육 환경은 인적 구성으로 결정되므로 균질지역으로서의 개포동은 범대치권의 교육 환경까지 공유하면서 최상의 학군지로 거듭날 수 있는 곳입니다.

5. 신축 프리미엄

앞으로 개포주공5~7단지가 입주하기 전까지 약 10년간 범대치권에 신축 공급이 없으므로 개포동의 신축 프리미엄은 당분간 지속될 것 같습니다. 공사비 인상으로 인허가 물량이 적어서 앞으로 신축이 더욱 귀해질 것으로 보이는데, 이런 면에서 개포동은 빠른 재건축으로 기회비용을 얻은 곳이라고 할 수 있습니다.

주거지의 양면성

여러 가지 장점이 겹칠수록 주거지로서의 가치가 상승 효과를 일으키는데, 개포동이 그러합니다. 그러나 개포동도 다른 지역과 마찬가지로 지역적 한계를 지니고 있는 곳입니다.

그러면 주거지로서 개포동의 아쉬운 점은 어떤 부분일까요?

1. 지리적으로 중심에서 약간 벗어나 있다.

개포동은 남쪽으로는 대모산과 구룡산, 북쪽으로는 양재천 사이에 있는 지역으로, 강남구 전체로 볼 때 남쪽으로 치우쳐 있습니다. 그래서 강남이나 동남권 업무지역 접근성은 좋지만, 서울 강북 중심부나 여의도 업무지역과의 접근성이 떨어지는 것이 아쉬운 부분입니다. 그러나 단지 남쪽으로 접해 있는 양재대로를 통해 경부고속도로나 수서역(3호선, 수인분당선, SRT, GTX-A)으로 이어지므로 전국 도로 교통망은 좋습니다.

2. 확장성이 떨어진다.

개포동은 남쪽으로 산이 있어서 친자연적인 자연환경을 제공해주지만, 막혀 있어서 연결되는 배후지역을 형성할 수 없습니다. 사람들에게는 센터 지향의 본능이 있기 때문에 개포동이 만약 배후 주거지를 지니고 있었다면 센터로 갈아타려는 수요에 의해서 주거지로서의 개포동의 가치는 더욱 상승했을 거라고 생각합니다.

그러나 신축 밀집 지역으로서의 하이라이트 효과로 인해 지역과 상관없이 개포동으로 진입하는 광범위한 수요로 인해 이런 점은 일부 보완된다고 할 수 있습니다.

3. 지역 안에서 단절되어 있다.

개포동은 지형적으로 볼 때 얕은 산줄기로 이루어져 있는 개포공원과 달터근린공원에 의해 동서로 양분되어 있습니다. 이들 공원은 친자연적인 환경을 제공해 주지만, 개포동을 동서로 단절시켜서 서로 다른 2개의 생활권역으로 나누므로 지역 전체를 아우르는 구심점 형성이 어렵다는 아쉬움이 있습니다.

그리고 개포동은 거의 아파트로만 이루어진 주거지역이라 안정된 주거 환경을 형성하고 있지만, 거주자 외의 유동 인구들을 개포동으로 유인할 만한 구심력은 부족한 곳입니다. 예를 들어, 백화점 같은 강력한 구심지가 있으면 주택 수요가 늘어나기 때문에 아파트값 상승의 동력을 제공하는데, 개포동은 그런 점이 아쉬운 부분입니다.

개포동 전체에서 센터에 해당하는 위치인 달터근린공원과 개포공원이 평지로 되어 있어서 중심 상권을 형성하고 있다면 개포동뿐만 아니라 인근 지역 수요까지 끌어들일 수 있는 좀 더 강한 구심지 역할을 했을 것으로 생각합니다. 만약 그랬다면 주거지로서 개포동의 가치가 지금보다 올라가지 않을까 상상해 봅니다.

4. 대중교통이 부족하다.

개포동은 조용하고 차분한 주거지라는 장점이 있지만, 대중교통이 범대치권의 다른 지역에 비해 다소 불편합니다. 개포동에는 현재 수인분당선이 대모산입구역, 개포동역, 구룡역, 이렇게 3개 역만 지나고 있습니다. 앞으로 위례과천선(위과선)이 개포동 쪽으로 계획되어 있지만, 현재까지는 다른 범대치권 지역에 비해 지하철 노선이 부족한 편입니다.

5. 차익 실현 시점에 러시아워가 예상된다.

재건축 전의 개포주공1~4단지는 저층이고 개포주공5~7단지는 고층인데, 저층 단지는 거주 여건이 열악해서 투자만 해 놓고 재건축이 끝난 후에 입주한 조합원들이 많습니다.

그런데 재건축 과정에서 상승기를 한 번 거치면서 차익이 커져서 차익을 실현하려면 양도세를 줄이기 위해 장기보유특별공제(장특)를 받아야 하는데, 첫 거주 시점이 비슷한 조합원들이 많아서 매도 시점의 러시아워가 예상됩니다.

장기보유특별공제란, 3년 이상 자산을 보유한 사람들에게 오래 보유하고 거주할수록 양도세를 줄여주는 감세 혜택으로, 차익의 최대 80%까지 양도세를 공제받을 수 있습니다.

❚ 장기보유특별공제

	보유	거주	합
1년(마다)	4%	4%	
10년(최대)	40%	40%	80%

개포주공5~7단지는 고층 단지라 몸테크하면서 10년 거주를 미리 채운 조합원들이 많습니다. 그래서 신축 입주 즈음에 바로 차익을 실현하려는 조합원들도 있을 것 같아서 개포주공1단지와 개포주공4단지의 차익 실현 시점과 겹칠 수도 있습니다.

개포주공2단지와 개포주공3단지의 경우 차익 실현 후 갈아탈 계획이 있다면 거의 1만 세대 가까이 되는 개포주공1단지와 개포주공4단지의 차익 실현 시점과 겹치지 않게 미리 엑시트하는 전략이 필요할 것 같습니다. 거주 5년(관리처분 전 매수라 보유는 10년) 내외로 장특 60% 정도 받고 매도해서 갈아타는 전략도 괜찮을 것으로 보입니다.

물론 개포동은 거주 여건이 좋아서 장기 거주하려는 사람들도 많고, 새로 진입하려는 수요도 많아서 큰 문제가 없겠지만, 손바뀜 과정은 한번 거쳐야 할 것 같습니다. 그리고 대치동 재건축이 가시화되면 갈아타려는 수요에 의해 이런 현상은 더욱 두드러질 것으로 예상됩니다. 반면 개포동에 진입하려는 사람들에게는 기회가 될 수도 있는 시점입니다.

∽

주거지도 사람처럼 양면성을 지니고 있어서 장점이 단점이 되기도 하고, 단점이 장점이 되기도 합니다. 즉, '산'이 없다면 '단절성'이라는 단점이 사라지겠지만, 개포동만의 독특한 장점인 '친자연적'인 매력도 사라지는 겁니다.

어떤 주거지이든지 장점만 있는 곳도 없고 단점만 있는 곳도 없습니다. 그리고 누군가에게는 단점으로 여겨질 수 있는 부분이 또 어떤 사람들에게는 장점으로 받아들여질 수도 있기에 결국 각자의 취향과 주관에 의해 주거지를 선택할 수밖에 없습니다.

그러나 많은 사람이 원하는 취향의 주거지일수록 수요가 많기 때문에 집의 가치가 올라가게 됩니다. 이런 면에서 자신의 주거 취향이 재테크적으로도 부합하는지 점검해 볼 필요가 있습니다.

지형적으로 한계가 있는 개포동의 단점이 누군가에게는 다른 지역으로 대체할 수 없는 특별한 장점으로 부각될 수 있습니다. 특히 범대치권의 좋은 교육 환경을 공유하면서도 덜 경쟁적이고, 친자연적이며, 조용한 주거지를 원하는 까다로운 수요자들을 만족시킬 만한 주거지로 개포동 외에 또 있을까 생각해 봅니다.

개포동 아파트

개포동 신축 아파트

개포동 신축 아파트는 거의 모두 대단지로, 2018년부터 순차적으로 들어서면서 시너지 효과를 내고 있습니다.

1. 개포디에이치퍼스티어아이파크(개포주공1단지)

개포디에이치퍼스티어아이파크는 2023년 11월에 입주한 6,000세대 이상(6,702세대)의 메머드급 신축 단지로, 규모만큼이나 커뮤니티와 조경도 차별화되어 있는 개포동의 대장 아파트입니다.

단지 안에 초등학교 2개, 중학교 1개가 있어서 초등학교부터 중

개포동 신축 아파트 지도

학교까지 자녀들에게 안정된 교육 환경을 제공할 수 있다는 면에서 주거지로서 차별화된 장점을 지닌 아파트입니다. 그리고 단지 안에 있는 대형 상가는 건너편에 있는 개포동 상업지역과 어우러져 개포동 안에서 구심점 역할을 할 것으로 보입니다.

이 아파트의 가장 큰 장점은 규모가 큰 랜드마크 단지로서 개포동뿐만이 아닌 다른 지역의 대장 단지들과 연동되면서 개포동 전체의 시세를 리드한다는 점입니다. 다만 아직 등기가 나지 않아서 시세를 분출하려면 좀 더 시간이 필요할 것 같습니다(등기 이후).

그러나 주변에 비슷한 시기에 입주한 신축 단지들이 많고 단지 규모가 크다 보니 급매물들이 수시로 출현해서 시세 형성 면에서 마이너스 역할을 할 수도 있습니다. 최근 토지거래허가제 이후 최상급지 아파트 가격이 퀀텀점프(Quantum Jump, 단기간에 비약적으로 실적이 호전되는 현상)하는 가장 큰 이유는 매물 부족 때문입니다. 특히 개포주공1단지의 경우는 한 단지 안에서도 역세권과 비역세권으로 나뉘어져 있는 상황이라 시세 차이가 나서 아파트값 전체 평균을 낮출 수 있다는 점이 아쉬운 부분입니다.

그러나 요즘은 '규모의 미학'이 트렌드라서 개포디에이치퍼스티어아이파크는 앞으로 개포주공5~7단지가 입주할 때까지 개포자이프레지던스와 함께 범대치권에서 가장 오래 신축 프리미엄을 누릴 단지입니다.

2. 개포래미안블레스티지(개포주공2단지)

개포래미안블레스티지는 2019년에 입주한 1,957세대의 아파트로, 신축 아파트의 특징인 커뮤니티 시설(조중식 서비스, 수영장, 카페 3개 등)을 규모가 너무 큰 단지보다 오히려 쾌적하게 이용할 수 있는 단지입니다.

지하철역이 좀 먼 것이 단점이지만 버스 노선이 잘 되어 있고, 대모산과 개포공원이 가까워서 친자연적인 환경을 누릴 수 있습니다.

단지 바로 앞에 상가 밀집 지역이 있고 개포디에이치퍼스티어아이
파크와 학교, 상가 등을 공유할 수 있어서 생활 편의시설이 좋은 아
파트 단지입니다.

3. 개포디에이치아너힐즈(개포주공3단지)

개포디에이치아너힐즈는 2019년에 입주한 1,320세대 규모의 아
파트로, 개포동 다른 단지들에 비해 상대적으로 규모가 작은 편입
니다. 하지만 현대건설에서 '디에이치'라는 이름을 처음 적용하면서
고급화에 신경 쓴 아파트입니다.

30층에 위치한 스카이라운지 카페는 시티뷰와 대모산 숲뷰를 감
상할 수 있고, 개포공원을 단지 안에 있는 산책로처럼 이용할 수 있
는 친자연적인 아파트 단지입니다.

다만 초중학교가 좀 멀고 상권이 약한 것이 아쉬운 부분입니다.
그럼에도 불구하고 한강변 아파트도 한강 조망에 여부에 따라 시세
차이가 나듯이 개포동도 산 조망 상태에 따라 시세 차이가 나는데,
개포디에이치아너힐즈 일부 세대는 산 조망 프리미엄으로 인해 다
른 단지에 비해 높은 시세로 실거래되며 개포동 아파트 가격을 리
딩하고 있습니다.

4. 개포자이프레지던스(개포주공4단지)

개포자이프레지던스는 2023년 3월에 입주한 3,375세대 대단지 아파트로, 단지 규모가 큰 만큼 차별화된 커뮤니티(**중석식 서비스, 수영장, 인피니티풀, 카페 등**)로 주목받고 있는 아파트입니다.

지하철이 조금 멀지만, 초품아이고, 단지 안에 상가가 있으며, 디에이치자이개포의 상가를 공유할 수 있어서 생활 편의시설은 좋은 편입니다. 나중에 개포주공5~7단지가 재건축되면 주변이 정비되고 생활 편의시설을 공유하면서 더욱 상승 시너지 효과를 낼 수 있을 것으로 보입니다.

5. 개포래미안포레스트(개포시영)

'개포래미안포레스트'는 '개포디에이치퍼스티어아이파크' 서편에 위치해서 마주하고 있는 단지입니다.

2020년에 입주한 2,296세대의 대단지로, 개포동의 다른 아파트와 마찬가지로 커뮤니티 시설이 잘 갖추어져 있고, 초중학교가 도보권에 있으며, 아파트 단지에서 바로 연결된 달터근린공원을 산책로로 이용할 수 있는 친자연적인 아파트입니다.

다만 지하철을 타려면 버스를 타고 매봉역(**3호선**)이나 도곡역(**3호선, 수인분당선**)까지 이동해서 갈아타야 한다는 것이 좀 불편합니다. 이처럼 비역세권이라는 점이 아파트 가격에 반영되어 개포동의 다른 아파트보다 가격이 좀 낮게 형성되어 있는데, 이런 점 때문에 오히려 수요가 많아서 거래량이 많습니다. 특히 개포래미안포레스트 20평대는 개포동 신축 라이프를 누리고 싶어 하는 수요층들의 엔트리 단지로, 거래량이 많아서 환금성이 좋은 아파트입니다.

위례과천선 신설이 계획되어 있는데(계획 단계라 오래 걸림) 언제가 될지는 모르나 개통된다면 역세권 아파트가 되기 때문에 아파트 단지의 가치가 상승할 것 같습니다.

6. 디에이치자이개포(개포주공8단지)

디에이치자이개포는 2021년에 입주한 약 2,000세대(1,996세대) 규모의 아파트입니다. 조중식 서비스 및 단지 안에 폴바셋 카페가 입점하는 등 커뮤니티가 차별화되어 있고, 2개 지하철역(수인분당선 대모산입구역, 3호선 대청역)을 이용할 수 있으며, 초중고(서울일원초, 중동중고)가 인접해 있어서 교육 환경과 생활 편의시설이 좋은 아파트입니다.

원래 공무원 아파트였던 개포주공8단지를 재건축해서 100% 일반분양한 아파트여서 개포동의 다른 아파트들에 비해 상대적으로 인적 구성원이 균질화되어 있습니다. 재건축 아파트의 경우 오래된 조합원들과, 분양받거나 입주권 매수를 통해 입주한 소유주들과 커뮤니티 형성 면에서 갈등을 빚는 경우도 있는데, 이 아파트는 100%

일반분양 아파트라 그런 부분에서 상대적으로 문제가 적은 아파트입니다.

요즘 신축 대단지 아파트를 선호하는 이유는 단지 안에 있는 다양한 커뮤니티 시설을 이용할 수 있기 때문입니다. 그러나 커뮤니티 공간을 공유하는 과정에서 인적 교류도 이루어지기 때문에 같은 단지 안에 거주하는 인적 구성원들과의 관계가 거주 만족도 면에서 중요한 영향을 미친다고 할 수 있습니다. 그래서 이제는 아파트 커뮤니티 시설뿐만 아니라 그것을 함께 이용하는 인적 구성원도 중요한 시대가 되었습니다.

7. 래미안개포루체하임 (일원동 현대아파트)

래미안개포루체하임은 일원동 현대아파트를 재건축해서 2018년에 입주한 아파트로, 대청역(3호선)과 중동중고 등의 학군을 공유하고 있습니다. 850세대로 단지 규모가 약간 아쉽지만, 개포동의 다른 신축에 비해 시세가 비교적 낮게 형성되어 있어서 실거주 가성비가 매우 좋은 아파트입니다.

개포동 재건축 아파트

개포주공5~7단지와 경우현(개포경남, 개포우성3차, 개포현대1차 통합 재건축) 등 남은 개포동 아파트들을 모두 재건축하면 개포동은 약 25,000세대의

개포동 재건축 아파트 지도

신축 아파트 밀집 지역이 됩니다.

1. 개포주공5단지

개포주공5단지(1983년 입주, 940세대)는 현재 개포동 재건축 진행 중인 아파트 중에서 속도가 가장 빠른 단지로, 2025년 말 관리처분 예정입니다. 2024년에 대우건설로 시공사를 선정했고 1,297세대, '개포써밋187'이란 이름으로 거듭나게 됩니다.

개포동역(수인분당선) 초역세권에 양재천 근접이라 고층은 양재천 조망이 가능하고 양재천을 공원으로 이용하기에 좋은 아파트입니다. 다만 대모산 조망은 남쪽에 있는 고층 단지들 때문에 힘들 것 같습니다.

길 건너에 초등학교(서울개포초)와 경기여고가 있어서 교육 환경이 좋고 다리만 건너면 대치동 센터인 대치역 사거리(은마상가)로 이어져서 개포동 아파트 중에서 가장 입지가 좋은 단지입니다. 요즘 트렌드로 볼 때 랜드마크 단지가 되기에는 단지 규모가 좀 아쉽지만, 입지가 그런 단점을 충분히 커버해 줄 만한 단지입니다.

2. 개포주공6단지, 개포주공7단지

개포주공6단지(1983년 입주, 1,060세대)와 개포주공7단지(1983년 입주, 900세대)는 통합 재건축을 통해 2,698세대(35층)의 대단지로 재탄생하는 아파트로, 2025년 현재 사업시행인가가 난 상태입니다.

초중학교(서울양전초, 개원중)가 근접해 있고, 대모산입구역(수인분당선) 초역세권에다 학여울역(3호선)도 도보로 이용할 수 있고, 학여울역에 위례신사선(위신선)이 개통되면 GBC까지 지하철로도 이동할 수 있어서 개포동에서는 교통이 가장 편한 단지입니다. 양재천 조망이 가능하고 양재천을 단지 안에 있는 정원처럼 편하게 이용할 수 있습니다.

이들 아파트는 단지 규모, 교통, 학교, 양재천 조망 및 접근성 등

장점을 고루 갖춘 단지여서 재건축 이후의 시세가 궁금합니다.

3. 개포경남, 개포우성3차, 개포현대1차

'경우현'으로 부르는 '개포경남'(1984년 입주, 678세대), '개포우성3차'(1984년 입주, 405세대), '개포현대1차'(1984년 입주, 416세대)는 3개 단지 통합 재건축으로 49층, 2,320세대로 재건축 예정입니다(정비계획 수립).

양재천 조망과 접근성이 좋고, 구룡역(수인분당선), 도곡역(3호선), 매봉역(3호선)을 도보로 이용할 수 있으며, 구룡중학교가 단지와 붙어있고, 길 건너 서울개일초등학교가 있어서 생활 편의성이 좋은 아파트입니다.

단지 규모 및 교통, 학교, 양재천 조망 및 접근성 등 모든 면에서 좋은 입지라 재건축 후에 개포동을 대표하는 랜드마크 단지 중 하나가 될 것 같습니다.

다만 재건축 과정에서 단지별로 대지 지분이 다르기 때문에 이 부분을 어떻게 해결할 것인지가 관건인데, 단지별로 '독립정산제'와 '제자리재건축' 방법이 거론되고 있는 상황입니다.

4. 개포현대2차, 개포현대3차, 개포우성8차, 개포더샵트리에

개포현대2차(1986년 입주, 558세대)는 초기 재건축 단계로 아직 조합설립 전인데, 2025년 3월 수립된 정비계획안에 따르면 최고 49층, 총

1,122가구로 재건축될 예정입니다. 초등학교(서울구룡초)를 품고 있고 매봉역(3호선)과 구룡역(수인분당선) 도보권에 양재천 조망 및 접근성이 좋은 아파트입니다.

양재천변에 나란히 붙어있는 두 소단지인 개포현대3차(1986년 입주, 198세대), 개포우성8차(1987년 입주, 261세대)는 아직 특별하게 재건축이 진행된 건 없고 두 단지 통합 재건축 이야기만 나오고 있는 상황입니다. 수인분당선 구룡역과 개포동역을 둘 다 이용할 수 있습니다. 양재천 조망 및 접근성이 뛰어나지만, 생활 편의시설은 부족한 편입니다.

개포더샵트리에(2021년 입주, 232세대)는 개포우성9차를 1대1로 리모델링해서 새로 입주한 아파트로, 1세대당 추가 분담금이 4억 원 정도였습니다. 개포우성3차와 붙어있어서 '경우현'과 생활 편의시설을 공유하는 단지로, 입지는 개포동 아파트들 중에서 좋은 편에 속합니다.

대청역 주변 개포동 아파트

디에이치자이개포, 개포우성7차, 래미안개포루체하임, 개포한신, 개포현대4차는 대청역 주변의 아파트입니다. 행정구역상 일원동에 속하지만, 수서지구가 아니라 개포지구로 개발한 곳이고 개포

대청역 주변 개포동 아파트 지도

동 아파트들과 더 근접해서 연동되기에 개포동에 포함해서 살펴보겠습니다.

1. 개포우성7차

개포우성7차**(1987년 입주)**는 802세대의 아파트이지만, 저층과 고층이 섞여 있는 단지로, 용적률이 157%로 비교적 낮아 약 1,200세대 대단지로 재건축됩니다. 대청역**(3호선)** 초역세권에 초중고품 아파트이고, 명문 중동중고를 끼고 있어서 특히 남아 부모들이 선호하는 단지입니다. 2024년 초에 '조합설립인가'가 났고, 재건축 후에는 가까이에 리딩 단지 '디에이치자이개포'가 있어서 서로 연동되며 상승 효과를 일으킬 것으로 예상됩니다.

2. 개포한신

개포한신은 개포우성7차와 인접한 역세권(3호선 대청역), 학세권(중동중고) 단지입니다. 재건축 속도가 빠른 편이어서 2023년 말에 관리처분승인을 받았고 2025년 말에는 이주를 앞두고 있습니다. 규모가 작은 단지라 재건축 사업성이 약간 떨어져서 추가 분담금 이슈가 있는 아파트입니다.

3. 개포현대4차, 성원대치2단지, 삼익대청

개포현대4차(1987년 입주, 142세대)는 소규모 재건축으로 진행되고 있습니다. 성원대치2단지(1992년 입주, 1,758세대)는 최근 리모델링 조합을 해체한 후 다시 재건축으로 방향을 바꾼 상태이고, 삼익대청(1992년 입주, 822세대)은 리모델링을 추진 중입니다.

개포 아파트 지도

역삼3형제와
한티역 학원가가 만났을 때

대치동과 역삼동 아파트가 역전된 이유는?

대치동 학원가인 한티역(수인분당선) 부근은 학원을 도보로 다닐 수 있으면서도 거주 여건이 좋은 준신축 아파트들이 포진되어 있어서 학령기 자녀를 둔 부모들이 선호하는 지역입니다. 대표적인 아파트로는 도곡렉슬(도곡동), 대치아이파크(대치동), 역삼3형제(역삼이편한세상, 역삼푸르지오, 역삼래미안) 등입니다.

이들 아파트는 2000년대 중후반에 재건축을 끝내고 입주했으나, 신축 프리미엄을 다 누리기도 전에 글로벌 금융 위기로 인해 부동산 하락기를 맞이했습니다. 이후 입주 10년 차(2010년대 중반 이후) 정도 되었을 때 부동산 상승기가 다시 시작되면서 뒤늦게 주목받기 시작했습니다. 늦게 꽃피우는 사람이 있듯이 한티역 부근의 아파트들도 대기만성형 아파트였던 겁니다.

다음 표에서 보듯이 2006년 은마 34평 한 채 살 돈이면 역삼래미안 두 채를 매수(실거주 한 채+갭투)할 수 있었는데, 지난 상승장 막바지에는 은마보다 역삼래미안이 더 비싸게 거래되었습니다.

❚ 은마 vs 역삼래미안 가격 추이 비교

	은마(34평)	역삼래미안(34평)
2006년	12.3억 원	7.9억 원
2021년	26.6억 원	28억 원
2025년(2월)	30.4억 원	26.3~27억 원

이렇게 대치동과 역삼동 아파트값이 역전된 이유는 무엇일까요?

1. 달라진 거주 여건

시간의 흐름에 따라 대치동은 노후화되어 거주 환경이 더 나빠졌지만, 역삼동은 재건축 이후 거주 여건이 좋아져서 역삼동 쪽으로 수요가 옮겨갔고 수요가 많아지다 보니 역삼동 아파트값 상승폭이 더 커진 것 같습니다.

2. 라이프 스타일과 가족 수의 변화

범대치권으로 진입하는 학부모들이 세대교체되면서 그들의 라이프 스타일의 변화에 따라 거주지 선택의 방식도 달라졌습니다.

보통 학군지로 갈아타는 사람들의 연령대는 학령기 자녀가 있는 30대 후반에서 40대 초중반이 많습니다. 현재(2025년 기준) 이 연령대에 해당하는 세대는 1970년대 후반에서 1980년대 초반 출생으로, 자차 문화에 익숙하고 태어날 때부터 목욕 문화에 길들여진 세대라 지하 주차장과 욕실 2개를 주거지의 중요한 요건으로 생각하는 경향이 있습니다.

그리고 3인 가족이 많아지면서 대치동의 낡은 30평대 아파트보다는 지하 주차장이 있고 욕실이 2개인 20평대 신축 혹은 준신축을 주거지로 선택하는 사람들이 늘어났습니다.

3. 자녀 교육관의 차이

현재 30대 후반 40대 초반 세대는 부모의 높은 교육열로 어릴 때부터 피아노를 배우고 학습지를 하면서 본격적으로 학원을 다닌 첫 세대이지만, 부모 세대보다 부자가 되기는 어려운 세대입니다.

무한 학습 경쟁을 뚫고 대학교를 졸업했지만, 부자가 되는 건 좀 다른 길이라는 것을 깨닫는 세대이기도 합니다. 청년기의 막바지에 맞이한 인터넷 세계는 그동안 교육받아왔던 세계와는 전혀 다른 패러다임으로 전개되어 부의 세계에 입문하는 건 단지 공부만이 아님을 자각하게 됩니다.

그러나 이들은 MZ 세대처럼 이전 세대와는 단절된 그들만의 세계를 구축하는 것이 아니라, 새로운 세상의 흐름을 느끼면서도 교육받아왔던 방식을 버리지 못해서 자녀 교육관에서 내적 충돌을 일으키는 세대이기도 합니다. 그래서 공부의 효용성에 대해서도 반신반의하면서 대치동보다는 세미 학군지인 범대치권을 거주지로 선택하는 사람들이 많습니다.

4. 대치동 학원가가 한티역 쪽으로 서진(西進)

2010년대 중반, 대치동 메인 학원가는 은마아파트 사거리에서 임대료가 저렴한 한티역 쪽으로 확산되기 시작했습니다. 특히 초등학생 학원들이 한티역 쪽에 많이 생기면서 한티역 부근의 아파트들을 찾는 수요가 늘어나게 되어 대치동의 학군 수요가 역삼동으로 분산되기 시작했습니다.

역삼동의 미래는 어떠할까?

주거지의 가치는 고정된 것이 아니라 시간에 따라 계속 변해가며 순환하는 특징이 있습니다. 즉, 신축 단지에서 서서히 낡아가는 곳도 있고, 더 낡아서 재건축을 통해 새롭게 신축으로 부활하는 곳도 있습니다. 이런 변화 속에서 수요를 끌어오기도 하고 때론 수요를 뺏기기도 하면서 주거지의 가치가 바뀌게 됩니다.

그렇다면 앞으로 '역삼동'의 미래는 어떠할 것인지 궁금해 하는 분들이 많습니다. 그런데 이것을 파악하려면 역삼동뿐만 아니라 역삼동을 둘러싸고 있는 지역의 변화도 함께 파악하면서 그 역학관계를 따져봐야 할 것 같습니다.

1. '토지거래허가제'가 미치는 영향

현재(2025년 기준)는 '강남 3구와 용산'의 모든 지역이 '토지거래허가제'로 묶인 상태인데, 그 전에 대치동만 묶여 있을 때 도곡, 역삼, 개포가 틈새 혜택을 받았다고 이야기하는 분들이 많았습니다.

그러나 이 말은 일부 맞기도 하고 한편으로는 틀리기도 합니다. 토지거래허가제는 실입주를 해야 하고 매수 과정이 복잡하므로 갭투를 원하거나 복잡한 매수 과정을 피하고 싶은 사람들은 인근 범대치권으로 발길을 돌리기도 했습니다. 그로 인해 범대치권 지역들이 틈새 혜택을 받은 건 사실입니다.

그리고 토지거래허가제가 풀리면 대치동으로 갈아타려는 이탈 수요로 인해 범대치권 지역들이 부정적 영향을 받을 수도 있습니다. 그러나 그동안 범대치권의 대장인 대치동이 토지거래허가제로 눌려 있었기 때문에 인근 지역도 대치동과 함께 눌려 있었다고 볼 수 있습니다.

2025년 초에 잠시 토지거래허가제가 해제된 기간 동안, 대치동에 수요가 몰려들어 아파트값이 상승하자, 범대치권 지역도 함께 연동되며 상승하는 양상을 보였습니다.

2. 대치동 재건축이 속도를 낼 때의 변화

그동안 대치동이 노후화되면서 거주 여건이 양호한 도곡동, 역삼동 쪽으로 수요가 많이 이동했지만, 대치동 아파트들의 재건축이 가시화되면 아무래도 범대치권에서 대치동으로 갈아타는 수요가 늘어날 것으로 생각합니다.

그러나 대치동 아파트들은 대부분 재건축 초기 단계라서 아직 시간이 많이 남아 있습니다. 범대치권에서 가장 빠르게 재건축하는 아파트는 개포주공5~7단지인데, 이들 아파트도 입주하려면 적어도 7~8년 이상 바라봐야 합니다(2025년 기준). 그리고 한티역 주변까지 영향을 끼칠 정도의 세대수도 아니고 생활권이 다르기 때문에 아직 10년 정도는 한티역 주변 아파트 수요가 줄어들지 않을 것으로 봅니다.

다만 대치동 재건축 속도가 가시화되면 미래 가치를 보고 미리 진입하는 수요가 있으므로 대치동 메인 아파트들의 재건축 상황을 지켜보면서 적절한 시기에 갈아타는 포지션이 필요한 것 같습니다.

3. 감가상각

주거지도 사람과 같아서 아무리 입지가 좋아도 연식에 따른 노후화를 이길 수는 없습니다. 대치삼성(2000년 입주, 960세대)이나 대치현대(1999년 입주, 630세대)도 한때는 대치동에서 잘 나가던 아파트들 중의 하나였습니다. 그러나 지금은 상대적으로 저렴한 가성비 아파트가 되었습니다. 이처럼 연식에 따른 감가상각은 피할 수 없는데, 다만 입지에 따라 감가상각의 속도는 차이가 있습니다.

예를 들어, 수도권에서 핫하던 신축 아파트의 경우 10년 정도 지나면 빛을 잃는 경우가 많습니다. 반면 반포래미안퍼스티지 같은 아파트는 입주한 지 15년이 넘었지만, 여전히 주변 신축들과 함께 연동되는 아파트입니다. 이유는 대체 불가능한 '절대 입지'라는 점 때문입니다.

그렇다면 역삼동 아파트들의 '감가상각' 속도는 어떠할까요?

제가 볼 때, 한티역 주변 역삼동 아파트 단지들은 분명히 입지가 좋은 주거지이지만, 상대적으로 입지가 우위인 대치동 메인 아파트가 재건축 속도를 내면 아무래도 영향을 받을 것 같습니다.

그러나 역삼동 아파트들도 대치동 아파트들이 재건축이 끝나서 입주할 즈음이면 새로운 리뉴얼 계획이 나오지 않을까 생각합니다. 물론 이런 이야기를 하는 것이 시기상조이기는 하지만, 도시를 정비하는 것도 정부가 해야 할 일 중의 하나이므로 그대로 낡아가게 내버려두지는 않을 겁니다.

중요한 건 현재 소유하고 거주하는 아파트를 영원히 홀딩한다는 포지션에서 벗어나서 적절할 때 떠나보내고 새롭게 떠오를 곳을 매수하는 흐름을 타는 게 필요합니다. 그러기 위해서 지역 분석을 하고 미래 전망을 하는 겁니다.

세상은 변하고 있고 우리가 살고 있는 주거지도 시간의 흐름에 따라 변해가고 있기에 사람들이 주거지를 바라보는 시각도 달라져야 합니다.

그래서 섣불리 미래를 예측하고 그에 맞춰 준비하려 하기보다는 관심의 끈을 놓지 않고 꾸준히 세상 변화를 체크해 가는 자세가 필요한 것 같습니다.

역삼동 아파트

서울도성초 블록 아파트

서울도성초 블록의 개나리아파트는 1970년대 영동택지를 개발
하면서 지은 역삼동 소재의 아파트를 말합니다.

개나리1~6차까지 총 1,840가구로, 고층과 저층이 섞여 있던 단
지였습니다. 아파트가 귀하던 시절, 대형 평수가 많았던 개나리아
파트는 알부자들이 많이 살았던 곳입니다.

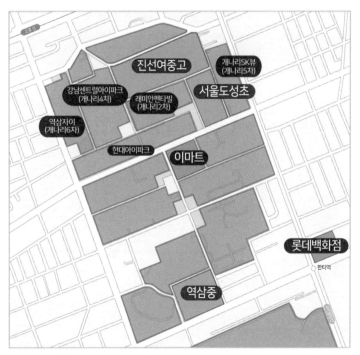

서울도성초 블록 지도

　　개나리아파트는 1990년대 말부터 재건축 시동을 걸기 시작해서 2000년 중반부터 신축 입주를 하기 시작했는데, 이 당시에도 재건축이 쉽지 않았고 수많은 소송과 갈등 끝에 6개 단지가 7개의 단지(**개나리2차가 고층과 저층으로 분리 재건축함**)로 재건축되었습니다. 개나리아파트 중에서 서울도성초 구역에 있었던 단지는 2차, 4차, 5차, 6차이고, 1차와 3차는 길 건너 구역에 있었습니다.

　　1996년에 5층짜리 계단식 아파트였던 개나리2차로 이사 갔을 때

고층 단지였던 개나리4차(50평대, 60평대로만 구성)는 저에게 꿈의 아파트였습니다. 평수가 크고 올수리를 멋지게 해 놓은 집들이 많아서 같은 아파트인데도 저층(5층) 아파트와 빈부의 차가 느껴졌습니다.

그러나 막상 재건축이 시작되자 상황이 달라졌습니다. 그동안 거주 여건이 좋아서 두 배 이상 높은 가격이던 고층 아파트보다, 지분이 큰 저층 단지가 재건축에 유리해서 정비사업 진행이 빨랐습니다. 그래서 개나리2차는 고층과 저층으로 분리해서 재건축되었습니다.

지분이 넓은 개나리2차 저층 단지 30평대 소유주들은 50평대까지 무상으로 받을 수 있었고 40평대를 받으면 환급금을 받았습니다. 반면 부러워했던 개나리4차는 재건축이 쉽지 않았습니다. 50평대와 60평대 대형 평형으로만 이루어진 두 동짜리 소단지로, 거주 여건이 나쁘지 않은 데 비해 상대적으로 지분이 작다 보니 재건축 후 특별한 메리트가 없다고 생각하는 소유주들이 많아서 재건축이 가장 늦어진 케이스입니다.

개나리4차 57평에 살면서 2차 저층 30평대를 소유하고 있던 지인이 있었는데, 세를 주었던 30평대에서 누수가 자주 발생하자 귀찮아서 3억 원 정도에 팔아버렸습니다. 그런데 팔아버렸던 아파트는 2006년 50평대 신축이 되어 있고, 개나리4차는 2022년에야 평수를 줄여서 재건축되었습니다.

재건축에 대한 개념이 없던 시절, 거주 여건이 좋지 않아서 상대적으로 저렴했던 저층 아파트가 신축 대형 아파트로 재건축되고, 비쌌던 고층 대형 아파트는 재건축이 힘들어서 늦게까지 낡아가다가 평수를 줄여서 재건축되는 뒤웅박 재건축 스토리가 개나리 단지 안에서 벌어졌었습니다.

▌ 서울도성초 블록(역삼동) 아파트

아파트명	재건축 전 아파트명	입주 시기	세대수
래미안펜타빌	개나리2차(고층)	2007년	288세대
역삼아이파크	개나리2차(저층)	2006년	541세대
강남센트럴아이파크	개나리4차	2022년	499세대
개나리SK뷰	개나리5차	2012년	240세대
역삼자이	개나리6차	2016년	408세대

* 개나리1차와 개나리3차 재건축은 한티역 블록에 있음

개나리 서울도성초 블록은 선릉역(2호선, 수인분당선) 도보권에 강남의 중심 업무지역인 테헤란로를 끼고 있는 역세권이면서 직주근접의 주거지입니다. 선릉역에서 삼성역(2호선)까지 한 정거장이라 GBC 완공 후에는 직주근접의 주거지로 수요가 늘어날 수 있는 곳입니다.

선호 학교인 진선여중고와 서울도성초가 블록 안에 있고 한티역 (수인분당선) 학원가를 도보로 이용할 수 있어서 학군 수요가 많은 곳입

니다. 그러나 범대치권 학군지이지만 요란한 학습 경쟁을 피해서 조용하게 자녀를 교육시키고 싶은 분들이 선호할 만한 곳입니다.

그러나 개나리가 7개의 단지로 쪼개져서 모두 중소 규모의 단지로 재건축되어 시선을 끌 만한 랜드마크 단지가 없다는 것이 아쉬운 부분입니다. 재건축되기 전에는 역삼동 3형제**(영동아파트 재건축)** 아파트보다 시세가 높았으나, 한티역 부근으로 학원가가 이동하면서 무게 중심이 한티역 쪽으로 이동한 느낌입니다.

이 블록에는 중대형 평수의 아파트가 많은 편인데, 평당가가 20평대나 30평대에 비해 낮은 편입니다. 지역 안에서 대형 평형으로 이동하는 경우보다는 더 상급지로 이동하는 사람들이 많아서 수요가 많지 않기 때문입니다. 가끔 외부에서 오시는 분들이 부동산 사장님들의 말씀을 듣고 저평가라고 생각해서 대형 평형을 매수했다가 기대만큼 상승하지 않아서 기회비용을 놓친 것에 대해 아쉬워하는 경우가 있습니다.

이 블록을 지나다 보면 만약 개나리 아파트가 7개의 단지로 쪼개져서 재건축되지 않고 '통합 재건축'으로 진행되었다면 어땠을까 아쉬운 느낌이 드는 곳입니다.

그러나 한편 소유주들 입장에서 생각해 보면 재건축하기 좋은 호

시절에 빨리 재건축을 끝내서 기회비용을 벌었을 수도 있었다는 생각이 듭니다.

역삼중 한티역 부근 아파트

이마트 역삼점에서 역삼중까지 구역은 개나리1차, 개나리3차, 영동아파트, 진달래아파트가 섞여 있다가 재건축된 지역입니다.

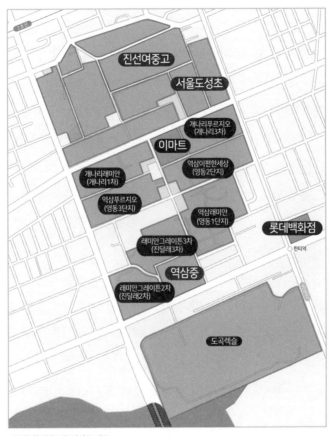

역삼중 한티역 부근 아파트 지도

▌ 한티역 부근(역삼동) 아파트

아파트명		재건축 전 아파트명	입주 시기	세대수
개나리래미안		개나리1차	2006년	438세대
개나리푸르지오		개나리3차	2006년	332세대
역삼래미안		영동아파트1단지	2005년	1,050세대
역삼이편한세상	역삼3형제	영동아파트2단지	2005년	840세대
역삼푸르지오		영동아파트3단지	2006년	738세대
래미안그레이튼2차		진달래2차	2010년	464세대
래미안그레이튼3차		진달래3차	2009년	476세대

앞에 '개나리'가 붙은 건 '개나리아파트'가 재건축된 것이고, 앞에 '역삼'이 붙은 건 '영동아파트'가 재건축된 겁니다. 그리고 우리가 '역삼3형제'라고 칭하는 세 아파트는 '영동아파트'가 재건축된 '역삼래미안', '역삼이편한세상', '역삼푸르지오'입니다.

저층 연탄 난방인 13평 단일 평형이었던 영동아파트는 중앙난방 방식이었던 개나리 고층이나 저층 아파트에 비해 가격이 많이 저렴했습니다. 하지만 재건축 후에 한티역 부근이 학원가로 변하면서 수요가 급증해 지금은 같은 평형 대비 양쪽 아파트 가격이 비슷해졌습니다. 한티역(수인분당선) 부근 아파트들이 상대적으로 가치가 올라갔다고 볼 수 있습니다.

이 구역은 '한티역' 역세권이고, 한티역 학원가와 롯데백화점, 이마트, 강남세브란스병원을 도보로 이용할 수 있고 학교들이 근접해 있어서 생활 편의성이 뛰어난 곳입니다.

주로 20평대와 30평대 위주로 구성되어 있고 학군 및 학원가 이용 수요가 많아서 거래량이 많고 환금성이 좋은 아파트입니다. 다만 블록 안에 초등학교가 없는 게 단점인데, 길 건너가면 도보권 안에 초등학교가 있어서 큰 문제가 되지는 않습니다.

'역삼이편한세상'과 '역삼푸르지오'는 서울도성초등학교로 배정받아서 '서울도곡초등학교'로 배정받는 '역삼래미안'보다 수요가 많았습니다. 하지만 요즘에는 아파트값이 많이 올라서 초등학교 저학년 자녀를 둔 수요보다 초등학교 고학년이나 중등 이상의 자녀를 둔 수요가 많아 학원가가 가까운 역삼래미안의 수요가 늘었습니다.

선릉역 부근 아파트

1. 테헤란아이파크

테헤란아이파크(2014년 입주, 411세대)는 진선여고 정문 맞은편의 성보아파트를 재건축한 입주 11년 차 아파트입니다. 역세권(2호선/수인분당선 선릉역)에 강남 업무지구인 테헤란로를 끼고 있고 선호 학교인 진선여중고와 서울도성초가 도보권이라 교통, 학군, 직주근접 모두 만족할 만

선릉역 부근 아파트 지도

한 단지입니다. 그러나 업무 및 상업지역과 인접해 있어서 주거지로
서의 안온함을 추구하는 수요층들에겐 다소 아쉬운 면이 있는 단지
입니다.

2. 현대까르띠에710

현대까르띠에710**(2001년 입주)**은 진선여고 인근에 있는 아파트로,
60~89평까지 있는 초대형 평형 위주의 단지입니다. 하지만 25년 차
연식이고 137세대라는 소규모 단지에 감가상각이 이루어져서 60평
이 30억 원 초반에 거래되고 있는 상황입니다.

재건축되기 전의 역삼동 아파트는 북쪽은 테헤란로, 서쪽은 빌라촌, 동쪽은 상업지역으로 단절되어 좀 동떨어진 느낌이 드는 곳이었습니다. 그러나 재건축과 한티역 개통, 대치동 학원가의 이동으로 '한티역'이라는 구심점이 생김으로써 이런 단점이 해소된 지역입니다.

이렇게 주거지는 재건축과 같은 주거지 자체의 변화뿐만 아니라 주변 지역의 변화, 트렌드, 수요층의 변화 등에 따라 가치가 변해간다는 것을 역삼동 아파트들을 통해서 알 수 있습니다.

집은 우리에게 거주만이 아닌 중요한 재테크 수단이므로 끝없이 변하고 있는 역학관계 속에서 다음 포지션은 어디로 향할 것인가를 늘 염두에 두고 살펴보는 자세가 필요합니다.

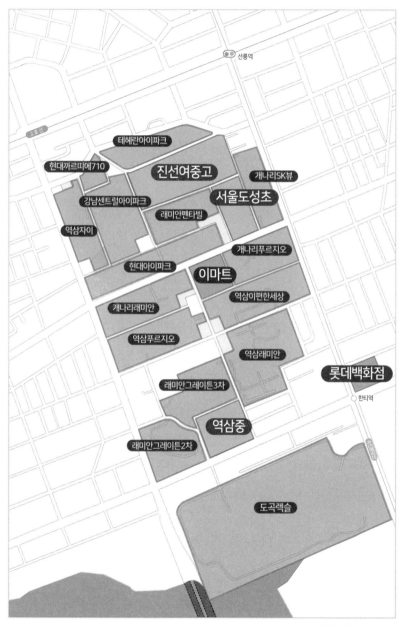

선릉역

2호선

테헤란아이파크

현대까르띠에710

진선여중고

개나리SK뷰

강남센트럴아이파크

서울도성초

래미안펜타빌

역삼자이

현대아이파크

이마트

개나리푸르지오

역삼이편한세상

개나리래미안

역삼푸르지오

역삼래미안

롯데백화점

한티역

래미안그레이튼3차

역삼중

래미안그레이튼2차

도곡렉슬

역삼 아파트 지도

도곡동의 정체성은
왜 변했을까?

도곡동 대표 주자가 '타워팰리스'에서
'도곡렉슬'로 바뀐 이유는?

2000년대 초에는 '도곡동' 하면 가장 먼저 떠오르는 단어가 무엇이냐고 물어보면 '타워팰리스'로 답하는 사람들이 많았습니다. 타워팰리스는 삼성동 아이파크삼성과 함께 우리나라 최초의 초고층 주상복합 아파트로, 2000년대 가장 비싼 아파트 중의 하나였기 때문입니다.

요즘에는 한남동이나 청담동에 더 비싼 하이퍼엔드 아파트들이 많이 등장했지만, 양재천변에 우뚝 서 있는 타워팰리스는 쉽게 범접할 수 없는 부의 이미지로 우리에게 각인된 곳입니다.

그러나 2010년대 중반 무렵부터 '도곡동'의 랜드마크 아파트로 '도곡렉슬'을 떠올리는 사람들이 많아졌습니다. 그리고 '도곡렉슬'이라고 하면 '학군지 아파트'로 생각하는 사람들이 대부분이었습니다.

이처럼 도곡동을 대표하는 아파트가 '타워팰리스'에서 '도곡렉슬'로 바뀌었다는 것은 '도곡동'이라는 동네의 이미지가 바뀌었다는 것을 의미합니다. 다시 말해서 10여 년 동안 도곡동은 '부촌'보다는 '학군지'라는 정체성이 더욱 부각된 동네라고 할 수 있습니다.

그렇다면 이렇게 도곡동의 정체성이 변한 이유와 주거지로서의 도곡동의 특징은 무엇일까요?

1. 명문 학군 및 학원 근접

은마아파트 사거리를 중심으로 형성되었던 대치동 학원가가 2010년경 금융 위기 때부터 임대료가 저렴한 한티역 부근으로 확산하기 시작해서 한티역 사거리는 학원가로 핫해졌습니다. 이로 인해 도곡렉슬은 범대치권의 명문 학군을 공유하면서도 학원을 라이딩하지 않아도 되는 아파트로, 학령기 자녀를 둔 부모들이 선호하는 아파트가 되었습니다.

2. 직주근접

도곡동은 강남의 주요 업무지역인 '강남대로'를 끼고 있는 직주근접의 주거지역이고, 4개의 지하철역(한티역, 도곡역, 매봉역, 양재역)을 통해 여러 업무지역으로 이동할 수 있어서 맞벌이 수요가 많은 곳입니다. 게다가 자녀들 학원 라이딩을 하지 않아도 되기 때문에 수요가 더욱 늘어나게 되었습니다.

3. 좋은 거주 여건

대치동의 낡고 오래된 아파트들과는 달리 도곡렉슬은 2000년대 중반에 새로 입주한 아파트로, 지하 주차장과 욕실이 2개 있어서 거주 여건이 좋은 아파트입니다. 그래서 자녀들 교육 때문에 학군지에 진입하려는 사람들이 우선순위로 선택하는 곳이 되었습니다.

늦게 핀 꽃 '도곡렉슬'

도곡렉슬은 저층 도곡주공을 재건축해서 2006년에 입주한 3,000세대 이상(3,002세대)의 대단지 아파트입니다. 최근에는 인근 개포동에 고급 커뮤니티를 갖춘 더 큰 규모의 신축 단지들이 입주했지만, 도보로 학원가를 이용할 수 있다는 점에서 도곡렉슬은 여전히 독보적입니다.

도곡렉슬은 한창 대치동 전성시대의 막바지였던 2006년에 입주했습니다. 그 당시에는 학원가가 한티역까지 확산하지 않았던 시기라 지금 같은 '학군지' 아파트보다는 '신축' 아파트라는 이미지가 더 강했습니다. 만약 도곡렉슬이 입주할 당시에 한티역이 지금처럼 학원가로 자리 잡았다면 '학군지' 아파트에 '신축' 프리미엄까지 더해서 훨씬 더 주목받았을 것 같습니다.

그러나 신축 프리미엄을 누리기도 전에 글로벌 금융 위기로 인한 부동산 하락기가 시작되었고 다시 부동산 상승기를 맞이할 무렵, 도곡렉슬은 이미 10년 차 연식의 아파트가 되어 있었습니다. 이런 면에서 도곡렉슬은 입주 시기가 베스트였던 건 아닙니다. 신축

▌도곡렉슬 연도별 갭투 차익

평수	거래 날짜		현재 실거래가 (2024년 최고가)	상승폭
	매매가	갭		
26평	2016년 4월		26.5억 원	18.5억 원
	약 8억 원	약 1.7억 원		
33평	2016년 2월		34.45억 원	22.45억 원
	약 12억 원	약 2.7억 원		
43평	2017년 1월		38.4억 원	22.9억 원
	15.5억 원	약 1.8억 원		
50평	2017년 2월		46.5억 원	26억 원
	20.5억 원	약 4억 원		

프리미엄을 제대로 누리지도 못하고 곧바로 긴 하락기에 접어들었기 때문입니다. 하락기에 매매가와 전세가 갭이 작아서 갭 투자자들이 많이 진입한 아파트이기도 합니다.

그러다가 지난 상승장 시작 무렵(2015년)부터 대치동 학원가가 한티역 쪽으로 확산되기 시작하면서 도곡렉슬은 거주 여건이 양호한 '신축'에 '학원가 인접 아파트'라는 2가지 장점이 맞물려서 뒤늦게 꽃을 피우기 시작했습니다.

이처럼 도곡동은 2000년 초반에는 타워팰리스로 대표되는 '부자 동네'에서 2015년 중반부터는 '학군지' 동네로 정체성을 바꿔가며 주목받고 있는 동네입니다.

\ 입지 분석 ⑥ /

도곡동 아파트

도곡동은 크게 5개 구역(도곡공원, 도곡렉슬, 대치중, 타워팰리스, 은광여고)로 나누어서 살펴보겠습니다.

도곡동 5개 구역 지도

도곡렉슬(한티역) 구역

한티역 인근에 모여 있는 아파트를 살펴보겠습니다.

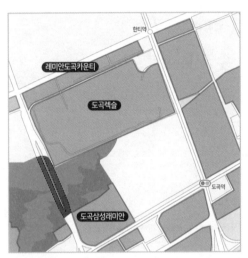

도곡렉슬(한티역) 구역 아파트 지도

1. 도곡렉슬

도곡렉슬(2006년 입주, 3,002세대)은 도곡동을 대표하는 아파트이지만, 대치동 학원가의 센터인 한티역과 접해 있어서 도곡동의 다른 구역에 있는 아파트들보다 오히려 한티역 부근에 있는 대치동(대치아이파크 쪽), 역삼동(역삼3형제) 아파트들과 더 밀접하게 연동되는 단지입니다.

20평대부터 68평까지 평수가 다양해서 수요층이 다양하고, 대단지답게 상가가 잘 활성화되어 있으며, 초중고가 인접해 있고, 대치동 학원가를 도보로 이용할 수 있어서 특히 학령기 자녀를 둔 학부모 수요가 많은 아파트 단지입니다.

2. 래미안도곡카운티

래미안도곡카운티(2013년 입주)는 연식이 10년 조금 넘은 준신축 단지로, 진달래아파트를 재건축한 단지입니다. 규모가 조금 작지만(397세대), 도곡렉슬과 거의 한 단지처럼 붙어있어서 모든 인프라를 함께 공유하고 도곡렉슬과 비슷하게 실거래되면서 연동되는 단지입니다.

3. 도곡삼성래미안

도곡삼성래미안(2002년 입주, 732세대)은 숙명여고와 중대부고를 끼고 있는 학세권, 역세권(3호선/수인분당선 도곡역) 단지입니다. 2000년대 초반 아파트라 거주 여건이 나쁘지 않지만, 매봉산과 학교들이 가로막고 있어 주변 단지와 이어지지 못해서 리딩 단지인 도곡렉슬의 온기를 빨리 받지 못한다는 아쉬움이 있습니다. 그러나 좀 느리더라도 도곡렉슬과 연동되는 단지이고, 특히 급상승기에 매물 부족 현상이 벌어지면 한꺼번에 키 맞추기를 하는 특징이 있습니다.

도곡공원(매봉산) 구역

이 구역은 전체 면적의 60% 정도를 도곡공원(매봉산)이 차지하고

도곡공원(매봉산) 구역 지도

있습니다.

1. 래미안레벤투스

래미안레벤투스(**2026년 10월 입주 예정**)는 강남세브란스병원 옆에 있고 '도곡삼호'를 재건축하는 단지로, 총 308세대입니다. 2024년 34평을 약 22억 원 분양가로 133가구를 일반분양했는데, 1순위 청약이 거의 400:1로 높은 경쟁률을 기록했습니다. 이렇게 경쟁률이 높았던 이유는 대치, 도곡, 역삼 범대치권 지역에 당분간 공급이 없어서 신축이 매우 귀하기 때문입니다.

2. 도곡삼익

도곡삼익(**1983년 입주**)은 입주 40년 차가 넘는 247가구의 소단지로 전용 104㎡와 153㎡의 대형 평형으로만 이루어져 있습니다. 용적률 (**177%**)이 높지 않고 세대당 대지 지분이 커서 재건축 사업성이 나쁘지는 않습니다. 아직 재건축 조합설립은 되지 않은 상태인데, 상가 문제가 넘어야 할 산입니다.

지하철역과의 거리가 먼 것이 단점인데, 만약 압구정과 과천을 잇는 위례과천선(**가칭 도곡공원역**)이 신설되면 역삼럭키와 도곡삼익 부근에 역이 생길 예정이라 역세권 아파트가 됩니다.

3. 삼성, 포스코트, 매봉삼성

도곡 삼성(**1994년 입주**)은 매봉역(**3호선**) 도보 5분 거리에 있는 친자연적이고 아늑한 단지입니다. 총 231세대 소단지로, 용적률이 139%로 낮지만, 아파트 뒤에 도곡공원이 있어서 고도 제한 규제를 받을 수도 있습니다. 현재 입주 32년 차라 2025년 6월 이후부터는 30년 넘으면 안전진단 없이 재건축할 수 있어서 조만간 재건축 시도가 있지 않을까 생각됩니다.

이 밖에도 이 구역에는 매봉역 부근에 포스코트(**2002년 입주, 64세대, 73~77평 대형 단지**), 매봉삼성(**1999년 입주, 132세대**) 등의 단지들이 있습니다.

타워팰리스 구역

타워팰리스 구역은 초고층 주상복합과 오피스텔이 밀집된 곳으로, 일반 아파트들이 있는 도곡동의 다른 구역들과 직접적으로 연동되지 않고 마이웨이하는 경향이 있습니다.

타워팰리스 구역 지도

타워팰리스는 대형 평형 위주여서 입주 당시부터 부유층들이 입주해 거주함으로써 부유층 단지로 자리매김했습니다. 물론 지금은 연식이 좀 오래되었고, 더 고급화된 하이퍼엔드 단지들이 많아져서 예전과 같은 위상은 아니지만, 여전히 고급 주거지로 고가 거래가 이루어지고 있는 단지입니다.

이 구역은 고가의 월세 세입자들도 많은 곳이어서 주상복합이나 오피스텔을 2~3채씩 소유하고 월세 소득으로 노후의 현금 흐름을 유지하는 부유층 노인들이 있습니다. 실제로 도곡동 주상복합 두 채를 월세로 세팅해서 주 소득원으로 생활하는 지인도 있습니다.

널찍한 인도에 고급스러운 스트리트 상가가 있고 외국 어느 도시의 주택가 일부를 옮겨다 놓은 듯한 도회적이고 이국적인 느낌을 주는 곳입니다. 특히 타워팰리스1차는 주상복합임에도 단지 안에 조경이 갖추어져 있고 양재천과 접해 있어서 친자연적인 환경을 갖추고 있는 단지입니다.

수인분당선과 3호선 환승역인 도곡역을 이용할 수 있고 한티역 학원가도 도보로 이용할 수 있습니다. 다만 구역 안에 초등학교가 없다는 점은 아쉬운 점입니다.

대치중학교(매봉역 남쪽) 구역

3호선 매봉역 초역세권인 이 구역은 한창 재건축이 진행 중인 아파트들이 모여 있습니다. 블록 안에 대치중학교와 소공원(특골공원)이 있으며 건너편 블록에 트렌디한 카페와 레스토랑이 있고, 양재천을 접하고 있는 친자연적이면서도 특색 있는 주거지역입니다.

대치중학교(매봉역 남쪽) 구역 지도

1. 개포한신

개포한신**(1985년 입주, 620세대, 22~32평)**은 이 블록에서 재건축 속도가 가장 빠른 단지로, 2026년 관리처분인가를 목표로 하고 있습니다. 용적률이 145%로 낮은 편이지만, 중소형 평형 위주의 단지라 기존 평형보다 넓은 평수를 원하는 조합원들이 많으면 일반분양 물량이 줄어들어서 추가 분담금이 제법 될 것으로 예상됩니다. 매봉역**(3호선)** 초역세권 아파트로, 2024년 여름에 DL이앤씨**('아크로도곡')**로 시공사가 정해져서 35층짜리 816가구로 재건축될 예정입니다.

2. 개포우성4차

개포우성4차(1985년 입주)는 현재 총 459세대(대형)로, 양재천 조망 가능한 단지입니다. 용적률이 149%로 낮은 편이고, 중대형 평형(34~54평) 위주의 단지라 재건축 사업성이 나쁘지 않아서 재건축 후 1,000세대 이상의 양재천 조망이 가능한 단지로 거듭날 예정입니다.

3. 개포우성5차, 개포럭키

개포우성5차(1986년 입주, 180세대, 27~29평)와 개포럭키(1986년 입주, 128세대, 30평 단일 평형)는 소규모 가로정비사업으로 재건축이 진행되고 있습니다.

은광여고(양재역, 도곡1동) 구역

도곡1동(은광여고 구역)은 다양한 규모와 연식의 아파트들이 모여 있고 아파트와 빌라가 혼재된 지역입니다.

1. 역삼럭키

역삼럭키(1995년 입주, 1,094세대)는 이 구역을 대표하는 단지로, '학군지 가성비 단지'라는 정체성을 지니고 있는 아파트입니다. 이미 한 번 재건축된 단지라서 용적률이 248%로 높은 편이고 연식이 애매해서 리뉴얼 기대감을 갖기는 어려운 단지입니다.

도곡동 리딩 단지인 '도곡렉슬'과 매봉산으로 단절되어 있어서

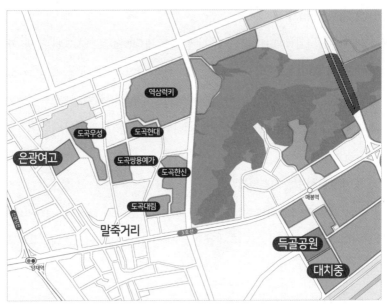

은광여고(양재역, 도곡1동) 구역 지도

상승기에 온기를 빠르게 전해 받지 못하기 때문에 이 블록을 대표하는 단지임에도 강력한 리딩 단지가 되지 못하고 있습니다. 위례과천선(**도곡공원역**)이 확정된다면 초역세권 아파트가 되어 좀 더 상승동력을 지닌 아파트가 될 것 같습니다.

2. 도곡우성

도곡우성(**1986년 입주**)은 현재 총 390세대(**28평, 30평**)로, 조합설립을 준비 중인데, 정비계획안에 따르면 최고 26층, 총 548세대로 재건축됩니다. 용적률 179%로, 추정 비례율은 100.06%로 소단지이지만,

그렇게 나쁘진 않습니다.

3. 도곡한신, 도곡대림

'도곡한신'(1988년 입주, 421세대, 용적률 212%)과 '도곡대림'(1992년 입주, 197세대, 용적률 251%)은 통합 재건축 추진 중입니다. 용적률이 높아서 재건축 사업성은 좋지 않지만, 재건축 이후 단지 규모가 커진다면 추가 분담금 이상의 자산 상승 효과가 있지 않을까 생각합니다.

이 외에도 이 구역에는 리모델링한 도곡쌍용예가(2015년 입주, 384세대)와 구축 소단지인 도곡현대(1994년 입주, 211세대) 등이 있습니다.

구심점은 약하지만 학령기 가성비 주거지

도곡1동은 양재역 생활권으로, 도곡렉슬이 한티역을 중심으로 대치동, 역삼동 아파트들과 더 밀접하게 연결되어 있듯이 도곡1동도 다른 행정구역인 서초구 양재동과 더 가까이 생활권을 공유하는 곳입니다.

도곡1동은 도곡동의 다른 구역들과도 좀 동떨어져 있는 느낌이 들고 연동력이 약한 특징을 보입니다. 그리고 도곡1동 안에서도 학교(은광여고)에 의해서 동서가 단절되고 언덕이 있어서 주거지역으로는 지형적인 면에서 핸디캡이 있는 지역입니다. 그러나 초중고(서울

언주초, 은성중, 은광여고)가 있고 범대치권의 교육 환경을 공유할 수 있다는 점에서 '가성비 학군지'라고 할 수 있습니다.

도곡1동에는 '양재역복합사업'과 '위과선' 신설, 'GTX-C' 등 굵직한 호재가 기다리고 있습니다. 특히 대중교통의 사각지대인 역삼럭키 부근에 '도곡공원역'**(위과선)**이 생기면 역삼역**(2호선)**, 언주역**(9호선)**, 학동역**(7호선)**, 압구정역**(3호선)**으로 이어져서 교통이 획기적으로 좋아지는 곳입니다. 또한 양재역**(3호선, 신분당선)**에 GTX-C가 신설되면 삼성동 GBC로도 빠르게 연결되어 강남대로 외에 또 하나의 업무지역을 커버하는 직주근접 주거지가 되는 겁니다.

∽

도곡동은 행정구역상으로는 '도곡1동'과 '도곡2동'으로 나뉘어 있지만, 특성이 다른 5개의 구역으로 구성되어 있습니다. 그리고 언덕이나 산 같은 지형적 요소로 인해 단절되는 구간이 많아서 도곡동 자체의 구심점이 부족하다는 특징이 있습니다. 그래서 도곡렉슬 같은 강력한 리딩 단지가 있어도 도곡동의 다른 아파트들이 상승기때 온기를 제대로 전해 받지 못하는 아쉬움이 있습니다.

도곡동은 맏형**(도곡렉슬)**이 상경해서 도시 친구들**(한티역 사거리, 대치동, 역삼동 아파트들)**과 친하게 지내느라 고향에 있는 동생들과는 소원해져 있고, 동생들도 각자의 위치에서 독립적으로 살아가는 느낌이 드는 곳입니다.

그래서 도곡동을 살펴볼 때는 '도곡동'이라는 큰 카테고리로 연결하기보다는 각 구역별로 분리해서 각 지역의 특징을 중심으로 살펴보는 것이 더 좋을 것 같습니다.

도곡동의 입지 분석을 통해 지형적, 지리적인 요소가 입지의 가치를 결정하는 데 얼마나 중요한 역할을 하는지 다시 한번 느낄 수 있습니다. 다양한 모습과 정체성으로 다양한 수요층을 수용할 수 있는 도곡동은 앞으로 또 어떤 모습으로 우리 앞에 서게 될지 기대가 되는 곳입니다.

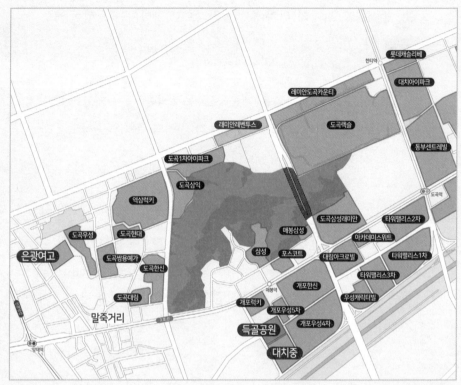

도곡 아파트 지도

롯데캐슬리베

현티안 대치아이파크

레미안도곡카운티

래미안레벤투스 도곡렉슬

동부센트레빌

도곡1차아이파크

도곡삼익 도곡역

역삼럭키 도곡삼성래미안 타워팰리스2차

도곡현대 매봉삼성 아카데미스위트

도곡우성 삼성 포스코트 대림아크로빌 타워팰리스1차

은광여고 도곡쌍용예가

도곡한신 개포한신 타워팰리스3차

도곡대림 우성캐릭터빌

도곡역 개포럭키

말죽거리 매봉역 개포우성5차

개포우성4차

양재역 득골공원

대치중

날아라 독수리 5형제

압구정과 쌍벽을 이루었던 부자 동네 서초동

서초동과 제가 처음 인연을 맺게 된 건 서초동 S 중학교에 첫 발령을 받았을 때였습니다. 당시(1980년대) 서초동은 강남에서 몇 안 되는 고층 아파트 밀집 지역으로, 압구정과 맞먹는 부자 동네였습니다.

매일 아침 출근하는 서초동은 저에게 빈부의 차이가 무엇인지 확실하게 느끼게 해 주는 동네였고, 부자로 살고 싶다는 대책 없는 갈망이 솟아오르게 만든 곳이었습니다. 그때는 아직 명동, 종로가 핫하던 시절이었고, 강남역 부근의 랜드마크였던 뉴욕제과와 새로 생긴 카페, 그리고 음식점들이 조금씩 힙해지기 시작하던 때였습니다.

그런데 그때의 서초동은 강남을 제대로 알지 못하던 20대 초반의 저의 눈에만 부자 동네로 보였던 곳은 아니었습니다. 그때가 '압서방'(강남의 부자 동네이던 압구정, 서초동, 방배동을 칭하던 말)으로 부르던 서초동의 전성시대였다는 것을 나중에 알게 되었습니다.

지금도 그렇지만, 순환선인 2호선은 서울의 동서남북을 연결하고 주요 기업들이 가장 많이 모여 있는 시청, 을지로 부근과 주요 대학가를 지나는 핵심 노선입니다. 그래서 1980년대에 2호선 강남역과 교대역을 끼고 있는 서초동은 주거지로서는 단연 돋보이는 곳이었습니다. 그리고 지금은 주요 '업무지역'이 된 테헤란로가 그때 막 '업무지구'로 지정되어 자리 잡기 시작하던 때였습니다.

'테헤란로'는 강남역에서 삼성동 삼성교까지 이어지는 길로, 강남 업무지역의 맥을 이루는 곳입니다. '테헤란로'는 우리나라가 한창 중동으로 진출하던 1970년대 후반에 이란의 테헤란 시장이 서울을 방문해서 서울시와 테헤란시가 자매결연한 기념으로 양쪽 도시의 도로명을 하나씩 바꿔 부르기로 하면서 생긴 도로명(원래 '삼릉로')입니다.

테헤란로는 1980년대 상업지구 및 업무지구로 지정되면서 높은 용적률이 적용되어 지금과 같은 높은 빌딩들이 들어서기 시작했습니다. 그로 인해 대기업과 금융기관들이 테헤란로로 이동하기 시작했고 IMF 외환 위기 이후에는 IT 기업과 벤처기업이 진출하면서 우리나라 경제의 핵심을 이루는 축이 되었습니다.

테헤란로를 동서로 잇는 중심점이 '강남역'이고, '강남역'을 중심으로 다시 남북으로 강남대로가 이어지고 있으며, 강남대로는 한남대교를 통해 강북으로 이어집니다.

이처럼 '강남역'은 강남의 핵심 업무지구인 테헤란로와 강남대로로 갈라지는 센터이고 앞으로는 국제업무지역의 중심이 되는 GBC와 연결되는 곳입니다. '강남역'과 가장 인접한 주거지가 서초동입니다.

서초동 상업지역과 주거지역 지도

서초동의 주거지로서의 정체성

오래된 팝송 중 'Proud Mary'(C.C.R)라는 노래의 가사 중에는 이런 부분이 있습니다.

'돌고 돌아서 강 위를 흘러가요.'

힘들었던 직장 생활을 그만두고 어떤 사람이 'Proud Mary'라는 배를 타고 미시시피강을 건너가는데, 증기선의 물레방아 모양의 바퀴가 돌면서 배가 앞으로 나가는 모습을 노래한 겁니다. 이 증기선의 바퀴가 강 위를 쉼 없이 돌면서 배가 전진하는 것처럼 우리가 살아가고 있는 세상도 여러 가지 변화들이 서로 맞물려 돌면서 쉬지 않고 앞으로 나가고 있습니다.

매일 마주하는 익숙한 동네이지만, 그 위에 '시간'이 더해지면 예전과는 다른 정체성을 지닌 곳으로 변해 있는 것도 바로 이 때문입니다.

그렇다면 '서초동'은 현재 '주거지'로서 어떤 정체성을 지니고 있을까요?

1. 직주근접의 주거지

'서초동'은 강남의 주요 업무지역인 '테헤란로'와 '강남대로'가 만나는 '강남역'에 부근에 위치한 직주근접의 주거지입니다. 그리고 지하철 핵심 노선인 2, 3, 9호선과 신분당선(**강남역, 양재역, 교대역, 남부터미널역, 신논현역**)이 지나가고, 광역버스 운행도 많이 해서 서울 및 수도권의 다른 업무지역으로도 빠르게 이동할 수 있는 교통 체계를 갖추고 있는 곳입니다.

2. 여러 개의 정체성이 함께 하는 지역

서초동은 '업무지역', '상업지역', '주거지역'이 혼재된 곳입니다. 이렇게 여러 개의 정체성이 혼재된 지역은 주거지로서 장단점을 동시에 지니게 됩니다.

'업무지역'이 가까운 경우 직주근접의 주거지를 선호하는 수요층들이 우선으로 선택하는 주거지라는 점에서 경쟁력이 있습니다. 그러나 '업무지역' 근처는 '상업 시설'도 함께 있기 때문에 유동 인구가 많아 복잡하고 유흥적인 시설들이 끼어들 수 있어서 자녀를 키우는 환경에서는 마이너스 요소가 될 수도 있습니다. 그래서 차분한 주거 환경을 원하는 사람들의 주거지로는 적합하지 않을 수도 있습니다.

3. 전문직들이 많이 사는 주거지

서초동에는 '법조타운'이 있어서 법조계에 종사하는 사람들이 많이 거주하고 있습니다. 시대가 변해서 직업관이 많이 바뀌었지만, 그래도 아직까지 전문직에 대한 선호도가 높은 편이고, 전문직들이 많이 사는 동네는 다른 곳과 차별화되는 면이 있습니다.

일정 관문을 통과해야만 가능한 고학력 전문직의 직업적 특성이 자녀 교육에도 반영되어 전문직이 많이 거주하는 지역은 부모들의 교육열과 자녀들의 학업 성취 욕구가 높은 편입니다. 한 지역을 구성하는 것은 '사람들'이고, 그 '사람들'에 의해 동네의 정체성이 형성되므로 이와 같은 지역 정체성은 다른 지역과 차별화되는 장점이라고 할 수 있습니다.

4. 구심력이 약한 동네

서초동은 가운데를 경부고속도로가 관통하고 있어서 같은 서초동이지만, 삼풍아파트 부근과 독수리 5형제 부근은 서로 다른 생활권역을 형성하고 있습니다. 그래서 서초동 전체를 모으는 구심력이 약한 특징을 보이고 있습니다.

5. 비균질지역

서초동은 빌라지역이 차지하는 비율이 높아서 주거 균질성이 떨어지는 편입니다. 그래서 중학교까지는 괜찮지만, 고등학교부터는 광역 학군이라서 서울고, 상문고 같은 명문고로 배정되기도 하지만, 그 외 비선호 학교로 배정될 수도 있어서 자녀들의 고등학교 진학 무렵 학군지로 이동하는 경우도 있습니다. 강남에 진입하는 분들은 자녀의 교육 환경을 보고 들어오는 경우가 많으므로 학군이 주거지 선택에 미치는 영향은 매우 큰 편입니다.

또한 학업 성취도에 대한 기대치가 높은 지역이지만, 학원가가 발달하지 않아서 대치동으로 라이딩하는 경우가 많은데, 자녀가 고학년이 될수록 범대치권으로 다시 갈아타야 하는지에 대해 고민하게 되는 지역이기도 합니다.

6. 개발 호재

서초동의 대표적인 개발 계획으로는 '경부고속도로 지하화', '롯데코오롱부지개발(업무, 숙박 등 복합타운)', '남부터미널 현대화', '정보사 부지 개발(문화예술복합타운)' 등이 있습니다.

그중에서도 서초동을 관통하는 경부고속도로가 지하화되면 서초동은 동서간의 지역적 단절성이 사라지고 고속도로 상부로 길게 이어지는 거대한 규모의 공원이 생기게 됩니다. 즉, 현재 주거지로서의 단점이 오히려 장점으로 바뀌게 되어 주거지로서의 가치가 상승하게 됩니다.

그리고 '정보사' 부지에 문화예술복합타운 개발이 진행되면 사람들을 모으는 구심점 역할을 하므로 직주근접 주거지로서의 가치는 더욱 높아질 거라고 생각됩니다.

∽

한때 강남을 대표하는 최상급지였던 서초동도 세월의 흐름에 따라 사람들의 관심에서 다소 멀어졌었는데, 재건축을 통해 신축으로 거듭남으로써 최근에 다시 주목받기 시작했습니다. 그리고 서초동은 앞으로 여러 개발 호재들이 함께 하는 지역이라 계획대로 잘 진행만 된다면 또다시 새롭게 주목받을 곳입니다.

계절에 따라 피고 지는 꽃처럼 주거지도 시간에 따라 계속 다른 모습으로 정체성을 드러내고 있습니다. 유한한 인간의 눈으로 확인할 수 있는 변화의 과정은 짧지만, 주거지는 계속해서 새로운 사람들로 채우며 변화를 계속할 겁니다.

서초동 아파트

서초동 4개 구역 –
독수리 5형제, 서일중, 삼풍아파트, 서울교대 부근

서초동은 앞에서 언급했듯이 고속도로에 의해 단절되고 분리되어 있어서 같은 행정구역이지만, 다른 생활권역을 형성하고 있는 곳들이 많습니다.

서초동 아파트는 크게 4개의 구역(독수리 5형제, 서일중(진흥아파트) 부근, 삼풍아파트 부근, 서울교대 부근)으로 나누어서 살펴보겠습니다.

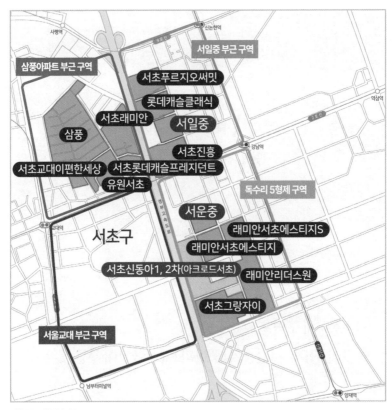

서초동 4개 구역 지도

독수리 5형제

'독수리 5형제'란, 1980년대 서초동 전성시대에 주목받던 서초동의 5개 아파트 단지(서초우성1차, 서초우성2차, 서초우성3차, 서초무지개, 서초신동아)를 칭하는 별명입니다.

서초동 독수리 5형제 아파트는 비슷한 시기에 적당한 시차를 두고 재건축되어 5개 단지 중 4개 단지(서초그랑자이, 래미안리더스원, 래미안서초에스티지S, 래미안서초에스티지)는 이미 재건축을 끝내고 입주했고 '서초신동아' 아파트만 재건축 중입니다.

▌서초동 독수리 5형제 아파트

재건축 후	재건축 전	입주 시기	세대수
서초그랑자이	서초무지개	2021년	1,446세대
래미안리더스원	서초우성1차	2020년	1,317세대
래미안서초에스티지S	서초우성2차	2018년	593세대
래미안서초에스티지	서초우성3차	2016년	421세대
아크로드서초	서초신동아1차, 2차	재건축 중, 2028년 입주 예정	1,161세대

서초동 '독수리 5형제' 아파트들은 주거지로서 어떤 특징을 지니고 있을까요?

1. 직주근접의 주거지

주요 업무지역인 강남대로와 테헤란로에 인접한 직주근접의 주거지이고, 대중교통이 편해서 다른 업무지역으로도 빠르게 이동할 수 있는 곳이라 선호도가 높습니다. 그리고 주변에 계획된 업무지역 개발이 이루어지면 더욱 수요가 늘어날 것으로 예상됩니다.

2. 인적 인프라가 만들어낸 교육 환경

교육 환경은 외적인 요인보다 그 지역에 거주하는 사람들에 의해 결정되는 특징이 있습니다. 독수리 5형제는 중산층 이상의 거주지로, 부모들의 교육열이 높은 학습 성취도를 이끌어낸 곳입니다. 요즘은 이런 '인적 구성의 특성'이 주거지의 이미지나 가치 형성에 중요한 영향을 미치고 있습니다.

3. 고급화 이미지

독수리 5형제는 재건축을 통해 차별화된 신축 커뮤니티를 장착함으로써 '고급화 이미지' 형성에 성공한 케이스입니다. 특히 서초그랑자이는 5개 단지들 중에서 최상의 입지는 아니지만, 재건축 과정에서 '고급화'를 추구함으로써 이미지가 업그레이드된 단지입니다.

4. 신축 밀집의 시너지 효과

독수리 5형제 단지들을 하나씩 따로 살펴보면 물론 특색 있고 고급화된 신축 단지들이지만, 단지 규모로 볼 때 랜드마크급 규모의 단지는 아닙니다. 그러나 컨디션이 비슷한 5개의 단지들이 밀집되어 있어서 시선을 집중시키고 파워를 형성하고 있습니다.

사실 이 5개 단지의 세대수를 모두 더하면 약 5,000가구라서 아파트 밀집 규모 면에서 좀 아쉽고, 5개 단지 중에서 메머드급 단지가 있었다면 좀 더 강하게 시세를 리드했을 거라는 생각이 듭니다.

5. 마지막 퍼즐

독수리 5형제는 현재 4개 단지가 재건축되었고, 그중 '서초그랑자이'와 '래미안리더스원'이 비슷한 시세로 이 지역 아파트값을 리드하고 있습니다. 그러나 앞으로 '서초신동아'를 재건축 중인 '아크로드서초'가 입주하면 최신축이라 앞의 두 단지 가격을 넘어서면서 시세를 리드할 것인지가 관전 포인트입니다.

서일중 부근

이 지역은 강남대로를 끼고 있는 직주근접의 주거지로, 신논현역(9호선, 신분당선) 역세권에 강남역(2호선, 신분당선) 도보권으로 교통은 독수리 5형제보다 더 편리합니다. 초중(서울서초초, 서일중)이 가까워서 걸어서 다닐 수 있지만, 경부고속도로에 의해 서쪽으로 단절돼 있다는 것이 단점입니다. 그러나 경부고속도로가 지하화되면 삼풍 블록과 연결돼서 주거지로서의 가치가 상승할 곳입니다.

서초푸르지오써밋(2017년 입주, 907세대), 20년 차 연식의 '롯데캐슬클래식'(2006년 입주, 990세대), 재건축 진행 중인 '서초진흥'(1979년 입주, 615세대) 등이 이 구역에 있는데, 연식이 서로 다른 단지들이 모여 있어서 독수리 5형제보다 연동력은 떨어지는 편입니다. 서초진흥아파트는 준주거지역으로 종상향되어 59층 857세대 주상복합으로 재건축이 진행 중입니다.

삼풍아파트(교대역) 부근

1. 삼풍아파트

삼풍아파트(1988년 입주, 2,390세대)는 입주한 지 36년 된 아파트로, 지하철 핵심 노선인 2, 3, 9호선(교대역, 사평역)을 도보로 이용할 수 있고 반포의 학원가와 생활 편의시설을 공유할 수 있습니다.

삼풍아파트는 1988년 입주 당시 2호선 역세권에 삼풍백화점을 끼고 있는 중대형 평형 위주의 신축 대단지로, 서울에서 가장 비싼 아파트로 센세이션을 일으켰던 아파트입니다. '삼풍백화점'은 강남 부유층을 타깃으로 하는 프리미엄급 백화점이어서 삼풍아파트의 이미지를 더욱 고급스럽게 부각시켰습니다. 만약 삼풍백화점 붕괴 사고가 나지 않았다면 삼풍아파트의 위상은 지금보다 훨씬 더 높지 않았을까 생각해 봅니다.

삼풍아파트는 아직 재건축이 가시화되지는 않았지만, 앞으로 재건축된다면 서초동에서 가장 규모가 큰 랜드마크 신축 대단지로 거듭나게 될 거라고 생각합니다.

물론 용적률(221%)이 높아서 재건축 사업성이 낮고 경사면이라는 지형적 단점이 있습니다. 그러나 재건축 사업성은 정부 정책에 따라 바뀌는 것이므로 차후 용적률 인센티브를 받으면 사업성을 확보할 수 있을 것으로 보이고, 단지 안에 있는 경사면은 재건축 공사 과정에서 상당 부분 평지화될 것으로 여겨집니다.

2. 서초교대이편한세상, 롯데캐슬프레지던트, 서초래미안, 유원서초

'서초교대이편한세상'(2010년 입주, 435세대)은 15년 차 준신축 단지로, 교대역(2호선, 3호선) 초역세권에 선호 초등학교인 서울원명초를 배정받을 수 있고 G5센트럴프라자상가를 편하게 이용할 수 있어서 생활 편의성이 뛰어난 아파트입니다.

'서초래미안'(2003년 입주, 1,129세대)은 극동아파트를 재건축한 아파트로, 입주 20년이 넘는 연식이지만, 서울원명초를 배정받을 수 있는 실거주 가성비 단지로, 거래량이 많은 아파트입니다.

그 외에 서초롯데캐슬프레지던트(2014년 입주, 280세대), 유원서초(1993년 입주, 590세대) 등이 있습니다.

서울교대 부근

이 지역은 소규모 아파트 단지들과 빌라가 혼재된 지역이라 시세를 리드하는 단지가 없어서 서초동의 다른 아파트 단지들과의 연동력이 떨어집니다.

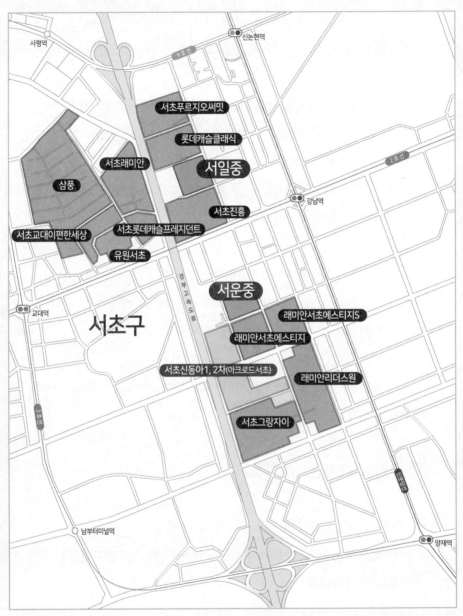

서초 아파트 지도

새롭게 부활하는 방배동

방배동의 흥망성쇠

생성, 성장, 쇠퇴, 소멸, ……. 생명을 지닌 모든 것의 흐름처럼 한 지역의 역사도 비슷한 흐름으로 흘러가는 것 같습니다.

제가 방배동을 처음 만난 건 방배동 최고 전성기였던 1980년대 후반 무렵, 반포중학교에 근무할 때였습니다. 직장 동료들과 퇴근 후에 반포에서 가까운 방배동 카페 골목에 자주 갔었고, 친하게 지내던 직장 동료가 방배삼호 20평대에서 신혼살림을 시작해서 자주 드나들었기 때문입니다. 또 그 무렵 방배삼호에 오래 살았던 남편과 결혼하면서 방배동은 저에게 더욱 익숙한 동네가 되었습니다.

그리고 방배동 아이들이 반포중학교로 많이 배정되기 때문에 교사 입장에서 볼 때 방배동과 반포는 같은 생활권이었습니다. 교사란 직업은 다른 직업군과 달리 업무지역(학교)이 주거지역에 있어서 어떤 학교에 발령받아 근무하면 그 학교가 속한 지역의 특성을 누구보다도 정확하게 파악할 수 있습니다. 고등학교는 광역 학군이라 아이들의 동선을 파악하다 보면 주변 지역까지도 자연스럽게 파악하게 되는 특징이 있습니다.

　　그때 방배동은 '카페 골목'으로 유명했는데, 요즘의 압구정 로데오거리처럼 색다르고 고급스러운 느낌이 드는 곳이어서 한창 새로운 걸 좋아하는 20대들이 괜히 서성거리기 좋은 곳이었습니다.

　　그러나 반포에서 4년 근무한 후 다른 지역으로 발령받으면서 방배동은 저의 관심에서 멀어졌습니다. 이후 결혼, 출산, 육아로 이어지는 질풍노도의 세월을 보내느라 거주지와 직장 주변만 맴돌았고, 어쩌다 가끔 지나치는 방배동은 제 기억 속에 있던 환하고 반짝거리던 모습이 아니었습니다.

　　1980년대 방배동은 압구정동, 서초동과 함께 전통 부촌으로 여겨지던 지역이었습니다. 초대형 단독주택과 대형 평수의 아파트, 그리고 고급 빌라들이 포진되어 있던 곳으로, TV 드라마에서는 '방배동 사모님'이 단골 배역으로 나오곤 했었습니다. 특히 서래마을은 고급스러운 초대형 빌라가 많아서 요즘의 한남동이나 성수동 하이퍼엔드 아파트처럼 부유층이나 연예인들의 주거지로 각광받던 곳이었습니다.

그러나 언젠가부터 방배동은 저뿐만이 아니라 다른 사람들의 관심에서도 점점 멀어지는 곳이 되었습니다. 1980년대 말 심야영업 정지 조치로 방배동 카페 골목 상권이 죽었고, 집장사들이 지어서 분양하는 빌라와 연립주택들이 늘어나면서 방배동에 오래 거주하던 부자들이 다른 지역으로 많이 떠났기 때문입니다. 이후 노후화되어 가는 대형 빌라와 중소형 연립들이 군집된 방배동은 제1기 신도시가 생긴 이후 아파트 위주의 주거 문화가 확산하면서 부유층들의 관심에서 멀어지기 시작했고, 고급 주거지로서의 정체성을 잃어가기 시작했습니다.

2000년대 중반 무렵부터 방배동에는 정비사업 시동이 걸리기 시작했고, '방배아트자이'(2018년 입주, 353세대), '방배그랑자이'(2021년 입주, 758세대)가 재건축을 끝내고 입주했고, 현재 여러 아파트와 연립주택단지들이 재건축 진행 중입니다. 아직 획기적으로 시선을 끌 만큼 리뉴얼 효과가 드러나지는 않았지만, 현재 진행 중인 재건축이 마무리되어 1만 세대가 넘는 신축 아파트 밀집 지역으로 거듭나면 방배동의 지역적 가치는 눈에 띄게 상승할 것으로 예상됩니다.

방배동의 지역적 특징

1. 서울 어디로든지 접근성이 좋다.

방배동은 서울시 전체로 볼 때 동서남북 어디든지 접근성이 좋은 위치이고, 지하철 2호선, 4호선, 7호선이 지나고 있어서 서울의 주요 업무지역인 광화문, 여의도, 강남 등으로 모두 빠르게 이동할 수 있는 곳입니다.

2. 학군이 좋다.

방배동은 서울고, 상문고, 서문여중고, 동덕여중고, 세화고. 세화여중고가 있는 명문 학군을 공유하는 곳입니다. 재개발, 재건축을 통해 동네를 새롭게 리뉴얼할 수는 있어도 학군은 쉽게 바꿀 수 없다는 점에서 이미 갖추어진 '학군'은 주거지로서 차별화된 장점에 해당합니다.

3. 최상급지 '반포' 인접 지역이다.

방배동은 현재 최상급지로 떠오른 '반포'에 인접해 있어서 반포와 학군을 공유하고 아파트값이 연동되는 핫한 지역으로 부각될 수 있습니다. 아파트값은 주변 시세에 따라 연동되므로 최상급지에 인접한 곳일수록 그 온기를 직접적으로 전해 받을 수 있기 때문에 주거지로서의 가치가 상승하게 됩니다.

4. 강남 최상급지의 교두보이다.

현재 마포나 노량진, 흑석 재개발, 과천에 거주하던 사람들이 강남으로 갈아탈 때 거주지 기준으로 갈아탈 만한 가까운 상급지가 마땅찮은 것이 문제였습니다. 이들 지역과 가장 가까운 곳이 반포이지만, 반포의 진입 장벽이 높기 때문입니다. 이런 면에서 방배동은 이들 지역에서 갈아타는 수요층이 진입하기에 적합한 곳으로, 서울의 서부, 서남, 강북 등에서 강남으로 갈아타는 '교두보' 역할을 하는 지역으로 자리매김할 것으로 생각됩니다.

방배동의 지역적 한계와 가능성

이처럼 방배동은 다시 예전의 명성을 되찾기 위해 부지런히 움직이는 과정에 있고 새로운 정체성을 확보해 가고 있는 지역입니다. 그럼 방배동이 다시 정비사업으로 리뉴얼된다면 과거 1980년대처럼 압구정과 어깨를 나란히 하는 최고 부촌으로서의 위상을 되찾을 수 있을까요? 이 부분에 대해서는 다소 부정적인 생각이 듭니다. 왜냐하면 다음과 같은 이유들 때문입니다.

1. 지형적인 특성

방배동은 평지와 언덕이 혼재되어 있고 남북으로 길게 뻗어있는 지형으로 인해 구심점 형성이 어려운 특성이 있습니다. 특히 우면산 줄기(매봉재산, 서리풀공원)에 의해 동서가 단절되어 확장성이 떨어지는 지형적 특징은 주거지로서의 가치를 떨어뜨리는 요소입니다. 물론 이런 지형적 단점이 친자연적인 환경을 좋아하는 사람들에게는 특별히 '방배'라는 주거지를 선택해야 하는 이유가 되기도 합니다.

다행히 2019년 서리풀터널의 개통으로 이런 지형적 단점이 크게 해소되었습니다. 서리풀터널이 생기기 전에 방배동은 서초동과 단절되어 있었는데, 서리풀터널의 개통으로 그동안 돌아가야만 했던 강남의 주요 업무지역인 테헤란로로 직접 이어져서 방배동의 직주근접 주거지로서의 가치가 높아졌습니다. 그리고 서초구 옛 국군정보사사령부(정보사) 부지에 비즈니스와 문화 공간이 함께 하는 문화예술복합타운이 조성될 예정이라 인구를 유입하는 유인이 될 것으로 보입니다.

2. 비균질지역

방배동은 재건축이 끝나도 노후 빌라들이 많이 남아 있어서 균질성이 다소 떨어진다는 점이 아쉬운 부분입니다. 재건축하지 않고 남아 있는 대형 고급 빌라와 소형 신축 빌라들은 함께 묶어서 정비사업하기가 쉽지 않을 것 같습니다. '방배삼호'처럼 같은 이름으로 묶인 아파트 재건축도 힘든데, 소규모 빌라를 통합해서 재건축한다는 게 쉽지 않기 때문입니다. 그래서 장기간 정비되지 않은 상태로 남아 있을 가능성이 높습니다.

3. 인적 구성원의 변화

과거 부촌으로 이름을 날렸던 방배동이 다시 정비사업으로 주목받고 있지만, 예전의 명성을 그대로 되찾긴 힘들다는 생각이 드는 이유는 '인적 구성원' 때문입니다.

'부촌'은 '부자'들이 사는 곳으로, 방배동을 떠난 부자들이 다시 돌아와야만 방배동이 다시 '부촌'으로서의 명성을 되찾게 되는 겁니다. 그러나 이미 새로운 부촌에 정착한 부자들을 다시 방배동으로 끌어들이려면 재건축을 통한 리뉴얼 외에 새로운 유인이 필요한데, 아직까지 그런 점은 특별히 포착되지 않기 때문입니다.

다만 정비사업 과정에서 손바꿈된 중산층 이상의 경제력을 지닌 소유주들에 의해 새로운 정체성을 지닌 방배동으로 거듭나리라고 기대합니다.

4. 랜드마크 단지의 탄생

방배동이 정비사업을 통해 지역적 가치가 상승할 거란 기대감은 크지만, 구체적으로 눈앞에 드러나는 결과물이 없는 것이 방배동의 한계였습니다. 재건축을 끝내고 이미 입주한 '방배아트자이'(방배 3구역, 353세대)나 '방배그랑자이'(방배경남아파트 재건축, 758세대)는 랜드마크 단지가 되기에는 규모 면에서 아쉽기 때문입니다.

그러나 2024년 일반분양한 방배 5구역은 1순위에서 약 90:1의 높은 경쟁률을 보이며 3,000세대 이상의 랜드마크 단지로서 방배의 위상을 확실히 드러냈습니다. 이어서 방배 6구역도 1,000세대 이상의 대단지로 '방배동'이라는 지역을 다시 한번 각인시켰습니다. 그 외 방배 13구역도 2,000세대 이상의 대단지로 방배동의 존재감을 드러낼 예정입니다.

이처럼 방배동은 새롭게 부활하는 과정에 있고 많은 가능성을 지니고 있는 곳입니다. 그러나 예전의 명성을 되찾기 위해서는 여전히 많은 숙제를 안고 있는 동네이기도 합니다.

방배동 아파트

방배동 랜드마크, 방배 5구역

방배동은 아파트와 주택(단독주택, 다가구, 연립) 재건축이 함께 이루어지는 곳입니다. 보통 주택, 다가구, 연립 정비사업을 '재개발'이라고 하는데, 방배동의 경우 '재건축'이라는 명칭을 사용하는 이유는 지역 기반 시설을 그대로 두고 진행되기 때문입니다.

방배 5구역(3,064세대)은 방배동 재건축 중 가장 규모가 큰 랜드마크 단지로, 이수중학교를 끼고 있고 4개의 지하철역(이수역, 내방역, 사당역, 방배역)에 둘러싸여 있어서 대중교통도 좋은 곳입니다.

방배 5구역은 2026년 8월 입주 예정이고, 2024년에 34평 기준 분양가가 약 22억 원으로 1,244가구를 일반분양했는데, 1순위에서 높은 경쟁률을 보였습니다.

이 정도 경쟁률을 보였다는 것은 34평 분양가 22억 원으로도 안전마진이 크다는 계산입니다. 차후 방배동 신축 아파트들을 리드할 아파트로서 방배 5구역의 입주 후 시세를 짐작해 볼 수 있습니다

재건축이 빠른 방배 6, 13, 14구역, 방배삼익, 방배신동아

방배동에서 재건축 진행이 빠른 구역은 2025년 11월 입주 예정인 방배 6구역(래미안원페를라)입니다. 1,000세대 조금 넘는 단지(1,097세대)로, 방배동에서는 평지에 속하고 초등학교(서울방배초)는 조금 멀지만, 내방역(7호선)과 이수역(4호선, 7호선)을 이용할 수 있어서 교통이 편리한 단지입니다.

그 외 속도가 빠른 단지는 착공을 앞두고 있는 방배 13구역, 방배 14구역입니다.

'방배삼익'(아크로리츠카운티, 2027년 입주 예정, 707세대)과 '방배신동아'(오티에르방배, 2029년 입주 예정, 843세대)도 속도가 빠른 재건축 단지입니다.

방배 5구역과 그 외 재건축 아파트 지도

재건축이 느린 방배삼호, 그 밖의 삼호 시리즈

방배동에서 가장 위치가 좋은 곳은 방배본동에 위치한 방배삼호 아파트**(1983년 입주, 481세대)**로, 지하철역에서는 약간 멀지만**(9호선 구반포역, 7호선 내방역 도보 15분 내외)** 반포에 인접해 있고 선호 초등학교인 서울서래 초등학교가 가까이 있습니다.

▌방배삼호 재건축 상황

아파트명	세대수	재건축 상황(2025년 초 기준)
방배삼호1차(1~3동)		
방배삼호2차 (5~9동)	총 803세대 통합 재건축	조합설립 전(추진위 상태) 24평~88평 의견 다양 통합 힘듦 재건축 속도 느림
방배삼호3차 (10~11동)		
방배삼호3차 (12~13동)	96세대에서 119세대로 재건축	47평 단일 평형 준주거, 단독 재건축 소규모 가로정비 재건축 철거 진행중 '디에이치르피크'
방배삼호4차 (방배신삼호)	481세대에서 920세대로 재건축	2025년 중반 시공사 선정 예정 2025년 10월 사업시행인가 예정

방배삼호는 현재 입주한 지 50년 가까이 된 아파트이지만, 재건축 진행은 빠르지 않습니다. 왜냐하면 세대수는 많지 않지만, 용적률이 높고 평수가 다양해서 이해관계가 복잡하게 얽혀있기 때문입니다.

재건축은 조합원 각자가 조금씩 양보함으로써 공동의 이익을 취하는 것을 목표로 하는 정비사업입니다. 그러나 그 과정이 그렇게 아름답지는 않습니다. 각자 자신의 이익을 극대화시키기 위한 이해관계의 충돌 과정이 바로 재건축 과정이기 때문입니다. 특히 방배삼호처럼 재건축 사업성이 좋지 않은 경우 더욱 그러한데, 결국 시간이 해결해 줄 수밖에 없습니다.

그러나 재건축 속도가 느린 만큼 미래 가치가 덜 반영되었고, 그에 비해 재건축이 끝나면 방배에서 가장 반포에 가까운 주거지역으로 리뉴얼 효과는 더욱 클 거라고 예상됩니다.

방배동 아파트 현황

■ **재건축이 끝난 아파트**

· 방배아트자이(방배 3구역, 2018년 입주, 353세대)

· 방배그랑자이(방배경남아파트, 2021년, 758세대)

■ **현재 재건축이 진행 중인 아파트**

· 방배 5구역(디에이치방배, 2026년 9월 입주 예정, 3,064세대)

· 방배 6구역(래미안원페를라, 2025년 11월 입주 예정, 1,097세대)

· 방배 7구역(조합설립, 316세대)

· 방배 13구역(방배포레스트자이, 2025년 말 착공 예정, 2,369세대)

· 방배 14구역(방배르엘, 2025년 말 착공 예정, 487세대)

· 방배 15구역(조합설립인가, 1,699세대)

· 방배삼익(아크로리츠카운티, 2027년 10월 입주 예정, 707세대)

· 방배신동아(오티에르방배, 2029년 입주 예정, 843세대)

· 방배삼호1~3차 10~11동 통합 재건축(추진위 상태)

· 방배삼호3차 10~13동(디에이치르피크, 119세대, 주상복합), 준주거지역

· 방배삼호4차(방배신삼호, 41층, 920가구, 2025년 10월 사업시행인가 예정)

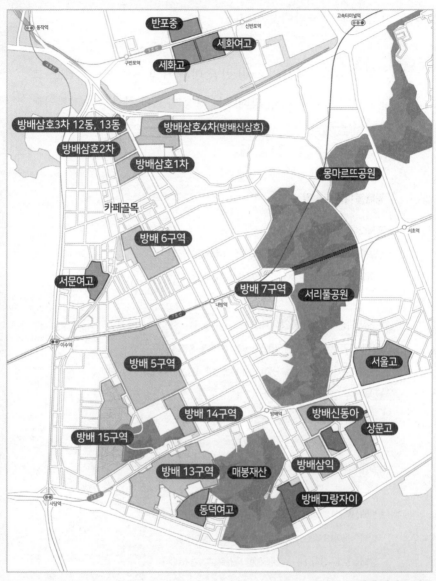

반포중
세화여고
세화고
방배삼호3차 12동, 13동
방배삼호4차(방배신삼호)
방배삼호2차
방배삼호1차
몽마르뜨공원
카페골목
방배 6구역
서문여고
방배 7구역
서리풀공원
방배 5구역
서울고
방배 14구역
방배신동아
상문고
방배 15구역
방배삼익
방배 13구역
매봉재산
동덕여고
방배그랑자이

방배 아파트 지도

두 얼굴의 삼성동

'생활'로 먼저 만난 '삼성동'

'삼성동' 하면 '테헤란로', '빌딩숲', '코엑스'와 같은 업무적이고 도시적인 이미지를 먼저 떠올리는 분들이 많습니다.

그러나 저에게 삼성동은 신혼 시절에 살았던 '옥탑집', 제가 두 번이나 근무했고 큰애가 다녔던 'K고', 현대백화점 '송'의 뜨끈한 돌냄비우동 국물, 삼성동 주택가 사이에 숨어 있는 '밀크티 카페', '삼성 해맞이공원'에서 내려다보는 한강의 야경, '봉은사 뒤편의 산책로' 등이 먼저 떠오르는 곳입니다. 강남 센터에 있는 글로벌 도시로서의 위상보다 '생활'로 먼저 만난 곳이 '삼성동'이기 때문입니다.

친한 사람일수록 익숙해져서 그 사람의 아우라를 보지 못하는 경우가 많은데, 어쩌면 삼성동이 저에게는 그런 곳일 수도 있다는 생각이 듭니다.

강남 전체를 아우르는 이번 책을 쓰면서 강남의 곳곳이 낯설게 다가옴을 느꼈습니다. '강남'이라는 공간에 대한 정체성을 확인하는 작업은 마치 오래된 친구를 멀리서 바라보는 것과 같았습니다. 직관적으로 느끼며 당연하게 받아들였던 사실 속에 숨어 있는 논리적인 이유를 찾아내는 행위는 '강남'이라는 지역의 가치를 새로운 방식으로 다시 한번 깨닫는 과정이었습니다.

'이미 충분히 업무지역으로 자리 잡았는데, 왜 삼성동을 여기서 더 개발하겠다는 거지?'

GBC 개발 계획을 처음 접했을 때 가장 먼저 든 생각이었습니다. 그런데 몇 년 후 뉴욕 여행을 좀 길게 다녀온 후 분당수서고속화도로를 타고 가다가 삼성동 쪽을 돌아보았을 때 문득 멀리 보이는 코엑스 건물이 작은 모형 같다는 느낌이 들었습니다. 삼성동 개발 계획의 이유가 이해되는 순간이었습니다. 그동안 열심히 달려왔지만, 이제는 국내 경기가 아닌 올림픽 경기에 출전해야 할 선수처럼 글로벌 도시의 센터로서 새롭게 거듭나야 할 삼성동이었기 때문입니다.

도시 경쟁력이 국가 경쟁력이 되는 흐름 속에서 뉴욕이나 싱가포르처럼 국내외 주요 기업들을 유치해서 국제적으로 경쟁력 있는 서울을 만들자는 것이 삼성동 '국제교류복합지구'를 만들려는 취지입니다. 삼성동 코엑스 중심의 업무지구에 새로운 랜드마크 건물인 GBC(글로벌 비즈니스 콤플렉스)를 지음으로써 글로벌 비즈니스의 허브를 구성하려는 계획입니다. 또한 인근 잠실종합운동장을 스포츠, 문화 공간으로 조성해서 비즈니스나 관광을 위해 국제교류복합지구에 모인 사람들에게 좀 더 다채로운 서울을 경험하게 하려는 겁니다.

즉, 경제, 문화, 예술, 스포츠 등이 복합된 공간을 제시해서 국제적으로 주목받을 수 있는 도시 경쟁력을 갖추려는 것이고, 그 센터에 해당하는 곳이 바로 '삼성동'이라고 할 수 있습니다.

'주거지역'으로서 '삼성동'의 정체성은?

그렇다면 '업무 복합공간'으로서의 삼성동이 아닌, '주거지역'으로서의 삼성동은 어떤 정체성을 지니고 있을까요?

1. 직주근접의 주거지

GBC가 완공되면 강남역 쪽으로 분산되어 있던 강남의 중심이 삼성동 쪽으로 무게 중심이 실리면서 삼성동이 명실상부한 강남의 센터가 됩니다. GBC는 거대한 업무센터로서 그곳에 근무하는 수많은 인구를 유입하는 역할을 하므로 삼성동은 직주근접의 주거지로 가치가 올라가게 됩니다.

2. 교통의 메카

삼성동은 현재 지하철 2, 7, 9호선과 신분당선(삼성역, 선릉역, 봉은사역, 삼성중앙역, 청담역, 강남구청역)이 지나고 있고 앞으로 GTX-A와 GTX-C, 위례신사선이 계획돼 있는 곳으로, 교통의 메카에 해당되는 지역입니다. 강남의 센터인 삼성동으로 여러 지역에서 쉽게 진입할 수 있도록 교통 체계를 갖춘 겁니다.

정부가 교통망을 계획할 때는 유동 인구와 인구 밀집도, 미래 개발 계획 및 정책적 방향 등을 참고하여 타당성을 따진 후 실행하게 됩니다. 이렇게 많은 교통망이 한 곳으로 집중된다는 것은 그 지역의 입지적 가치를 단적으로 보여주는 것입니다.

3. 주거 밀집도 및 균질성

삼성동은 '업무지역'과 '상업지역'에 비해 '주거지역'이 차지하는 비율이 작고 분산된 특징을 보이고 있습니다. 그리고 다양한 형태(신축, 구축, 소단지, 주택, 빌라 등)의 주택이 혼재되어 있어서 아파트 밀집도 및 균질성이 다소 떨어지는 편입니다.

요즘 주거 트렌드는 랜드마크가 될 만한 신축 대단지가 있어서 사람들의 관심을 끌고, 그 주변에 비슷한 신축 단지들이 밀집되어 있는 곳을 선호하는 사람들이 많습니다. 그런 곳에 교통, 학군, 생활 편의시설까지 더해지면 최상급지가 되는 겁니다.

그러나 삼성동은 교통, 학군, 생활 편의시설은 좋지만, 신축 아파트 밀집도가 떨어지는 것이 아쉬운 점입니다.

삼성동을 '최상급'이라고 이야기하는 사람들이 많은데, '업무지역'을 중심으로 보면 맞는 말입니다. 그러나 삼성동의 아파트 시세를 리드하는 랜드마크 단지가 어디일까 생각해 보면 마땅하게 떠오르는 아파트가 없습니다.

'아이파크삼성'은 고급 주상복합으로, 다른 일반 아파트와 연동되지 않고, 새로 입주한 '아크로삼성'도 고가에 거래되긴 하지만, '한강 조망'이라는 차별화된 조건으로 삼성동에 있는 아파트들과 연동되지 않습니다. 오히려 근접해 있는 청담동의 '청담르엘'과 연동되고 있습니다. '도곡렉슬'이 도곡동의 다른 아파트들보다 한티역 사거리에 있는 '대치아이파크'나 '역삼 3형제'와 더 긴밀하게 연동되는 것과 비슷합니다.

현재로서는 '삼성동힐스테이트'와 '래미안라클래시'가 삼성동 아파트 시세를 리드한다고 볼 수 있는데, 두 단지 모두 완전한 대장 단지가 되기에는 연식(삼성동힐스테이트 18년 차, 2025년 기준)이나 규모(래미안라클래시 679세대) 면에서 아쉬운 점이 있습니다.

\ 입지 분석 ❾ /
삼성동 아파트

아이파크삼성 블록

서울봉은초 인근 GBC 도보권 아파트를 먼저 살펴보겠습니다.

아이파크삼성 블록 지도

1. 아이파크삼성

'아이파크삼성'(2004년 입주, 449세대)은 GBC 도보권에 위치한 우리나라 제1세대 초고층 고급 주상복합아파트입니다. 물론 지금은 더 비싼 고급 아파트들이 많이 생겨났지만, 위치, 교통(9호선 봉은사역, 7호선 청담역), 교육 환경(서울봉은초, 봉은중, 경기고 인접) 면에서 다른 고가의 주상복합들과 차별성을 지니고 있습니다.

그런데 아이파크삼성은 삼성동을 대표하는 아파트이지만, 주상복합이고 건축 공법 및 고급화 정도가 일반 아파트와는 달라서 삼성동의 다른 아파트들 시세와는 연동되지 않습니다.

2. 아크로삼성

2025년 2월에 입주한 '아크로삼성'(419세대)은 홍실아파트를 재건축한 아파트로, 한강 조망이 가능한 아파트입니다. 초중고 근접(서울봉은초, 봉은중, 경기고), 역세권(7호선 청담역), GBC 도보권 아파트로, 2025년 11월에 입주하는 청담르엘(청담동, 1,261세대)과 연동되며 34평 기준 50억 원 이상으로 실거래되고 있습니다.

삼성동힐스테이트 블록

삼성동힐스테이트 블록은 삼성동에서 아파트 밀집도 면으로 접근한다면 가장 메인 주거지에 해당하는 곳입니다.

삼성동힐스테이트 블록 지도

    GBC도 도보권으로 '강남구청역'(7호선, 수인분당선), '삼성중앙역'(9호선), '청담역'(7호선), 이렇게 3개의 지하철역을 이용할 수 있고, '서울삼릉초등학교'와 '언주중학교'를 큰길 건너지 않고 다닐 수 있으며, '경기고등학교'(남고)와 '영동고등학교'(남고)가 도보권에 있어서 남아 학군이 좋은 곳입니다. 강남교육청, 강남도서관, 강남구청, 강남보건소 등 주요 공공기관이 블록 안에 있고 생활 편의시설이 좋은 곳입니다.

    이 블록은 삼성동에서 아파트가 가장 많이 밀집되어 있는 곳으로, 삼성동을 대표하는 주거지역입니다. 다만 위와 같은 여러 가지 장점이 있는 곳이지만, 몇 가지 아쉬운 점도 지니고 있습니다.

일부 경사면을 포함하고 있으며, 아파트와 빌라가 섞여 있어서 정돈된 느낌이 덜하다는 것과, 강력하게 시세를 리드하는 '신축 랜드마크 대단지'가 없다는 점입니다.

1. 삼성동힐스테이트

삼성동힐스테이트(2008년 입주, 1단지 1,144세대, 2단지 928세대)는 세대수나 위치로 볼 때 삼성동을 대표하는 대장 아파트입니다. 그러나 애매한 연식(2025년 기준 18년 차)에 지형적으로 경사면에 위치한 것과 43평이 최고 평형이라 삼성동을 넘어서 강남 전체의 시세를 리드하기에는 아쉬운 면이 있습니다.

2. 래미안라클래시

래미안라클래시(2021년 입주)는 초역세권(7호선 청담역) 아파트로, 이 블록에서 가장 신축이면서도 가장 좋은 위치에 있어서 가장 고가에 거래되고 있습니다. 그러나 679세대라는 다소 작은 단지 규모 때문에 입지, 교통, 평지, 생활 편의시설 등 주거지로서 갖추어야 할 요소들이 최상임에도 랜드마크 단지로 부상하기에는 아쉬운 면이 있습니다. 만약 래미안라클래시가 대단지 아파트였다면 강남 최상급지 아파트 시세로 연동될 수도 있는 위치라고 할 수 있습니다.

3. 롯데캐슬프레미어

롯데캐슬프레미어(2007년 입주, 713세대)는 대로에서 좀 떨어져서 주택가에 위치해 있고 학교가 가까워서 학령기 자녀가 있는 사람들이 좋아할 만한 단지입니다. 그러나 입주 19년 차이고 700여 세대 규모의 단지라 신축 대단지를 선호하는 트렌드에서는 아쉬운 면이 있는 단지입니다.

이 블록에는 이들 아파트 외에 소단지나 나홀로 아파트가 많은데, 역세권 및 학세권 아파트인데도 가격이 상대적으로 저렴해서 강남으로 처음 갈아타는 사람들의 엔트리 단지로 주목받는 곳입니다.

삼성동 진흥아파트 블록

삼성동 진흥아파트 블록은 저층 고급 주택단지와 다양한 빌라들, 그리고 경기고등학교가 있고 진흥아파트 외에는 아파트가 없는 지역입니다.

삼성동 진흥아파트 블록 지도

1. 삼성동 진흥아파트

삼성동 진흥아파트(1984년 입주, 255세대)는 소단지이지만, 청담역(7호선) 초역세권에 작은 공원(삼성목련공원)을 끼고 있고 조용한 주택가에 있어서 특별히 선호하는 사람들이 있습니다.

길 건너에 있는 '청담진흥'과는 분리된 아파트입니다. 소단지이지만, 용적률 179%에 33평(105세대), 54평(60세대), 66평(90세대)으로 중대형 위주라서 고급화시켜서 재건축하면 멋진 단지로 거듭날 수도 있을 것 같습니다.

2. 주택단지

이 블록에 있는 주택단지들은 1종으로 묶여 있고, 오래되었지만 '삼성동'이라는 비싼 땅에 마당까지 있는 넓은 집들이라 평범한 일반인들이 접근할 수 없는 가격대의 주거지입니다.

이처럼 삼성동은 업무지역으로서는 단연 독보적이지만, 주거지 비율이 낮고, 분산되어 있으며, 균질성이 떨어지고, 강력한 리딩 단지가 없다는 점이 아쉬운 부분입니다.

2023년부터 2024년 갈아타기장에서 강남의 센터에 위치해 있으면서도 다른 토지거래허가제 지역에 비해 거래량이나 상승폭 면에서 상대적으로 두드러지지 않은 것도 바로 이런 이유 때문입니다.

특히 신축 대단지에 아파트 밀집 지역을 선호하는 요즘 주거 트렌드에서는 살짝 벗어난 부분이 있다고 할 수 있습니다.

∽

삼성동은 학군, 교통, 직주근접 면에서는 다른 지역이 쉽게 따라갈 수 없는 차별화된 장점이 있는 곳입니다. 다양한 연식과 형태의 주거지가 함께 있는 것은 균질성 면에서는 마이너스 요소이지만, 반대로 다양한 수요층이 접근할 수 있다는 면에서는 장점으로 볼 수도 있습니다.

그리고 번화한 업무지역 중심에 있으면서도 한적하고 고즈넉한 주택가 사이사이에 있는 카페라든지, 콜키지되는 맛있는 고깃집, 퇴근길에 잠깐 들러 크로켓 하나 시켜놓고 혼맥하기 좋은 일식집, 20년째 한자리에서 변하지 않는 맛으로 버티고 있는 파스타집이 숨어 있는 곳이 바로 삼성동입니다.

그래서 제가 누군가를 만난다면 서슴지 않고 약속 장소로 정하는 곳이 삼성동입니다. 글로벌 업무지역으로 거듭날 지역이지만, 여전히 마이너한 생활 감성으로 접근할 수 있는 곳이 바로 삼성동이기 때문입니다.

삼성 아파트 지도

영동대교

한강

청담대교

청담린든그로브

삼성청담공원아파트

청담동양파라곤

청담현대2차

청담근린공원

영동고

서울봉은초

청담진흥

아크로삼성

청담현대1차

청구

봉은중

삼성동롯데

삼성동진흥

석탑

삼부

우정에쉐르

삼성동한솔

래미안라클래시

아이파크삼성

서광

삼성동현대

래미안삼성1차

강변삼부

경기고

금호어울림

삼성래미안2차

삼성동힐스테이트1단지

풍림2차

롯데캐슬프레미어

삼성동센트럴아이파크

SK뷰

삼성동중앙하이츠빌리지

풍림1차

삼성동힐스테이트2단지

플렉스 청담동

주거지로서 청담동은 어떠한가?

한때 '청담동 며느리'라는 말이 유행할 때가 있었습니다. 유명 여자 연예인들의 시댁이 청담동 부잣집이고 청담동 고급 빌라에서 신혼살림을 하는 것이 기사화되면서 유행했던 말입니다.

'청담동 며느리'에서 떠오르는 이미지처럼 청담동은 우리에게 세련되고 고급스러운 이미지를 떠올리게 하는 곳입니다. 수입 명품샵, 트렌디한 고급 카페나 레스토랑, 연예기획사, 유명 연예인이나 슈퍼리치들이 선호하는 하이퍼엔드 아파트나 고급 주택 등 청담동은 '플렉스', '럭셔리'의 이미지로 상징되는 동네입니다.

그렇다면 주거지로서의 청담동은 어떤 특징이 있을까요?

1. 럭셔리 이미지

청담동은 고가의 빌라나 주택, 고급 아파트가 모여 있는 곳으로, 가끔 세 자리 숫자의 실거래가가 올라오는 곳입니다. 그러나 청담동은 이런 고가의 주택 외에도 중산층 이상이 거주하는 일반적인 주거지도 함께 있는 곳입니다. 이런 아파트들은 실제로는 하이퍼엔드 아파트들과 집값이 연동되지는 않지만, '청담동'이라는 고급 이미지에 업혀간다는 장점이 있습니다.

2. 한강 조망

주거지로서 청담동의 가장 큰 장점 중의 하나는 '한강 영구 조망'이 가능한 곳이 많다는 겁니다. 고가의 아파트들이 청담동에 지어진 이유도 이 때문입니다. '한강 조망'이라는 자연적인 조건에 설계나 시공의 고급화를 더함으로써 차별화된 주거 문화를 추구하는 곳이 바로 청담동입니다.

3. 교통 접근성

청담동은 대중교통이 좋다고 말할 수는 없지만, 올림픽대로와 강남의 간선도로(영동대로, 도산대로, 언주로) 접근성이 좋아서 서울 각 지역으로 빠르게 이동할 수 있는 도로 교통망이 좋은 곳입니다.

청담동은 한남동과 마찬가지로 대중교통이 다소 불편하기 때문에 유동 인구가 적어서 오히려 한적하고 사생활 보호를 중요하게 생각하는 셀럽들이 선호하는 주거지입니다.

4. 강남업무지구 직주근접

청담동은 강남 업무지구와 가까운 직주근접의 주거지입니다. 그래서 토지거래허가제 지역에 속했던 겁니다. 앞으로 GBC가 완공돼서 일자리가 늘어나면 청담동 주거지도 직주근접을 원하는 수요의 포커스에 해당되는 곳입니다.

5. 다양한 주택 형태가 혼재

'청담동'이라는 행정구역 안의 블록들이 영동대로와 도산대로에 의해 나뉘어져 있고, 하이퍼엔드, 일반 아파트, 빌라, 단독주택 등 다양한 형태의 주택들이 혼재되어 있어서 주거지 사이에 연동성이 떨어지는 특징을 보이고 있습니다.

\ 입지 분석 ⑩ /

청담동 아파트

청담동의 주거지역은 크게 청담르엘(삼익), 청담진흥, 우리들병원, 청담건영, 이렇게 4개 영역으로 나누어보겠습니다.

청담동 4개 구역 지도

'청담르엘' 블록

청담르엘 블록은 2025년 11월 입주 예정인 청담르엘(구 청담삼익, 1,261세대)이 있는 블록으로, 청담자이, 리모델링한 단지인 래미안로이뷰 등의 아파트 단지들이 있습니다.

▌청담르엘 블록 아파트

아파트명	입주 시기	세대수	특징	공통점
청담르엘	2025년 입주 예정	1,261세대	'청담 삼익' 재건축 신축 대장 아파트	한강 조망 청담역(7호선) 이용 서울봉은초 봉은중 경기고 GBC 도보권 올림픽대로 접근성 좋음
청담자이	2011년	708세대	'청담한양' 재건축	
래미안로이뷰	2014년	177세대	'두산' 아파트 리모델링	
청담신동아	1997년	106세대	리모델링 진행 중 (갈등 정체 상황)	
청담아이파크	2014년	108세대	'청구' 아파트 리모델링	

청담르엘 블록 지도

청담역(7호선) 역세권, 서울봉은초와 봉은중, 경기고 근접, 삼성동 업무지역 도보권인 지역으로, 주거지로 갖추어야 할 교통, 학군, 직주근접 등 중요한 요소를 갖추고 있는 곳입니다. 그러나 이 블록에 있는 아파트 세대수를 모두 더하면 약 2,500세대(삼성동 소재 아파트를 포함하면 약 3,500세대) 이하 정도로 아파트 밀집도가 그리 높지 않습니다.

다만 한강 조망이 가능한 곳이고 지난 상승장에 청담자이가 이미 높은 시세를 형성하고 있었던 터라 1,000세대 이상의 신축 단지인 청담르엘이 입주하면 인접해 있는 '아크로삼성'(삼성동)과 연동되어 높은 시세를 형성할 것으로 예상됩니다.

'청담진흥' 블록

청담진흥 블록은 야트막한 산으로 이루어진 청담근린공원이 있고, 청담동양파라곤이나 청담린든그로브 같은 고급 아파트들이 있는 곳으로, 아파트 밀집도는 떨어지지만, 자연 친화적이고 조용한 주거지역입니다.

특별히 시세를 리드할 만한 랜드마크 단지는 없지만, 다른 지역에서 찾아볼 수 없는 청담동 특유의 고급스러운 분위기를 좋아하는 마니아 수요층이 있는 곳입니다.

청담역(7호선) 역세권으로 교통이 편하고 청담근린공원이나 청담동 명품 스트리트 상가를 단지 안에 있는 산책로처럼 거닐 수 있는 매력적인 곳이지만, 블록 안에 학교가 없다는 점이 아쉬운 지역입니다.

▌ 청담진흥 블록 아파트

아파트명	입주 시기	세대수 (용적률)	특징	공통점
청담진흥	1984년	375세대 (178%)	중대형 평형 위주(32~54평) 재건축 시동 걸리지 않음	청담역(7호선) 역세권 블록안에 학교 없음 청담근린공원 공유 친자연적 청담 부티크샵 도보권
청담현대1차	1983년	96세대 (174%)	가로정비사업 중 조합설립됨	
삼성청담공원	1999년	391세대 (271%)	언덕, 시티뷰 아직 리뉴얼 시도 없음	

청담진흥 블록 지도

우리들병원 블록

우리들병원 블록은 청담역(7호선)과 강남구청역(7호선, 수인분당선)을 이용할 수 있어서 교통이 편리한 곳입니다. 그러나 지대가 약간 낮고, 소단지 아파트들과 빌라가 혼재되어 있으며, 시선을 집중시킬 만한 랜드마크 단지가 없다는 것이 아쉬운 곳입니다.

블록 안에 초등학교(서울언북초)와 영동고등학교가 있고 길 건너 삼성동 메인 주거지(래미안라클래시 블록)와 생활 편의시설을 공유하고 있어서 강남 엔트리 주거지로 선택하는 사람들이 많습니다.

▌우리들병원 블록 아파트

아파트명	입주 시기	세대수 (용적률)	특징	공통점
청담e편한세상1차	2002년	271세대	소단지이지만 단지 관리 굿	
청담e편한세상2차	2006년	142세대		청담역(7호선) 강남구청역 (7호선, 수인분당선) 언북초, 영동고 (블록 안에 있음) 약간 지대가 낮음 빌라와 상업 주택 혼재
청담e편한세상3차	2007년	49세대		
청담현대2차	1988년	214세대 (200%)	영동고 초근접 29평 단일 평형 재건축 추진 중	
청담삼환	1999년	184세대	복층 있음	
청담삼성3차	1999년	217세대		
청담우방	1999년	100세대		

우리들병원 블록 지도

'청담건영' 블록

청담건영 블록은 한강 조망이 되는 럭셔리 하이퍼엔드 아파트나 고급 빌라, 고가의 단독주택들이 자리 잡은 지역입니다.

지하철역과 학교가 좀 멀고 일부 상업지가 혼재된 곳이 있다는 것이 주거지로서는 아쉬운 점이지만, 도로 교통은 좋은 편입니다.

▌청담건영 블록 아파트

아파트명	입주 시기	세대수	특징	공통점
PH129	2020년	29세대	하이퍼엔드	한강 조망 대중교통 불편 학교가 멀다. 올림픽대로 도상대로 접근성 굿 (도로 교통망 좋음) 한적하다.
청담건영	1994년	240세대	리모델링 진행 중 (이주) GS 건설	
청담현대3차	1999년	317세대	리모델링 시도 중	

청담건영 블록 지도

    조용하고 한적한 곳이라 사생활 보호를 원하는 부유층 고가 주택지로는 오히려 적합한 곳이라고 할 수 있습니다.

    예전에 고급 주택에 살던 슈퍼리치들이 보안성이나 관리 면에서 좀 더 편리한 주거지를 찾게 되면서 그들의 니즈를 충족시킬 만한 프라이빗하면서도 럭셔리한 주거지로 태어난 것이 '하이퍼엔드' 아파트입니다. 이런 아파트는 100억 원대 넘는 실거래가로 존재감을 드러내고 있지만, 주변 아파트와는 연동되지 않는 특징이 있습니다. 이들 아파트가 비싼 건 '한강 조망'이 가능한 청담동 주거지라는 이유도 있지만, 설계나 시공 면에서 고급화 정도가 일반 아파트들과는 차이가 크기 때문입니다.

    '에테르노청담' 옆에 있는 '청담건영'이 현재 리모델링 진행 중인데, 30가구 미만 분양인 경우 분양가 상한제 적용을 받지 않으므로 평당 1.2억 원 정도에 분양 예정입니다. 만약 수요자들이 이 분양가를 수용해서 무난하게 완판된다면 우리나라 리모델링 아파트의 새로운 지평을 여는 시작점이 될 거라고 생각합니다.

∽

수년간 청담동에 실제로 거주해 보았던 사람으로서 느끼는 청담동은, 명품샵과 고급 레스토랑과 고가의 주택들이 모여 있는 '그들만의 세상'이 존재하는 곳입니다. 그러나 중산층도 접근할 만한 가성비 아파트도 함께 있는 곳입니다. 그리고 럭셔리 명품을 소비하지 않더라도 큰돈 들이지 않고도 낭만적인 일상을 즐길 수 있는 동네이기도 합니다.

따뜻한 커피 한 잔 테이크아웃해서 마시며 천천히 걷기 좋은 청담근린공원, 편안한 친구랑 마주 앉아 생맥주 한잔하기 좋은 청담역 부근의 전기구이 통닭집, 좀 특별한 날 격식 차리며 폼 잡을 수 있는 레스토랑과 카페들, 영화 속 주인공처럼 명품샵 쇼윈도를 들여다보면서 꿈꿀 수 있는 거리, 어두워지는 한강 다리 위를 지나가는 지하철 7호선의 터덜거리는 소리를 들으며 묘한 감상에 젖을 수 있는 곳. 그리고 특별히 의미를 부여하지 않고 천천히 동네 한 바퀴를 돌아도 '그냥 잘 놀았다'는 느낌이 드는 거리가 있는 곳이 청담동이니까요.

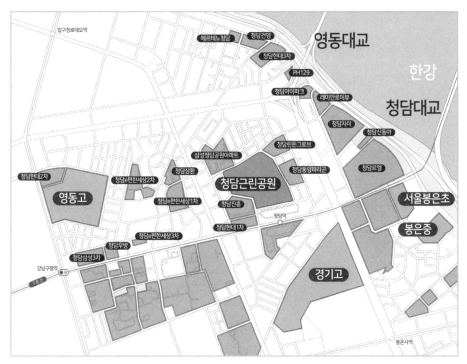

압구정로데오역

에르테노청담　청담건영

영동대교

청담현대3차

한강

PH129

청담아이파크

청담대교

래미안로이뷰

청담자이

청담신동아

청담린든그로브

삼성청담공원아파트

청담상환

청담동양파라곤

청담근린공원

청담르엘

청담현대2차

청담e편한세상2차

청담e편한세상1차

영동고

서울봉은초

청담진흥

봉은중

청담현대1차

청담역

청담e편한세상3차

청담우방

강남구청역

청담삼성3차

경기고

봉은사역

청담 아파트 지도

389

동남권의 새로운 거점, 수서역

강남에서 가장 늦게 개발된 곳

수서택지개발지구(이하 수서지구)는 강남에서 가장 늦게 개발된 아파트지구로, 탄천(물) 서쪽에 있는 동네라고 해서 '수서(水西)'라는 지명이 붙은 곳입니다.

1990년대 초 정부가 주택난 해소를 위해 당시 논밭이던 수서지구를 개발해 아파트를 공급하면서 사람들로부터 주목받기 시작한 곳입니다. 수서지구가 강남에서 가장 늦게 개발되었다는 것은 1990년대 개발될 당시 강남에서 가장 '신축 아파트'였다는 뜻도 됩니다.

신축 선호 현상은 1990년대에도 마찬가지여서 강남 신축 밀집 아파트지구인 수서는 주목받을 수밖에 없었고, 소형 저층 개포동 아파트들보다 값이 비쌌습니다.

하지만 이제 수서지구 아파트들은 입주 30년 차에 접어들었고 개포동 아파트가 새롭게 재건축되면서 상대적으로 빛을 잃었다고 할 수 있습니다.

그러나 수서역에 지상 26층의 '복합환승센터(신세계백화점)'가 완공되면 동남권의 센터가 되기 때문에 일원동은 가까운 구심지를 갖게 되면서 지역적 가치가 상승하게 됩니다.

현재 수서역은 SRT, GTX-A, 3호선, 수인분당선이 지나고 있는데, 앞으로 수광선까지 개통되면 교통의 허브 지역이 되기 때문에 3호선 역세권인 일원동도 함께 교통 호재의 영향권에 해당됩니다.

1992년에 입주를 시작한 수서지구는 수서·일원동 16개 아파트 단지, 약 16,000가구로 이루어져 있는데, 크게 '일원역 부근'과 '수서역 부근', 이렇게 2개의 구역으로 나누어 볼 수 있습니다. **(대청역 부근은 수서택지지구로 개발되지 않았고 개포동과 더 가까우므로 개포동에 포함했습니다.)**

수서역 아파트

수서역 인근 아파트는 크게 '일원역 블록'과 '수서역 블록'으로 나뉩니다. 일원역 부근은 대모산 아래 길 하나를 사이에 두고 양쪽에 아파트 단지들이 마주 보고 있습니다.

일원역 블록

일원역(3호선) 북쪽에는 목련타운, 샘터마을, 푸른마을, 까치마을, 수서삼성 등 고층 아파트 단지가 있고, 남쪽으로는 일원가람, 상록수, 한솔 같은 저층 아파트 단지들이 산자락에 위치해 있습니다.

█ 일원역 블록 아파트

아파트명(입주 시기)	세대수(용적률)	특징	공통점
목련타운 (1993년)	650세대 (249%)	일원역(3호선) 초역세권 36평, 48평으로 구성 스몰사이징 재건축이 좋을 듯	고층 단지 2종 일반주거지역 200% 이상 고밀도로 개발된 곳
샘터마을 (1994년)	628세대 (249%)	일원역 초역세권 36~58평 푸른마을과 통합 재건축이 좋을 듯	
푸른마을 (1994년)	930세대 (248%)	24평, 31평 강남 엔트리 단지(거래량 많음)	
까치마을 (1993년)	1,404세대 (208%)	14평, 17평, 21평 (소형 위주)	
수서삼성 (1997년)	680세대 (211%)	23평, 31평(31평 위주)	
일원가람 (1993년)	496세대 (109%)	일원역 초역세권 27평, 30평	(현재) 5층 아파트 2종 일반주거지역 종상향 (20층 이상 재건축 가능)
상록수 (1993년)	740세대 (109%)	일원역 초역세권 27평, 30평	
한솔마을 (1994년)	570세대 (108%)	역에서 약간 멀다. 25평, 33평 정밀안전진단 통과	
청솔빌리지 (1993년)	291세대 (89%)	24평 단일 평형 정밀안전진단 통과	(현재) 3층 아파트 2종 7층 일반주거지역 종상향

일원역 블록 지도

　　남쪽 산자락의 저층 단지들은 대모산으로 인해 고도 제한을 적
용받았는데, 2024년 말 수서지구 지구단위계획 변경으로 현재 5층
아파트들은 '2종 7층 일반주거지역'에서 '2종 일반주거지역'(20층 이상 재
건축 가능)으로, 3층 청솔빌리지는 1종에서 2종 7층 일반주거지역으로
종상향되었습니다.

　　길 북쪽의 고층 단지들(목련타운, 샘터마을 등)은 용적률 200% 이상 고밀
도로 개발된 곳이라 당장은 재건축 사업성이 없어 보이지만, 차후
용적률 인센티브를 받으면 재건축 사업성을 확보할 수 있을 것 같
습니다.

유해 환경 없이 조용하고, 학군(**특히 남아 학군**)이 좋으며, 생활 편의시설도 잘 갖춰져 있고 실거주하기에 좋은 곳이라 '장기적인 투자'와 '가성비 실거주'라는 2가지 목적으로 접근하기엔 괜찮은 곳입니다.

수서역 블록

수서역 부근 아파트들을 살펴보면 신동아, 동익, 삼익, 한아름, 수서주공1단지와 수서6단지가 있고 대모산 산자락 숲속에 있는 강남데시앙포레, 강남더샵포레스트 등의 아파트가 있습니다

수서역 블록 지도

이 지역은 대형 단지(강남더샵포레스트), 중대형 단지(한아름, 강남데시앙포레), 중소형 단지(삼익, 동익) 소형 단지(신동아), 영구임대단지(수서6단지) 등 다양한 형태의 아파트들이 섞여 있는 곳입니다.

수서역 부근의 영구임대단지인 '수서6단지'가 있는 블록은 전형적인 소셜믹스 지역으로, 수서역 초역세권에 초중고를 품고 있는 지역인데도 아파트값이 상대적으로 낮게 형성되고 있습니다. 그러나 영구임대단지에 초기 입주했던 사람들은 자녀들이 이미 학령기가 지났으므로 학군의 비균질성 문제는 많이 해소되었다고 합니다.

지구단위계획 변경으로 '삼익'(1992년 입주, 645세대)과 '수서6단지'(1992년 입주, 512세대)가 수혜 단지인데, '삼익' 아파트는 3종 주거지역에서 준주거지역으로 종상향되고, 영구임대아파트인 '수서6단지'는 최대 800%까지(업무·판매시설 20% 포함) 용적률 인센티브를 받습니다.

수서 아파트 지도

그들은 왜 '잠실'을
선택했는가?

'잠실'의 지역적 가치가 상승한 이유

요즘 살고 싶은 지역이 어디냐고 물어보면 오래 고민하지 않고 바로 '잠실'이라고 말하는 분들이 많습니다. 그리고 실제로도 대치동 은마 31평 정도 갈아탈 수 있는 가용자금으로 잠실의 잠실엘스, 리센츠로 갈아타는 사람들이 많습니다.

대치동으로 갈아타는 중간 지역으로 여겨졌던 잠실이 지난 상승장(문재인 정부 때)부터 수요층이 두터워지며 지역의 가치가 상승하기 시작했는데, 그 이유는 무엇일까요?

1. 거주 여건이 좋은 아파트가 많다.

2023년 초부터 시작된 반등장을 한 마디로 압축하면 '실거주 갈아타기장'이라고 할 수 있습니다. 1주택 갈아타기로 거주 여건이 좋으면서도 투자성 있는 아파트를 찾는 사람들이 많다 보니 신축이나 준신축 아파트가 모여 있는 밀집지역으로 수요가 몰리고 있습니다. 이런 이유로 실거주하기에 좋은 준신축 단지들이 밀집된 잠실의 수요가 많아져서 지역적 가치가 올라간 것 같습니다.

2. 9호선 개통으로 업무지역 접근성이 좋아졌다.

잠실은 서울시 전체를 놓고 보면 동쪽으로 치우쳐서 서울의 서부 지역 접근성이 떨어졌습니다. 그러나 동서를 관통하며 여러 업무지역을 지나는 9호선의 개통으로 여의도 및 서울 서부 업무지역으로 접근성이 좋아졌습니다(기존에는 2호선, 8호선만 잠실을 지나갔음). 특히 종합운동장역은 가장 핫한 지하철 2호선과 9호선 더블역세권이 되어서 지역 선호도 및 수요가 늘었습니다.

3. 잠실의 배후가 두터워졌다.

잠실역은 2호선, 8호선 더블역세권으로 송파구의 센터라고 할 수 있는데, 최근 10여 년 간 강동, 하남, 남양주, 성남, 위례 등 잠실을 중심으로 하는 인근 지역에 신축 아파트가 많이 들어서면서 잠실의 배후가 두터워졌습니다. 이들 대부분의 지역에서 잠실역(2호선, 8호선)으로 향하는 지하철과 광역버스가 운행되고 있습니다. 최근에는

8호선이 '별내역'까지 연장 개통되어 잠실은 사람들이 더욱 많이 모이는 중심 입지로 거듭나게 되었습니다.

4. '백화점'과 '지하 몰'이 있어서 구심지 역할을 한다.

30대~40대 초반 분들은 어릴 때부터 에어컨과 난방 문화에 길들어서 여름에는 시원하고 겨울에는 따뜻한 백화점이나 지하 몰 같은 공간을 좋아하는 경향이 있습니다. 이런 면에서 잠실역 부근은 백화점이 2개나 있고 대형 쇼핑몰과 지하상가도 있어서 소비력이 강한 40대 초반 이하 세대들이 좋아하는 구심점 역할을 하는 곳입니다.

그리고 롯데월드나 석촌호수는 젊은 데이트족들이 자주 찾는 공간인데, 이들이 나중에 결혼해서 거주지를 선택할 때도 자신들에게 익숙하고, 편리하며, 즐거운 추억을 준 잠실을 중심으로 주거지를 선택하는 사람들이 늘어났습니다.

5. 실수요 지반이 단단해졌다.

잠실엘스, 리센츠, 트리지움, 파크리오는 지난 문재인 정권 초기에 갭이 작아서 갭투로 진입한 투자자들이 많았습니다. 그러나 2022년 말부터 2023년 초에 역전세 현상으로 투자자가 많이 빠지는 대신 실수요자로 많이 바뀌었습니다. 투자자 대신 실수요자 위주로 지반이 단단해지면 이탈 수요보다 진입 수요가 많아서 주거지의 가치가 올라갈 수밖에 없습니다.

6. 교육관, 가족 수, 주거 트렌드가 변화했다.

예전에는 자녀가 중고등학생이 되면 잠실에서 대치동 부근으로 갈아타는 사람들이 많았습니다. 그러나 요즘은 범대치권의 치열한 학습 경쟁을 피해 잠실 정도에 거주하려는 사람들이 늘어났고, 자녀 숫자가 줄어들면서 학원 라이딩 기간도 줄어들어서 대치동으로 갈아타는 수요가 줄어들었습니다.

그리고 대치동에는 30평대 이상의 아파트가 많아서 경제력이 약한 30대, 40대 초반에게는 진입 장벽이 높은 반면, 잠실에는 거주 여건이 양호한 20평대 아파트가 많은 것도 수요를 끌어당긴 이유로 볼 수 있습니다.

7. GBC 및 잠실종합운동장 개발 계획에 대한 기대감 및 한강 프리미엄이 부각되었다.

삼성동 GBC와 잠실종합운동장 개발이 끝나면 잠실의 지역적 가치가 지금보다 업그레이드될 거라는 미래 가치에 대한 기대감과 '한강'의 가치가 부각되면서 잠실의 수요가 늘어난 것 같습니다.

잠실의 한계

가끔 잠실에 아파트를 소유하고 있거나 오래 거주한 분들과 대화를 나누다 보면 잠실이 '강남의 센터'를 넘어서 '서울의 센터'라고 말씀하시는 분들이 있습니다. 물론 여기서 그분들이 '센터'라고 생각하는 것은 '지리적'인 의미가 아니라 '상징적'인 의미입니다.

이렇게 생각하는 이유가 무엇일까 생각해 봤는데, 잠실의 거주 여건이 좋아지다 보니 거주 만족도가 높아지면서 잠실에 대한 애정과 프라이드가 높아져서 그런 게 아닌가 생각되었습니다. 그리고 잠실 정도면 충분히 그렇게 생각할 만하구요. 그런데 이렇게 생각하는 것은 단지 잠실에 거주하는 사람들뿐만 아니라 다른 지역에 거주하는 분들도 마찬가지입니다. 저도 역시 대치동 중심적인 사고에 오래 매몰되어 있던 사람 중 하나였으니까요.

그러나 제가 그렇게 생각하고 있는 와중에도 세상은 바뀌고 있었고, 다른 지역에서도 대치동 못지않게 더 큰 변화는 이루어지고 있었기 때문에, 제가 속한 세상에 매몰되어 생각하는 것이 결국은 마이너스였다는 것을 뒤늦게 깨닫게 되었습니다. 자신이 속한 지역의 한계를 정확하게 인식하고 객관적인 시각을 유지하는 것이 부동산 투자에서는 매우 중요합니다.

이런 관점에서 볼 때 잠실도 정비사업, 교통 인프라 신설, 주거 트렌드의 변화 등으로 예전보다 주거 여건이 눈에 띄게 좋아져서 입지의 가치가 올라가긴 했지만, 다른 지역과 마찬가지로 다음과 같은 몇 가지 한계를 지니고 있는 지역입니다.

1. 동쪽으로 치우친 위치

잠실은 서울 및 수도권의 동쪽 거점 지역으로 센터 역할을 하는 곳입니다. 하지만 서울 전체로 볼 때는 여전히 동쪽에 치우쳐 있어서 서부권이 직장인 사람들의 주거지로 선택하기 어려운 지역입니다. 물론 지하철로 이동할 수는 있지만, 절대거리가 먼 경우 주거지로 선택할 때 차선책이 될 수밖에 없습니다.

2. 비균질학군

잠실은 지역 남쪽에 인접해 있는 삼전동, 석촌동, 신천동 부근의 빌라 지역이 광역 학군으로 함께 잡혀서 균질성이 떨어지는 것이 학군 면에선 아쉬운 부분입니다. 재건축으로 인적 인프라가 바뀌어도 아파트 지역만 바뀌는 거라서 고등학교의 광역 학군을 커버하기에는 한계가 있습니다.

차후 잠실의 재건축이 모두 끝나면 지금보다는 교육 환경이 좋아지겠지만, 현재로서는 범대치권처럼 명문 학교가 밀집되어 있지 않다는 점이 아쉬운 점입니다.

3. 강남 접근성

잠실은 지리적으로 동쪽으로 치우치긴 했지만, 지하철 2호선, 8호선, 9호선이 지나가고 있고, 버스 노선도 다양하며, 도로 교통망도 좋아서 서울 여러 지역으로의 접근성이 좋은 곳입니다.

그러나 의외로 인접한 강남권 곳곳을 빠르게 연결하는 대중교통망은 부족한 편입니다. 잠실에서 압구정이나 대치동, 도곡동 같은 곳을 지하철로 가려면 바로 가는 노선이 없어서 갈아타야만 합니다.

물론 절대 거리가 가까워서 자차나 택시를 이용해도 되지만, 도로가 많이 막히고 주차가 쉽지 않은 게 문제입니다. 버스도 노선이 많지만, 역시 도로가 막히고 여러 곳을 돌아가기 때문에 시간이 오래 걸립니다.

ဢ

이제까지 잠실의 몇 가지 한계점에 대해서 짚어보았는데, 잠실권 위주로 생활하는 사람들은 전혀 인식하지 못하는 부분일 수도 있습니다. 그러나 주거지는 얼마나 다양한 수요층을 확보하느냐에 따라 가치가 달라지므로 이런 한계까지 객관적으로 파악하는 것이 부동산 공부에서는 필요합니다.

물론 이런 한계가 존재해도 잠실이 매력적인 주거지라는 것에 대해 이의를 제기하는 사람은 없을 겁니다. 오히려 이런 일부 단점을 포함하고 있으면서도 많은 사람이 주거지로 선호할 만큼 잠실은 차별화된 장점을 가진 지역이라고 할 수 있습니다.

그리고 이런 한계점 중에도 시간이 지나면 변할 수 있는 요소들이 있으므로 과거에 비해 현재 잠실의 위상이 우뚝 솟아 올라와 있듯이 여러 가지 호재를 품고 있는 잠실은 앞으로 더욱더 부각될 수 있는 지역이라고 생각합니다.

\ 입지 분석 ⑫ /

잠실 아파트

재건축이 끝난 아파트 블록

잠실은 크게 재건축이 진행 중인 아파트와 재건축이 끝난 아파트로 나뉩니다. 재건축이 끝난 아파트는 다음과 같습니다.

▌ 재건축이 끝난 아파트

아파트명	입주 시기	세대수	재건축 전 아파트
잠실엘스	2008년	5,678세대	잠실주공1단지
리센츠	2008년	5,563세대	잠실주공2단지
트리지움	2007년	3,696세대	잠실주공3단지
레이크팰리스	2006년	2,678세대	잠실주공4단지
파크리오	2008년	6,864세대	잠실시영(신천동)

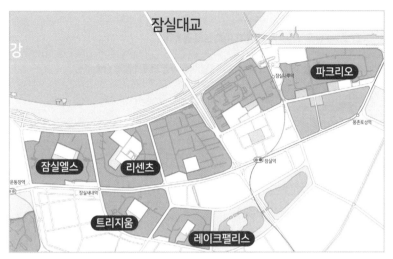

재건축이 끝난 잠실 아파트 블록 지도

현재 잠실을 대표하는 아파트는 이미 재건축이 끝난 '잠실엘스', '리센츠', '트리지움', '레이크팰리스'와 '파크리오'(신천동)입니다. 이 아파트들은 2000년 중후반에 재건축이 끝나고 입주한 15년 차 이내의 대단지 아파트인데, 반포래미안퍼스티지나 반포자이와 비슷한 시기에 비슷한 규모로 재건축되었습니다.

잠실 신축 아파트 단지(ⓒ 심정섭)

잠실 vs 반포 15년 차 대단지 아파트의 공통점

1. 지난 상승장(문재인 정권 때)과 2023년 이후 반등장에서 집값 상승 주도

2. 저층 주공아파트 재건축

3. 메머드급 규모의 신축 혹은 준신축 아파트 밀집

4. 랜드마크 단지들이 많다.

5. 평지로 이루어졌고 한강공원을 끼고 있다.

6. 9호선 역세권(여러 업무지역 통과)

7. 백화점을 끼고 지하몰이 있다.

8. 지역의 배후가 두터워졌다.

저층 주공 아파트 재건축 효과

저층 재건축 아파트는 주거 여건이나 환경이 매우 열악했기 때문에 정비사업의 효과가 고층 재건축에 비해 훨씬 큽니다. 과거에 핫했던 고층 아파트들 중에는 '입지'가 뛰어나기보다는, 저층 단지에 비해 엘리베이터가 있었던 고층의 편리한 주거 환경 때문에 부각됐던 아파트도 있었다는 의미가 포함되어 있습니다.

'랜드마크 단지'의 의미

어떤 아파트 이름을 말하면서 굳이 어디에 있는 아파트라고 부연 설명하지 않아도 누구나 다 알 수 있는 아파트를 의미합니다. 차별성 있는 장점이 있거나(예 한강 조망), 입지가 뛰어나거나, 규모가 큰

단지(**요즘은 적어도 2,000세대 이상이어야 가능**)가 랜드마크 단지가 될 가능성이 높습니다.

랜드마크 단지는 지역 수요자 외에도 전국구 수요를 불러올 수 있어서 '투자 경쟁력'이 있습니다. 그리고 랜드마크 단지가 주변에 있으면 시세를 리드해서 연동되기 때문에 좋고, 랜드마크 단지를 매수하러 왔다가 투자금이 부족한 사람들이 주변 아파트를 차선으로 선택할 수 있기 때문에 투자적으로도 장점이 있습니다.

특정 지역에 대한 강의를 듣고 남들이 잘 모르는 지역과 단지까지 속속들이 알고 투자하는 것이 때론 함정이 될 수 있는 이유는 아무래도 수요가 적기 때문입니다. 세상의 모든 사람이 강의를 듣고 부동산 공부에 몰두하지는 않기 때문입니다.

앞에서 설명한 공통점을 통해 '반포'나 '잠실'이 핫해진 이유를 살펴보면 수요자들의 주거 트렌드나 선호도가 바뀐 것이 아니라, 두 지역이 수요자들이 원하고 좋아하는 주거지 형태로 바뀌었기 때문이라는 것을 알 수 있습니다.

쉽게 바꿀 수 없는 지형적인 요소(**평지, 한강**) 외에도 지하철 노선의 신설(**9호선**), 재건축으로 인한 신축 입주, 생활 편의시설(**백화점**)의 신설, 배후지역 형성 등의 변화에 의해 지역이나 주거지의 가치가 향상된 겁니다.

이처럼 어떤 지역이나 주거지의 가치는 고정불변한 것이 아니라 여러 가지 요소들의 변화에 의해 유동적으로 움직인다는 것을 알 수 있습니다. 그래서 이런 핫한 주거지의 특징과 공통점을 분석함으로써 좀 더 긍정적인 방향으로 움직일 수 있는 인사이트를 얻을 수 있습니다.

그렇다면 현재 잠실 아파트가 핫한 요소 중에서도 시간이 지나면 희석될 만한 요소가 무엇인지를 살펴봐야 합니다.

현재 잠실권을 리드하는 아파트도 이제 연식이 15년 차에 접어들고 있는데, 좀 더 시간이 지나서 20년 차가 넘는 구축이 되어 간다면 과연 어떻게 될 것인지도 고민이 되는 시점입니다.

그래서인지 2025년 초 토지거래허가제가 풀린 동안 같은 잠실권 안에서도 재건축이 진행 중인 '잠실주공5단지'로 갈아타는 수요가 늘어나서 5단지 가격이 폭등하는 상황이 벌어졌습니다. 감가상각이 이루어지기 전에 앞으로 새로운 대장이 될 만한 재건축 아파트로 스텝을 옮기는 행보라고 할 수 있습니다. 그리고 이런 행보는 자신이 소유하고 있는 아파트에 대한 객관적 인식에서 비롯되는 겁니다.

잠실의 재건축 아파트

잠실에는 이처럼 이미 재건축이 끝난 아파트들 외에 현재 재건축이 진행 중이거나 재건축 대상인 아파트들이 있습니다.

❚ 잠실의 재건축 아파트

아파트명	입주 시기	세대수	용적률	특징
잠실주공5단지	1978년	3,930세대	138%	70층, 6,491세대로 재건축
아시아선수촌	1986년	1,356세대	152%	정비계획 수립 안 됨 (재건축 속도 느림)
잠실우성1,2,3차	1981년	1,842세대	182%	2021년 6월 조합설립 49평, 2,680세대로 재건축 2025년 초 시공사 선정
잠실우성4차	1983년	555세대	194%	2023년 8월 사업시행인가 800여 가구로 재건축 시공사 DL이앤씨
장미1~3차	1979년(1~2차) 1984년(3차)	3,522세대	192%	2020년 3월 조합설립 49층, 약 4,800세대로 재건축 상가 문제 우려
잠실래미안아이파크	2025년 12월 예정	2,678세대	276%	잠실진주 재건축
잠실르엘	2025년 12월 예정	1,865세대	299.84%	잠실미성크로바 재건축

잠실의 재건축 아파트 지도

1. 잠실주공5단지, 신천동 장미1,2,3차

현재는 '잠실엘스', '리센츠', '트리지움'이 잠실의 리딩 단지들이지만, 잠실주공5단지가 재건축을 끝내고 입주하면 잠실과 강동을 리드하는 랜드마크 단지로 거듭날 것 같습니다. 6,000세대 이상 대단지 70층 이상으로 재건축되는 초고층 한강뷰 잠실주공5단지 가격은 과연 얼마나 될지 벌써부터 세간의 관심을 모으며 계속 신고가가 나오고 있습니다.

잠실주공5단지 재건축이 끝날 무렵이면 한강변에 접한 면이 많아서 한강 조망 세대가 더 많이 나오는 '신천동 장미아파트'도 어느 정도 재건축이 진행되어 지금보다 더 주목받을 것 같습니다. 장미아파트의 경우 상가가 여전히 장사가 잘되고 있으므로 재건축 과정에서 리스크로 예상되지만, 어떤 식으로든 잘 해결될 거라고 봅니다.

2. 아시아선수촌, 잠실우성1, 2, 3차

현재 '잠실우성1, 2, 3차'는 시공사 선정 중(2025년초)이고, 원조 대장 아파트인 '아시아선수촌'은 아직 재건축 움직임이 없는 상태이지만, 뒤늦게 대미를 장식하며 잠실 재건축의 마지막 퍼즐이 맞춰질 것 같습니다. 이렇게 되면 잠실은 무려 45,000여 세대의 신축 및 준신축 아파트 밀집 지역으로 시선을 집중시킬 것 같습니다.

어디까지가 '강남'인가요?

'강남'의 입지에 대한 책을 쓰면서 그 범위를 어디까지로 정할 것인가에 대해 고민했습니다. 강남을 '강남구'와 '서초구'로 한정하기에는, 요즘 '잠실'이 강남의 웬만한 지역보다 핫하고, 아파트값 상승률도 높으며, 무엇보다도 강남 아파트값 상승의 트리거가 되는 곳이라 제외할 수가 없었습니다.

특히 지난 2022년 말, 2023년 초부터 잠실 아파트 거래량이 쏟아지면서 강남권 아파트가 반등하는 분위기로 바뀌었고, 2025년 초에 토지거래허가제가 일부 해제된 이후에도 잠실 신고가 거래를 신호

탄으로 강남권 아파트값 폭등이 시작되었습니다.

잠실 거래가 많다는 것은, 진입하려는 수요도 많지만 매도하고 갈아타는 수요도 많다는 겁니다. 잠실에서 갈아타기는 잠실 안에서 평형을 넓혀가거나, 차후 대장 단지(잠실주공5단지)가 될 만한 단지로 갈아타거나, 강남 상급지로 갈아타는 경우로 나뉘므로 잠실 갈아타기 수요는 강남 아파트 가격에 영향을 미친다고 할 수 있습니다.

그리고 헬리오시티, 올림픽파크포레온, 올림픽선수기자촌, 올림픽훼밀리타운도 잠실 아파트 가격에 영향을 받거나 영향을 미치는 아파트 단지이므로 다음 쪽부터 함께 가볍게 살펴볼 예정입니다.

잠실 외에도 '마포'와 '성동', 준강남급 지역인 '용산', '여의도', '목동', '한남 재개발', '성수 재개발'도 강남과 무관하지 않습니다. 하지만 책 한 권에 담기에는 양이 너무 많아서 이번 책에는 강남구 4구 위주로만 살펴보았습니다.

올림픽파크포레온 vs 헬리오시티

뉴타운급 대단지

'단군 이래 최대 규모'라는 수식어를 달고 다녔던 '올림픽파크포레온'과 '헬리오시티'는 뉴타운급 규모의 신축 단지로서 힘든 재건축 과정을 거쳐 새롭게 탄생한 아파트입니다.

이번에는 이들 두 단지에 대해 살펴보겠습니다.

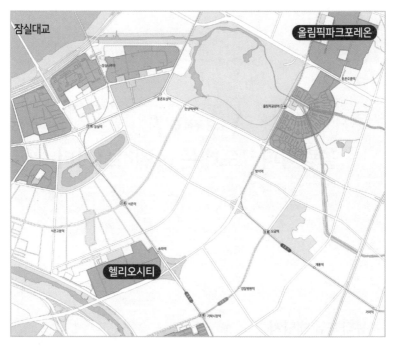

올림픽파크포레온과 헬리오시티 지도

1. 헬리오시티

헬리오시티(**2018년 입주, 9,510세대, 송파구**)는 저층 단지였던 가락시영을 재건축한 단지로, 1990년부터 재건축 시동이 걸렸으나 우여곡절 끝에 28년 만인 2018년에 입주한 아파트입니다.

2. 올림픽파크포레온

올림픽파크포레온(**2024년 입주, 12,032세대, 강동구**)도 둔촌주공을 재건축한 단지로, 공사 기간에 공사비 상승으로 시공사와 갈등을 빚으며 장기간 공사가 중단되었던 난관을 겪고 2024년에 입주한 아파트입니다.

'헬리오시티'와 '올림픽파크포레온' 비교

헬리오시티와 올림픽파크포레온은 '잠실권', '메머드급 규모', '신축'이라는 공통점 때문에 서로 비교되며 입주 전부터 세간의 관심을 모았습니다. 그래서 이들 두 단지를 주거지 요소를 중심으로 비교해 보겠습니다.

1. 진입 장벽

입주 후 두 아파트 시세가 어떻게 형성될 것인지 관심을 갖는 분들이 많았는데, 현재로서는 '올림픽파크포레온'이 조금 앞서서 리드하고 '헬리오시티'가 함께 연동되며 쫓아가고 있는 형상입니다.

'올림픽파크포레온'이 리드하는 이유는 좀 더 '신축'이라서 그런 것도 있겠지만, '비규제지역'이라는 이유도 있는 것 같습니다. 헬리오시티는 규제지역(송파구)에 속해서 LTV 50%밖에 대출이 안 되지만, 올림픽파크포레온은 비규제지역(강동구)이라서 LTV 70%까지 대출이 되기 때문입니다. 대출받을 수 있는 비율이 높을 경우에는 당장 '순자산'이 적어도 대출 원리금 상환 능력이 된다면 진입 장벽이 낮으므로 규제지역보다 수요층이 두터워서 좀 더 거래가 많이 되고 상승폭이 크지 않을까 생각합니다.

2. 교통 및 업무지역 접근성

헬리오시티는 송파역(8호선) 도보권으로 잠실업무지역, 문정법조타운, 판교업무타운으로 이동할 수 있고 한 정거장 더 가서 가락시장역(3호선)과 석촌역(9호선, 도보 10~15분)에서 환승하면 강남업무지구와 여의도업무지구로 이동할 수 있습니다.

올림픽파크포레온은 5호선(둔촌동역)과 9호선(둔촌오륜역) 역세권으로, 9호선을 통해 강남업무지구, 여의도업무지구를 커버할 수 있고 5호선을 통해 광화문 부근의 업무지역으로 이동할 수 있습니다.

현재 개통된 지하철 노선으로만 볼 때는 올림픽파크포레온이 좀 더 다양한 업무지역을 커버하고 있습니다. 하지만 위례신사선이 개통되면 헬리오시티에서도 GBC로 바로 이어져서 업무지구 접근성이 훨씬 좋아집니다.

3. 교육 환경

두 단지 모두 단지 안에 초등학교 2개, 중학교 1개가 있고 올림픽파크포레온은 단지 안에 고등학교(동북고)가 하나 더 있습니다. 두 단지 모두 초중학교까지는 대부분 단지 안에 있는 학교로 배정되어 균질 학군에서 교육받지만, 고등학교는 광역 학군으로, 주변에 빌라

단지들이 많아서 '균질학군'이 아니라는 점이 아쉬운 부분입니다.

사교육 환경은 올림픽파크포레온이 방이 학원가, 헬리오시티는 삼전동 학원가를 이용하는데, 대치동 라이딩하는 것을 기준으로 볼 때는 헬리오시티가 훨씬 가깝습니다.

헬리오시티의 경우 자녀가 초등학교 고학년 무렵에는 강남 학군지로 갈아타는 수요가 있는데, 올림픽파크포레온도 그럴 수 있을 것 같습니다. 그러나 최근 들어 주변에 좋은 학원들이 많이 생기고 부모들의 교육관이 바뀌면서 예전에 비해 학군지 이탈 수요는 점점 줄어들고 있는 추세입니다.

4. 동 간격 및 생활 편의시설

올림픽파크포레온은 약 14만 평 부지에 85개 동이고 헬리오시티는 약 10만평 부지에 84개 동으로, 동 간격 면에서 올림픽파크포레온이 좀 더 넓게 배치되었습니다.

생활 편의시설 면에서는 두 아파트 모두 잠실역 롯데몰을 이용할 수 있는 거리에 있고, 신축 대단지 아파트인 만큼 단지 안에 상가가 큰 규모로 들어와서 두 단지 모두 편리하게 이용할 수 있을 것 같습니다.

대단지 아파트의 장단점

대단지 아파트의 장점은 평형 구성이 다양하고 규모가 커서 수요가 많기 때문에 시세를 리드한다는 점입니다. 그래서 상승기에 가장 빨리 온기를 받는 특징이 있습니다. 그러나 반대로 대단지들은 늘 급매가 존재해서 아파트 평균 가격을 낮출 수 있다는 것이 단점에 해당됩니다. 단지 규모가 크다 보니 같은 아파트 단지 안에서도 입지적 차이가 있어서 호가 차이가 크기 때문입니다.

함께 손잡고 가는 친구

사람들도 좋은 친구들과 함께 할 때 더 발전하고 성장하는 것과 같이 요즘 아파트 단지들도 비슷한 양상을 보이고 있습니다. 즉, 주변에 유명한 네임드 아파트 한 단지가 우뚝 서 있는 것보다 여러 단지가 몰려 있으면 더욱 시선을 받으면서 시너지 효과를 낼 수 있습니다.

올림픽파크포레온과 헬리오시티는 주변에 '규모'와 '연식'이 비슷한 아파트가 없다는 것이 문제였는데, 지역이 다소 떨어져 있어도 조건이 비슷한 두 단지가 큰 시차 없이 재건축을 끝내고 입주함으로써 서로 연동되어 파워를 형성하고 있습니다.

먼저 입주한 헬리오시티는 같은 송파구에 있는 잠실의 아파트들과 연동되어 비슷하게 가격이 형성될 줄 알았는데 기대만큼은 아니었습니다. 그러나 올림픽파크포레온 입주 이후 두 단지는 거리상의 차이에도 불구하고 오히려 더욱 긴밀하게 연동되며 상승 동력을 키워가고 있습니다. 올림픽파크포레온이 입주 이후 거래가 많이 이루어져서 가격이 상승하자, 수요층 일부가 상대적으로 덜 오른 헬리오시티로 이동하면서 헬리오시티도 거래량이 많아지고 상승 거래가 이루어진 것이 그 예입니다.

국제 마라톤 시합 때 비슷한 역량의 두 선수를 함께 내보내는 이유는, 서로 경쟁해야만 긴장감을 놓지 않고 끝까지 달릴 수 있기 때문입니다. 올림픽파크포레온과 헬리오시티도 비교 대상이 될 만한 친구가 한 명 더 있어서 서로 경쟁적으로 온기를 주고받으며 상승 동력을 키우는 사이가 되었습니다.

올림픽파크포레온 입주 이후 상승 동력을 전해 받은 헬리오시티는 뚜렷한 상승 모드를 타고 있는데, 앞으로도 두 단지는 지역을 넘어서 앞서거니 뒤서거니 밀고 당기고 윈윈하며 함께 가는 단지가 될 것 같습니다.

올림픽 3대장

'올림픽 3대장' –
아시아선수촌, 올림픽선수기자촌, 올림픽훼밀리타운

송파구에 '올림픽 3대장'이라는 별명으로 부르는 아파트가 있는데, '아시아선수촌', '올림픽선수기자촌', '올림픽훼밀리타운'이 바로 그 세 아파트입니다.

올림픽 3대장 지도

　이들 세 아파트를 '올림픽 3대장'이라는 별명으로 부르는 이유는 88올림픽 전에 미리 분양하고 나서 올림픽에 참여한 선수들과 기자들을 위한 숙소용으로 사용하다가 올림픽이 끝난 후 입주한 아파트라서 그런 겁니다.

　이들 세 아파트 모두 아파트가 귀하던 시절, 대형 평수가 많은 고층 신축 대단지 아파트로, 2000년대 중후반까지 비싼 고급 단지로 유명했습니다.

▌ 올림픽 3대장 아파트의 2000년 중반 vs 현재 매매가 비교

아파트명	평형	2007년 매매가	2024년 6월 매매가	상승폭
아시아선수촌	66평	30억 원	48.5억 원	18.5억 원
올림픽선수기자촌	64평	21.5억 원	31.9억 원	10.4억 원
올림픽훼밀리타운	66평	22억 원	28.5억 원	6.5억 원
압구정 신현대	61평	25.5억 원	74.5억 원	49억 원

　그러나 세월 앞에 장사 없다고 이들 세 아파트가 구축으로 변해
갈 즈음인 2000년대 후반 무렵, 강남과 송파에 재건축한 신축 대단
지 아파트들이 입주하면서 올림픽 3대장에 대한 사람들의 관심도
는 줄어들기 시작했습니다.

　이들 아파트가 2000년대까지 상대적으로 비싼 가격에 거래된 이
유는 '고층', '신축', '대단지'에 '대형' 평형이 많은 아파트였기 때문입
니다. 당시 강남권에는 고층 신축 대단지 아파트가 귀했고, 지금보
다 세대별 가족 수가 많아서 대형 평형 수요가 많았습니다. 그래서
대형 아파트 평당가가 중소형보다 더 높았는데, 이들 세 아파트는
대형 평형이 많았기 때문입니다.

　하지만 2000년 후반부터 새로운 공법으로 재건축된 신축 대단지
아파트들이 여기저기 들어서고 점차 가족 수도 줄어들어 대형 평형
에 대한 수요가 감소하면서 이들 세 아파트의 인기는 수그러들었습

니다.

그러나 한때 시대를 풍미했던 네임드 아파트들이어서 재건축이
진행된다면 떠들썩하게 기사화되고 홍보되면서 수요가 몰릴 것 같
습니다. 그리고 이 아파트들이 재건축이 끝나고 입주할 즈음이면
이미 주변이 이미 정비된 상태에서 마지막 스포트라이트를 받으면
서 등장하기 때문에 지역 대장 아파트로 거듭날 수 있습니다.

강남 3구 마지막 네임드 재건축 단지

물론 이들 세 아파트의 재건축 컨디션은 조금씩 차이가 납니다.

▌올림픽 3대장 아파트의 용적률과 세대수

	아시아선수촌	올림픽선수기자촌	올림픽훼밀리타운
입주 시기	1986년	1988년	1988년
용적률	152%	137%	194%
세대수	1,356세대	5,540세대	4,494세대

이들 세 아파트 모두 연식은 똑같고 평형 구성도 대형 위주로 비
슷하지만, 용적률과 세대수에서는 차이가 있습니다. 용적률과 세대
수로만 놓고 볼 때 재건축 사업성은 '올림픽선수기자촌'이 가장 좋
습니다. 하지만 재건축 이후 아파트 시세 형성은 또 다른 문제라서

입지 우위인 '아시아선수촌'이 세대수는 제일 적지만, 차익은 더 클 수 있습니다.

올림픽훼밀리타운은 고도 제한도 있고 용적률이 다소 높아서 추가 분담금 이슈가 있습니다. 하지만 그만큼 미래 가치가 덜 반영되어 있어서 추가 분담금을 충분히 커버하고도 남을 정도의 가치를 지닌 아파트입니다.

1980년대에 입주한 중층 아파트 재건축도 이제 많이 진행되어서 '평지', '역세권', '대단지', '대형 평형이 많은 단지'라는 조건의 재건축 아파트가 거의 남아 있지 않습니다. 그래서 이들 세 아파트는 강남 3구의 마지막 네임드 단지 재건축으로 마무리될 가능성이 높습니다.

지금은 다주택을 통한 부동산 투자가 힘든 상황이라 안전마진이 있는 몸테크를 선택하는 사람들이 많아지고 있어서 이들 세 아파트의 재건축이 좀 더 가시화되면 진입하는 수요가 폭발적으로 늘어날 것으로 생각됩니다. 이런 면에서 올림픽 3대장 아파트는 아직 가치에 비해 저평가된 아파트 단지라는 생각이 듭니다.

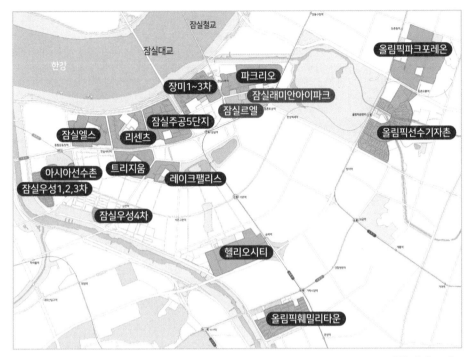

잠실 아파트 지도